FIAT AUTOMOBILE

FIAT AUTOMOBILE

Die dynamische
Entwicklung
eines Weltkonzerns

Jürgen Lewandowski

SÜDWEST

Autor und Verlag danken der Fiat AG in Turin und der Deutschen Fiat AG in Heilbronn für die Unterstützung bei den Recherchen zu diesem Buch. In Turin waren dies Dr. Giuseppe Giraudi, Dr. Giampiero Mantovani und Sergio Valbusa von der Presseabteilung des Hauses Fiat, sowie Antonio Amadelli, der als Chef des Centro Storico zusammen mit seinem Team Anna Aiassa, Michele Lucente, Marcello Montixi, Mario Pestelli und Fausto Renaudo entscheidend daran beteiligt war, daß in diesem Buch etliche bislang unbekannte Details und Photos erstmals veröffentlicht werden konnten. In Heilbronn gilt ein besonderes Dankeschön den Herren Günther Friedlein, Claus Witzeck und Harald Jaxt von der Presseabteilung, sowie Jochen Pläcking von der Werbeabteilung.

ISBN 3-517-01157-6

Die Kapitel »Fiat heute«, »Eine Reise in die Zukunft« und »Peking-Paris« wurden freundlicherweise von der Deutschen Fiat AG in Heilbronn zur Verfügung gestellt.
Redaktionelle Mitarbeit: Monika Lewandowski

Technische Herstellung: Sellier Druck GmbH, Freising
Printed in Germany

Inhalt:

HN C 2733

Lorenzo Delleani (1840-1908), einer der bedeutendsten piemontesischen Künstler, hat auf dem Gemälde »I fondatori della F. I. A. T.« - »Die Gründer des Hauses F. I. A. T.« - den Moment der Vertrags-

unterzeichnung am 11. Juli 1899 festgehalten.
Von links nach rechts: Graf Biscaretti, Cesare Racca, Graf Bricherasio, Michele Ceriana, Giovanni Agnelli, Ludovico Scarfiotti, Marchese Ferrero.
Dahinter stehend: Luigi Damevino und Cesare Goria-Gatti.

Auf der Suche nach einer besseren Zukunft

Italien im 19. Jahrhundert: Ein Agrarstaat der Großgrundbesitzer mit einem König und einer schwachen parlamentarischen Herrschaft ohne stabile Parteienbildung. Zwischen dem Norden und dem Süden gab es stetig wachsende Spannungen, die die häufig wechselnden Regierungen vor große Schwierigkeiten stellten und dazu eine gespannte Finanzlage zur Folge hatten. Die neugegründete sozialistische Partei stellte sich hinter die sizilianischen Landarbeiter, die 1892/93 gegen die Großgrundbesitzer gestreikt hatten, - und wurde prompt verboten. Die Flucht vor den Problemen äußerte sich in einem Streben nach Kolonien, die den Traum von einem reichen und mächtigen Groß-Italien verwirklichen sollten. Doch das Ende folgte rasch: Die imperialistische Politik des Premierministers Crispi war beim Volk nur wenig populär - seine Nachfolger versuchten sich dann auch in inneren Reformen.

Doch das war schwierig - zwar hatte im letzten Drittel des vergangenen Jahrhunderts auch in Italien die Industrialisierung begonnen, die mangelnden Rohstoffvorkommen und die strikte Ausrichtung auf die Landwirtschaft hatten dem Volk jenseits der Alpen jedoch einen großen Rückstand gegenüber den Mittel- und Westeuropäern, und hier besonders gegenüber den Briten, eingebracht.

Im Vergleich zu diesen Ländern war die Industrialisierung in Italien auch nicht besonders homogen oder zielstrebig vorbereitet. Zudem war über etliche Jahrzehnte hinweg die Bereitschaft der dörflichen Bevölkerung, sich neuen Arbeitsformen anzupassen, allenfalls im Norden zu finden - wobei man darüber diskutieren kann, inwieweit die süditalienischen Großgrundbesitzer bereit gewesen wären, sich diesen Veränderungen gegenüber so aufgeschlossen zu zeigen, wie es die norditalienischen Unternehmer waren. Kurz gesagt: Die Grundsteine der italienischen Industrie, wie sie sich heute in der Welt darstellt, wurden erst gegen Ende des vergangenen Jahrhunderts im Großraum Mailand - Turin - Genua gelegt.

Um zu verstehen, in welch drastischer Art und Weise diese ersten Schritte das Land veränderten, sollte man sich den Staat in den Jahren nach der italienischen Einigung 1861 betrachten: Eigentlich war Viktor Emanuel II. der Herrscher eines Entwicklungslands - Italien war arm, unterentwickelt. Das Pro-Kopf-Einkommen betrug ein Drittel von dem eines Franzosen und ein Viertel von dem eines Engländers. Nur jeder fünfte Italiener lebte in einer Stadt mit über 20000 Einwohnern. Eine Industrialisierung gab es praktisch nicht - es gab ein paar Fabriken, die sich auf die Textilerzeugung spezialisiert hatten, so genossen die Seidenwebereien einen gewissen Ruf. 1880 arbeiteten von 30 Millionen Italienern ganze 400000 als Industrie-Arbeiter.

Kein Wunder, daß dieses rohstoffarme Land bei seinem Schritt in eine neue Zivilisationsstufe Geburtswehen hatte - es gab keine Kohle, keinen Stahl, keine Energie. Es gab aber auch keinen Markt in Italien, keine Nachfrage, kein Geld. Die wohlhabenden Italiener hatten ihr Vermögen längst im Ausland angelegt - das Kapital lagerte jenseits der Grenzen, größtenteils bei den Unternehmen, die mit ihren Importen den ersten einheimischen Fabriken Konkurrenz machen konnten.

Da war auch noch die Gesellschaft selbst, die - über Jahrhunderte feudalistisch oder bäuerlich geprägt - der Industriegesellschaft desinteressiert bis feindlich gegenüberstand. Die Politiker wollten nach den Wirren der Einigungskämpfe nur Ruhe, und bis in die neunziger Jahre des vergangenen Jahrhunderts hin zählte unter dem einfachen Volk allenfalls der Landmann etwas, während Arbeiter keinerlei Ansehen besaßen und als notorische Unruhestifter galten. Die Furcht vor sozialen Konflikten überschattete alles - eigentlich wollte man gar keinen Fortschritt. Und so wehrte man sich so lange es ging.

Vielleicht ist dieser verbissene Kampf der italienischen Oberschicht gegen die Industrialisierung -

und der erst späte Sieg der Unternehmer - einer der Gründe dafür, daß sich das Ausland bis heute von Italien ein recht einseitiges Bild macht: Michelangelo und Verdi, Leonardo da Vinci und Palladio, Puccini und die ewige Stadt Rom - gemischt mit Sonnenschein, Siesta, den Gondolieri und Spaghetti al dente. Ist dies nicht unsere Vorstellung von einem liebenswerten Urlaubsland, in dem das Gelato so gut schmeckt und der Vino mundet?

Die italienische Industrialisierung wurde - so wie wir sie heute kennen - in einem verhältnismäßig kurzen Zeitraum aus dem Boden gestampft. Wie so oft war auch hier das Militär entscheidend beteiligt: Um die Träume von einem Groß-Italien zu verwirklichen, mußte die Armee vergrößert und besser ausgestattet werden. Die Politiker schufen dafür die Voraussetzungen, indem sie den freien Handel drastisch einschränkten und einen Protektionismus schufen, der die Schwerindustrie - die sich hauptsächlich um Rüstung zu kümmern hatte - bevorteilte. Die Zölle wurden so definiert, daß die großen Stahlwerke und die Schiffswerften davon profitierten. Dies soll nun nicht bedeuten, daß Italien den Aufschwung von Armee und Flotte seinen Fortschritt verdankt - die von der Regierung geschaffenen Rahmenbedingungen machten es aber den Rüstungs-Unternehmern leichter, ihren Teil zur Industrialisierung beizutragen.

Im nachhinein gesehen war es auch weniger die Schwerindustrie, die unser heutiges Bild der italienischen Unternehmen geprägt hat - es waren vielmehr die selbständigen Unternehmer, die sich weniger auf die Unterstützung des Staates verlassen hatten, die heute dominieren. In den achtziger und neunziger Jahren des vergangenen Jahrhunderts katapultierte sich die alteingesessene Textilindustrie an die Spitze des industriellen Fortschritts - italienisches Design (dieser Ausdruck war damals aber noch nicht bekannt) und italienischer Chic begannen zu dieser Zeit einen Siegeszug quer durch Europa. Die Unternehmer investierten erstmals größere Mengen an Geld im eigenen Land, und gegen Ende des vergangenen Jahrhunderts arbeiteten bereits über 100 000 Menschen in der Textilindustrie. Mit dem Exporterfolg und den daraus resultierenden Erlösen wurden natürlich auch unternehmerische Initiativen geweckt: Eine Welle von Fabrikgründungen zog sich über das Land - doch auch hier blieb es bei der alten Teilung des Landes in den fortschrittlichen Norden und in den vernachlässigten Süden, dessen alteingesessener Adel und die reichen Großgrundbesitzer auch weiterhin der Agrarkultur den Vorzug gaben. Ein Großteil der Probleme, mit denen sich Italien intern bis heute auseinandersetzen muß - so die noch immer existenten Spannungen zwischen dem »reichen« Norden und dem »armen« Süden -, sind auf die Versäumnisse dieser Jahre des vergangenen Jahrhunderts zurückzuführen, in denen die Oberschicht (die für die Veränderungen hätten sorgen können) sich strikt weigerte, den Fortschritt zu akzeptieren und mit ihm bei einer Veränderung des Landes mitzuarbeiten.

Ein fescher Dragoner-Offizier: Giovanni Agnelli in der Uniform der Kavallerie von Savoyen (1892).

Werbung aus dem vergangenen Jahrhundert: Das erste F. I. A. T.-Plakat wurde 1899 von dem Künstler Giovanni Carpanetto geschaffen.

Nach der Textilindustrie begann die Blütezeit der mechanischen Industrie: Mit der Produktion von Motoren, Turbinen und Lokomotiven und damit einhergehend einem rasch anwachsenden Bereich feinmechanischer Unternehmen war nun auch Italien reif für jenen industriellen Fortschritt, der in Großbritannien, Frankreich und Deutschland bereits einige Jahrzehnte vorher Einzug gehalten hatte. Die Veränderung der Umwelt hatte auch an den Universitäten ihre Folgen: Polytechnische Fakultäten wurden bestehenden Hochschulen angeschlossen oder neu gegründet, und auch hier ging wieder die Initiative von den norditalienischen Universitäten aus. Einer der ersten Absolventen der Universität Mailand war ein gewisser Giovanni Battista Pirelli, der ein gummiverarbeitendes Werk gründete und dessen Weltunternehmen heute einer der wichtigsten Arbeitgeber Italiens ist. Und Camillo Olivetti begann in jenen Tagen mit der Produktion von Schreibmaschinen; auch dieses Unternehmen besitzt heutzutage nicht zuletzt durch sein Design Weltgeltung.
Guido Donegani schließlich war der Gründer der chemischen Industrie in Italien - die Firma Montecatini gehört noch heute zu den größten Gesellschaften Italiens.

Kein Wunder, daß sich eines Tages auch die ersten weitblickenden Unternehmer mit dem Thema »Automobil« auseinandersetzten. Nachdem Carl Benz und Gottlieb Daimler 1886 unabhängig voneinander den seit Ewigkeiten währenden Wunsch von dem sich selbst bewegenden Fahrzeug realisiert hatten, tauchten natürlich auch Mitte der neunziger Jahre bei den reichen Italienern die ersten Automobile auf. Der Wunsch, über ein Gefährt zu verfügen, das einen selbst lenkbar an jeden gewünschten Ort fahren kann, war schon so lange im menschlichen Geist verankert, daß viele Entdecker und Erfinder versucht hatten, den Weg zu diesem Fahrzeug zu finden. Hatte nicht das größte Universalgenie in der Geschichte der Menschheit, Leonardo da Vinci, sich bereits vor vier Jahrhunderten auch diesem Problem genähert und etliche Zeichnungen gefertigt, die manches Detailproblem gelöst hatten? Nur war damals die Zeit noch nicht reif gewesen.

Nun war es soweit: Das Automobil war ultimativer Luxus, mit dem sich ein Reicher schmücken konnte, und es war endlich, wenn auch in kleinsten Stückzahlen (und entsprechend teuer), verfügbar.

Man mußte in jenen Tagen schon über geradezu hellseherische Gaben verfügen, um diesem unkomfortablen, anfälligen und sündhaft teuren Transportmittel eine große Zukunft zu prophezeien. Pferde waren billiger, Kutscher gab es überall, richtige Straßen gab es kaum, und Treibstoff mußte literweise in den Apotheken besorgt werden. Ersatzteile waren praktisch nicht verfügbar, der Beruf des Mechanikers war noch nicht geboren, und was die schlecht verdichteten und mit einem miserablen Wirkungsgrad arbeitenden Motoren mit beachtlichem Lärm aus dem Auspuff entließen, trug auch nicht zu erfreulichen Lebensumständen bei - dennoch: das Auto war »in«.

In allen Ländern Europas aber gab es Männer, die dem Automobil mehr als nur die Erfüllung der Träume einiger Reicher zutrauten. Für sie war das Automobil das Massenverkehrsmittel der Zukunft: Carl Benz und Gottlieb Daimler gehörten dazu, der französische Graf de Dion, die Herren Armand Peugeot und Louis Renault, der Brite Frederick Lanchester und viele andere mehr.

Die Geburt der italienischen Automobilindustrie fand am 11. Juli 1899 statt. An diesem Tag wurde im Palazzo Bricherasio an der Via Lagrange in Turin die Gründungsurkunde der »Società Anomina Fabbrica Italiana di Automobili« unterzeichnet.

Auf Antrag des Ingegnere Aristide Faccioli, des ersten technischen Direktors der Gesellschaft, beschließt der Verwaltungsrat im Oktober desselben Jahres die Einführung der Bezeichnung F. I. A. T. für die von dem Unternehmen gebauten Motoren und Automobile. Die Bezeichnung F. I. A. T. ist noch nicht der Firmenname, auch wenn die Erzeugnisse der Gesellschaft so genannt werden. F. I. A. T. wird sich erst später, am 8. März 1906, als »Fabbrica Italiana Automobili Torino« konstituieren, nachdem sie aus der Liquidation der vormaligen Gesellschaft »Società Anonima Fabbrica Italiana di Automobili« und den Werkstätten und Gießereien M. Ansaldi & C. hervorgegangen ist. Es dauert dann noch bis zum Jahr 1918, bis die vier Punkte zwischen den Initialien wegfallen und uns erstmals das Wort »Fiat« in der heute vertrauten Schreibweise gegenübertritt.

Die Gründungsurkunde wurde von neun Turiner Persönlichkeiten unterzeichnet, die gemeinsam das Stammkapital von 800 000 Lire aufbrachten. Zum Präsidenten der Gesellschaft wurde der Rechtsanwalt Cavaliere Lodovico Scarfiotti gewählt, der sein Amt bis zum Jahr 1908 einnehmen sollte. Den Posten des Vizepräsidenten bekam Graf Emanuele Cacherano di Bricherasio, und Cavaliere Giovanni Agnelli (1866–1945) wurde zum Generalsekretär des Verwaltungsrats ernannt. Ein weiteres Gründungsmitglied war Graf Carlo Biscaretti di Ruffia, dessen Name heute das Turiner Verkehrsmuseum trägt, welches eine der besten Autosammlungen der Welt enthält. Die restlichen Gründungsmitglieder waren Cavaliere Michele Ceriana, Marchese Alfonso Ferrero di Ventimiglia, Rechtsanwalt Commendatore Cesare Goria-Gatti, Cavaliere Cesare Racca und Luigi Damevino.

Der piemontesische Maler Lorenzo Delleani hat den Tag der Vertragsunterzeichnung am 11. Juli 1899 in einem Gemälde festgehalten, das heute im »Centro Storico« – dem großartigen Archiv des Hauses Fiat – aufbewahrt wird.

Nur drei Exemplare haben überlebt: Der $3\frac{1}{2}$ h. p. war das erste Auto von F. I. A. T. – dies ist das Exemplar des »Centro Storico« in Turin.

Der erste Konstrukteur des Hauses wurde der bereits erwähnte Aristide Faccioli (1862–1919), der zu diesem Zeitpunkt bereits etliche Patente für Zweitakt-Gasmotoren und Viertaktmotoren besaß. Der Bau des ersten Wagens erfolgte in den Gebäuden der ehemaligen Fahrradfabrik »Ceirano & C.« am Corso Vittorio Emanuele 9. Giovanni Battista Ceirano bekam von der F. I. A. T. das Alleinverkaufsrecht an den in seiner Ex-Fabrik produzierten Wagen übertragen, und im ersten Jahr des Geschäftsbetriebes 1899 wurden noch acht Fahrzeuge des Typs $3\frac{1}{2}$ h. p. gefertigt.

Ingegnere Faccioli hatte, um innerhalb weniger Monate die ersten Fahrzeuge ausliefern zu können, natürlich Teile bei anderen Produzenten gekauft. Dennoch ist es erstaunlich, daß bis zum Ende des Jahres 1899 immerhin acht Wagen zum Preis von 4200 Lire ausgeliefert werden konnten. Faccioli hatte einen Reihen-Zweizylinder entworfen (Bohrung × Hub – 65 × 99 mm), dessen 679 ccm bei 800/min immerhin 4,2 PS lieferten. Der liegend im Heck montierte Zweizylinder hatte die damals übliche niedrige Verdichtung von 4:1, und ein im Haus gefertigter Oberflächen-Vergaser sorgte für das Benzin-Luft-Gemisch. Die Einlaßventile öffneten automatisch, und die Auslaßventile wurden über eine untenliegende Nockenwelle gesteuert. Die Kühlung erfolgte über einen Wärmetauscher vor der Vorderachse, wobei das Kühlwasser durch eine Pumpe in Zirkulation gehalten wurde.

Die Leistung wurde über zwei Ketten an die hintere Starrachse übertragen, wobei eine Leder-Konus-

Eine der frühesten Aufnahmen des ersten Werks am Corso Dante.

Abfahrt zum ersten Training für den »1. Giro Automobilistico d'Italia« im Jahre 1901. Am Steuer: Felice Nazzaro - auf dem Beifahrersitz des 8 h. p.: Giovanni Agnelli (unten).

kupplung den Gangwechsel des unsynchronisierten Dreiganggetriebes (ohne Rückwärtsgang) ermöglichte. Der Schalthebel selbst befand sich übrigens an der Lenksäule.

Unter dem Vordersitz war der 35-Liter-Tank untergebracht, der das natürliche Gefälle zu dem tiefer liegenden Motor ausnutzte und dem Fahrzeug so eine Benzinpumpe ersparte.

Vorder- und Hinterachse waren Starrachsen, die vorne mit doppelten Halbfedern und hinten mit einfachen Halbfedern von dem mühsamen Versuch zeugten, den Holzrahmen mit der darauf montierten »Vis-à-Vis«-Karosserie gegen die Stöße und Schläge der miserablen Straßen abzuschirmen. Wenn es galt, das doch immerhin knapp 40 km/h schnelle Gefährt abzubremsen, hatte der Fahrer eine Fußbremse (durch ein Außenband auf die Übertragungswelle) und eine Handbremse (eine Bandbremse, die auf die Hinterräder wirkte) zur Verfügung; sicherheitshalber wurde aber auch eine große Ballonhupe mitgeliefert.

Die Holzspeichenräder trugen Pneus der Größe 580 × 55 (vorne) und 670 × 55 (hinten), und da

der Radstand mit 1470 mm relativ kurz geraten war (die Spurweite betrug vorne und hinten 1220 mm), würde uns das Fahrverhalten nach heutigen Maßstäben wahrscheinlich etwas ängstigen.

Der hohe kastenförmige Eindruck, den der Wagen hinterläßt, war natürlich auch auf die hohe Sitzposition zurückzuführen, den die vier Passagiere einzunehmen hatten: Dem ersten Fiat ist - wie nahezu allen Modellen dieser Jahre - noch anzumerken, wie nah sich das Automobil damals noch an den Kutschenbau anlehnt. Dazu trägt auch das typische Verdeck bei, das der Turiner Wagenbauer Alessio, der für diese Karosserie verantwortlich zeichnete, dem 3½ h. p. mit auf den Weg gegeben hatte. Natürlich tragen auch die kleinen Abmessungen ihren Teil dazu bei, daß uns heute dieser

Cavaliere Giovanni Agnelli am Steuer des 8 h. p. im Jahre 1902.

erste Fiat immer wieder durch seine Zierlichkeit überrascht: Der Wagen ist nur 2,30 Meter lang, 1,42 Meter breit und 1,45 Meter hoch. Diese Abmessungen haben heute nicht einmal Stadtwagen.

Ganze 420 Kilogramm wog der erste Fiat, und 260 Kilogramm Zuladung waren erlaubt. Es war also kein Reisewagen für die große Familie, und auch der Gedanke, allein mit so einem Gefährt von Mailand nach Rom reisen zu können, wird den Käufern damals wohl kaum gekommen sein. Der $3\frac{1}{2}$ h.p. war genau das Geschöpf, das damals gefragt war - ein Wagen zum Promenieren; ein Wagen, der den Status seines Besitzers demonstrieren sollte. Noch war das Auto kein Transportmittel; noch diente es vor allem dazu, denen, die auf die Zukunft vertrauten, ein Objekt in die Hand zu geben - hat sich diese Einstellung nicht bis heute erhalten?

Jede Evolution wurde mit kleinsten Stückzahlen und hohen Preisen begonnen - und dann durch langsames Herauffahren der Stückzahlen in einen Preisbereich überführt, der es auch breiteren Schichten ermöglichte, an diesen Entwicklungen teilzuhaben: die Scheibenbremse, die Einspritzanlage, das Antiblockiersystem, der permanente Allradantrieb, das automatische Getriebe. Immer waren es zuerst die Finanzkräftigen, die eine Entwicklung zum Laufen brachten.

Ingegnere Faccioli hatte prompt und rasch entwikkelt - wie bereits erwähnt, wurden noch im Jahr 1899 acht Exemplare des ersten F. I. A. T. ausgeliefert, 1900 folgten dann noch mehr: zwölf sind verbürgt, insgesamt 18 werden vermutet. Einige dieser Wagen sollen auch über einen größeren Hubraum verfügt haben; Bohrung × Hub sollen auf 73 und 100 mm erhöht worden sein. Der daraus resultierende 837 ccm große Zweizylinder soll zwischen fünf und sechs PS bei 1000/min verfügt haben, aber ob tatsächlich ein oder zwei Wagen mit diesem Motor ausgerüstet worden sind, läßt

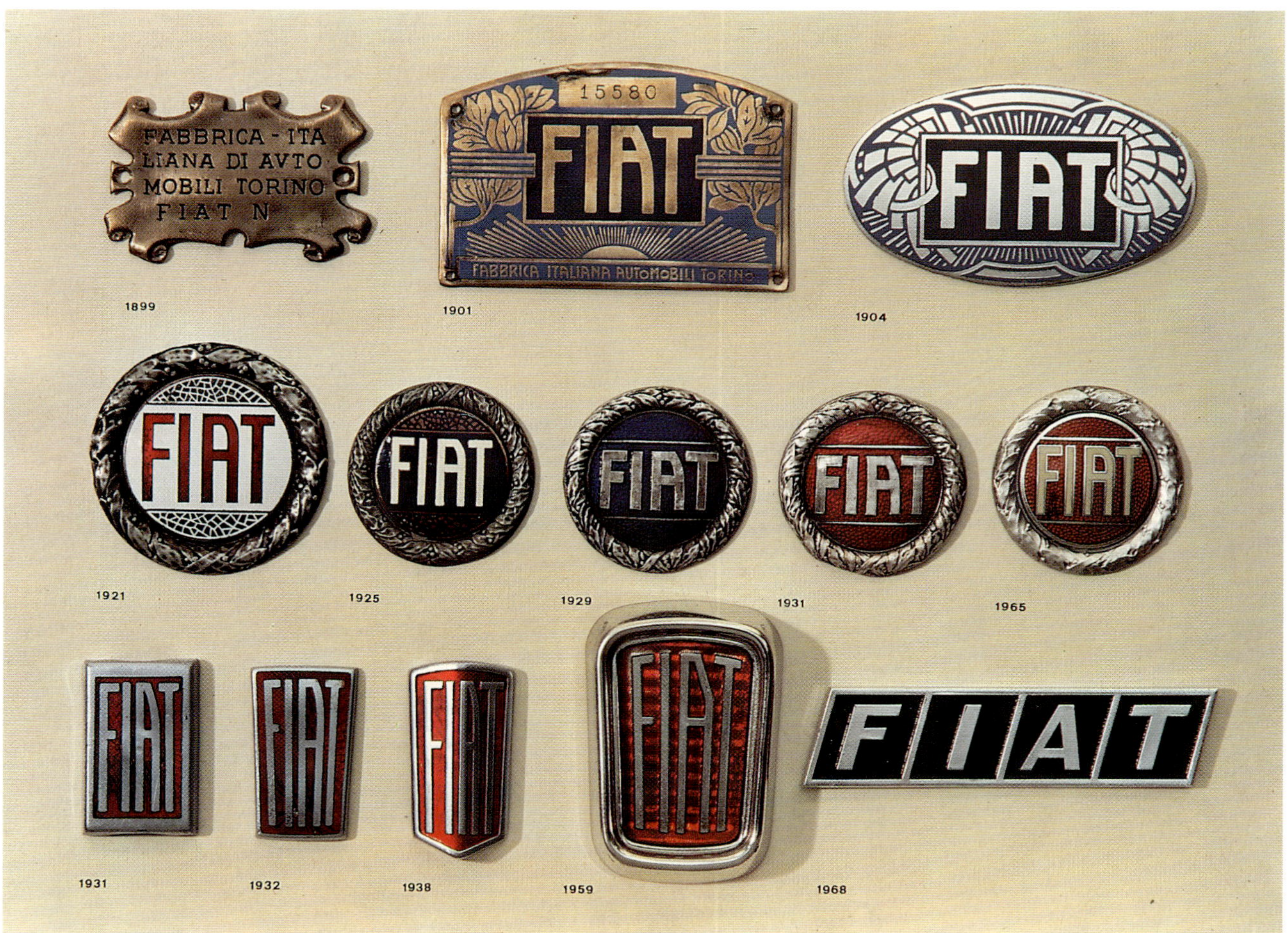

Die Entwicklung des Fiat-Emblems über die Jahrzehnte hinweg (unten).

sich heute nicht mehr nachweisen. Bei den drei bis heute erhaltenen Fahrzeugen ist jedenfalls der »kleine« Motor montiert.

Zwei dieser Fahrzeuge stehen in Turin, eines im Centro Storico von Fiat und eines in dem bereits erwähnten Verkehrsmuseum »Biscaretti di Ruffia«. Das dritte Exemplar nahm Henry Ford mit in die USA; es steht heute im Henry-Ford-Museum in Dearborn in Michigan.

Der erste Schritt war getan: Die Firma hatte sich etabliert - und wenn auch Ingegnere Aristide Faccioli bereits nach einem Jahr die F. I. A. T. wieder verließ, so sprachen doch die ersten ausgelieferten Modelle für sich. Außerdem hatte Faccioli dem Haus noch einen unschätzbaren Dienst erwiesen: Er hatte aus dem 6 h. p., der im Sommer des Jahres 1900 den $3\frac{1}{2}$ h. p. ablöste (und für 6500 Lire nun zehn PS bei 1000/min und eine Höchstgeschwindigkeit von 45 km/h bereitstellte), den 6 h. p. Corsa geschaffen, den ersten Rennwagen von F. I. A. T.

Die ersten Autorennen hatten ja noch vor der Jahrhundertwende in Frankreich stattgefunden, und sie hatten sich als blendendes Mittel zum Bekanntwerden herausgestellt. Kurz: Mit Siegen bei Autorennen wurde so viel Renommee gewonnen, daß man steigende Verkaufszahlen gleich fest in die Planung aufnehmen konnte. Kein Wunder, daß auch das Haus Daimler dem Drängen eines gewissen Herrn Konsuls Jellinek, der den Verkauf der Daimler-Modelle an der Côte d'Azur übernommen hatte, folgte und im Jahr 1906 einen Rennwagen baute, der dann den Namen der Jellinek-Tochter »Mercedes« tragen durfte - obwohl Gottlieb Daimler dem Motorsport mehr als ablehnend gegenüberstand. Das mit diesem Rennwagen erworbene Renommee dürfte entscheidend dazu beigetragen haben, daß sich das Haus Daimler

Zeitvertreib: Während sich die Damen fröhlichen Spielen hingeben, bemühen sich die Herren darum, den 16/24 h. p. zum Laufen zu bringen - ein Bild aus dem Jahre 1904.

wieder erholte, nachdem die Verkaufszahlen drastisch gesunken waren.

Bei F. I. A. T. war die Sachlage etwas anders; das Direktorium des Hauses stand den Autorennen ziemlich positiv gegenüber: Neben dem gewünschten Reklameeffekt hoffte man auch, für die Serie lernen zu können. Dazu kam, daß man dem noch weithin unbekannten Unternehmen nicht unbedingt für die Werbung Gelder entziehen konnte, auch wenn man schon im Herbst des Jahres 1899 ein erstes Reklameplakat herausgegeben hatte.

Kurz: Faccioli nahm sich den 6 h. p. vor und beschloß in weiser Voraussicht, daß man nicht versuchen sollte, den bewährten Zweizylinder zu mehr Leistung zu treiben. In einer Zeit, in der die Materialkunde noch in den Kinderschuhen steckte und in der das Auto gerade das Rollen gelernt hatte, war diese Einsicht zweifellos gerechtfertigt: Faccioli sagte sich, daß der Ausfall auf der Strecke nie zu einem Siegerkranz führen würde - und so beschloß er den Wagen schneller zu machen, indem er ihn drastisch erleichterte. Dazu wurde das Getriebe überarbeitet, ebenfalls erleichtert und die Übersetzung entsprechend geändert. Das Ergebnis war beeindruckend: Der 6 h. p. Corsa wog nur noch 450 Kilogramm (gegenüber 750 Kilogramm der »Straßen«-Version), und die Höchstgeschwindigkeit war von 45 km/h auf über 60 km/h gestiegen.

Im April des Jahres 1900 trat der Corsa zum erstenmal beim Turin-Asti-Rennen an und gewann auf Anhieb mit Castore am Steuer. Im Juli desselben Jahres fand dann eines der wichtigsten Rennen statt: Das Vicenza-Bassano-Treviso-Padua-Rennen. Hier traten erstmals zwei Fahrer an die Öffentlichkeit, die von nun an das italienische Renngeschehen entscheidend beeinflussen sollten: Vincenzo Lancia und Felice Nazzaro. Sie gewannen auch sofort dieses Rennen mit einer Durchschnittsgeschwindigkeit von 59,5 km/h. F. I. A. T. hatte es geschafft - die Fahrzeuge des Hauses waren ins Gespräch gekommen.

Man sollte zu diesem Zeitpunkt ein wenig näher auf die Person von Giovanni Agnelli eingehen. Obwohl Agnelli »nur« der Sekretär des Verwaltungsrats war, wurde der ehemalige Kavallerieoffizier der eigentliche Kopf des Unternehmens F. I. A. T. Der Kavallerist Giovanni Agnelli machte das große Rennen, nachdem er von der militäri-

Ein Gemälde von Dion Pears: Vincenzo Lancia auf dem 110 h. p. beim Vanderbilt-Cup 1905.

schen auf die industrielle Laufbahn umgesattelt hatte: Der Praktiker Agnelli hatte sich schon während seines Dienstes für das italienische Vaterland weniger mit Pferden - als um so lieber mit technischen Dingen auseinandergesetzt. Es wird behauptet, daß Agnelli bereits 1892 in seiner Kavalleriekaserne in Verona daran gearbeitet haben soll, die schlecht beleuchtete Unterkunft mit elektrischem Licht zu einer schmucken Unterkunft umzugestalten. Daß er dabei tatsächlich an eine Art Perpetuum mobile gedacht haben soll, darf bezweifelt werden; dafür war Agnelli wahrscheinlich zu sehr Realist.

Tatsächlich soll er aber Mitte der neunziger Jahre - über die Vermittlung eines Schrotthändlers - einen Motor der Firma Daimler & Cie. aufgetrieben haben, der so oft zerlegt und zusammengebaut wurde, bis er wieder lief. Das ratternde Ungetüm wurde an einen Dynamo angeschlossen - um die Kaserne doch noch zu illuminieren? -, versagte aber dann doch rasch und diesmal endgültig den Dienst. Giovanni Agnelli war einer der bereits erwähnten Männer, die inmitten der Diskussionen über den Sinn und den Unsinn der Industrie erkannt hatten, daß die Zukunft des Staates vor allem in dieser Industrie liegen müsse, die von der Mehrheit der Italiener noch verteufelt wurde. Er hatte auch erkannt, daß das »Spielzeug der Reichen«, das Automobil, eine beachtliche Zukunft vor sich haben würde.

Wieviel Vorstellungskraft mußte damals ein Mann besitzen, um in den hüpfenden, knatternden und stinkenden Gefährten eine Daseinsberechtigung als Massenverkehrsmittel zu sehen? Wer damals laut verkündet hatte, daß das Automobil dereinst die Straßen zu Hunderttausenden bevölkern würde, wäre ausgelacht worden - also dachte er sich seinen Teil und handelte. Agnelli war der Mann der Tat; er suchte und fand die Gründungsmitglieder der »Società Anonima Fabbrica Italiana di Automobili«, und er fand auch die 800000 Lire, die das Stammkapital des wichtigsten Unternehmens Italiens werden sollten.

Das Auto war bereits erfunden, die Patente waren verteilt, und die ersten dieser merkwürdigen Gefährte hatten auch ihren Weg über ganz Italien hinweg gefunden. Die neun Gründungsmitglieder waren sich darüber im klaren, daß man keine Experimente eingehen dürfe, wenn man die Existenz des jungen Unternehmens nicht in der Anfangsphase wieder gefährden wollte. Deswegen wurde als erster Konstrukteur der bereits erwähnte Ingegnere Aristide Faccioli angeworben - Faccioli hatte Erfahrung und Routine. Agnelli und er fanden die Maxime der ersten Jahre: »Suche die besten Teile der Konkurrenz und kombiniere sie besser als die Konkurrenz.« Dies war - nachdem F. I. A. T. sehr spät bei der Automobilproduktion eingestiegen war - zweifellos der richtige Weg. Die Tatsache, daß bereits in den ersten sechs Monaten nach der Gründung des Unternehmens sechs Fahrzeuge ausgeliefert werden konnten, beweist, daß Agnellis Überlegungen richtig waren: Wenn man alle Teile selbst entwickelt hätte, wäre kaum noch vor der Jahrhundertwende der erste F. I. A. T. gebaut worden.

So sahen die F. I. A. T.-Aktien des Jahres 1909 aus.

Der Sekretär des Verwaltungsrats wurde zum »Macher« des Hauses: Agnelli fand mit sicherem Spürsinn die Techniker, die seine Überlegungen in die Praxis umsetzten. Er selber war Organisator, Propagandist, Finanzier - kurzum, die unermüdliche Antriebskraft des Unternehmens. Er war es auch, der Faccioli zu seinem letzten Werk für das Haus F. I. A. T. animierte: dem 6 h. p. Corsa, der durch seine Siege bei den ersten Autorennen kostenlose Werbung für die junge Firma machte. Nach dieser Entwicklung verließ Faccioli dann allerdings das Unternehmen. Warum man sich bereits nach knapp einem Jahr wieder voneinander trennte, bleibt im Dunkel der Geschichte; vielleicht war Agnelli dem renommierten Techniker ein wenig zu umtriebig.

Während die ersten Arbeiter - zur Jahrhundertwende standen 50 Mitarbeiter auf der Lohnliste - in den Räumen der ehemaligen Fahrradfabrik »Ceirano & C.« am Corso Vittorio Emanuele 9 die ersten Autos montierten, begann Agnelli mit dem Bau der F. I. A. T.-Fabrik am Corso Dante 35-37, deren Eröffnung am 19. März 1900 erfolgte. Das neue Gelände hatte eine Grundfläche von 12000 Quadratmeter und wurde von den Straßen Via Marenco, Via Monti, Via Chiabrera und dem Corso Dante umschlossen.

Agnelli hatte rasch erkannt, daß Italiens rückständige Industrie die von ihm angestrebte Produktion und die beabsichtigte Qualität kaum unterstützen konnte. Der Sekretär beschloß also, soviel wie möglich selbst in der von ihm gewünschten Qualität herzustellen – heute würde man dazu sagen: Die Fertigungstiefe zu vergrößern, um sich von Lieferanten unabhängig zu machen. Also wurde das Werk am Corso Dante großzügig ausgeführt: Ein Viertel der Grundfläche entfiel auf die Maschinenwerkstatt, daneben wurden sechs Schmiedeöfen, dazu Hammerschmieden, Zementieröfen und eine Kesselschmiede in Betrieb genommen. Außerdem gab es eine Polsterei und eine Karosseriebauabteilung sowie ein Lager und die unvermeidlichen Büros. Kein Wunder, daß man bei der Einweihung bereits 150 Arbeiter beschäftigte. Die Räume von »Ceirano & C.« wurden trotz des Neubaus behalten, da Giovanni Battista Ceirano mittlerweile – das Beispiel von F.I.A.T. vor Augen – selbst mit der Produktion von Automobilen begonnen hatte. Ceirano sollte aber nicht allzu lange überleben; die Firma wurde später von Agnelli übernommen.

Auch heute noch gehören die ehemaligen Fabrikhallen am Corso Dante zu Fiat – hier sind nunmehr soziale Einrichtungen, eine Lehrlingswerkstatt sowie das Centro Storico beheimatet.
Werfen wir einen Blick in die Gründungsurkunde von 1899: Gegenstand des Unternehmens ist unter anderem »das Errichten und Betreiben (auch auf Rechnung Dritter) von Industrieanlagen zur Verarbeitung von Metall oder Holz und der Handel mit einschlägigen Erzeugnissen, insbesondere Herstellung und Handel von Motoren aller Art, von Personenkraftwagen, Lastkraftwagen, Straßenbahn-, Eisenbahn- und Elektromaterial, Zubehörteilen und verwandten Erzeugnissen, Wasserfahrzeugen jeder Art und Tragfähigkeit, Antriebssystemen jeder Art für die Fortbewegung zu Lande, zu Wasser und in der Luft, dazugehörige Ersatzteile, Zubehör, Instandsetzungen sowie die Verwertung von Brennstoffen.« Man muß nach aufmerksamer Lektüre dieser Zeilen den neun Männern des Jahres 1899 zugestehen, daß sie ihr Programm in einer Perfektion formulierten, die wirklich keine Lücken offenläßt. Und man muß ihnen auch konzedieren, daß sie über geradezu hellseherische Fähigkeiten verfügt haben mußten, denn Geschäfte mit Lastkraftwagen gab es damals noch nicht. Erst drei Jahre zuvor hatte die Daimler-Motoren-Gesellschaft den ersten Lastwagen der Welt vorgestellt, mit vier Motorisierungsvarianten von 4, 6, 8 und 10 PS bei Nutzlasten von 1,2 bis 5 Tonnen, die erst ganz wenige Fuhrunternehmer zum Wechsel vom Pferd zu Pferdestärken animiert haben dürften. Und auch die »Antriebssysteme jeder Art für die Fortbewegung in der Luft« müssen den meisten Zeitgenossen reichlich verwegen in den Ohren geklungen haben – wahrlich: hier war eine Mannschaft am Werk, die weit in die Zukunft sehen konnte. Mit dem 3½ h.p. war der Grundstein gelegt – Agnelli saß an den Schalthebeln eines Unternehmens, das er sich nach seinen Vorstellungen geformt hatte, die ersten Siege kündeten von dessen Stärke, und man hatte vorausschauend den Raum für eine Expansion geschaffen, die sich zwar zunächst noch in den Gehirnen der Gründungsmitglieder abspielte, an deren Realisierung der umtriebige Agnelli aber nun arbeitete.
Nun konnte er die weitgefächerte Produktion angehen, die ihm für die Expansion seines Hauses unerläßlich schien – und Agnelli packte die Aufgabe mit der ihm eigenen Energie an.

Am 5. November 1906 erschien im Simplicissimus diese beachtenswerte Anzeige: E.E.C. Mathis – Deutschlands größtes Automobil-Geschäft – empfiehlt FIAT. Die Marke, die auch seine Majestät, der Kaiser fährt.

Auf dem Weg zum Großunternehmen

Die neue Fabrik am Corso Dante beschäftigte bereits im ersten Jahr 120 Arbeiter und knapp 30 Angestellte; und während in den verschiedenen Abteilungen noch die Maschinen montiert wurden, begann die Auslieferung der knapp 30 Wagen, die im Jahr 1900 gebaut wurden.

In dem hervorragenden Katalog: »Fiat 1899 - 1989 ... die Industrielle Revolution in Italien«, der anläßlich einer Fiat-Ausstellung im Londoner Science Museum herausgegebenen wurde, finden wir folgende Passage: »Die Entwicklung der Technik hat die größte Veränderung der Menschheitsgeschichte bewirkt - und die Innovationen, auf Grund deren sich die Technik weiterentwickelte, kamen in großen, mächtigen Zyklen, deren Anfänge nur die wenigsten ahnen konnten. Fiat wurde 1899 gegründet, als Dampfmaschinen und die Eisenbahn die entscheidenden Technologien darzustellen schienen. Fiat wurde aber gegründet, um Automobile zu bauen - und nur kurze Zeit später standen Nutzfahrzeuge und Flugzeuge auf der Produktionsliste. Mit dieser klaren Entscheidung gegen die vorherrschende Technik war F. I. A. T. der auslösende Faktor für einen Innovationsschub, der die bis dato führende Industrie ablösen und ein neues Kapitel eröffnen sollte.«

Dampfkraft und Eisenbahn hatten es ermöglicht, die eng begrenzten Umfelder der vorindustriellen Zeit drastisch zu vergrößern. Natürlich entwickelten sie sich zunächst vor allem dort, wo es die wichtigsten Rohstoffe gab: Kohle und Erz; das war in England so, in Frankreich und auch in Deutschland.

In Italien entwickelte sich die Industrie nach anderen Kriterien, denn Rohstoffe gab es so gut wie keine, deshalb war eine Schwerpunktbildung wie etwa im Ruhrgebiet nicht von vornherein gegeben.

Die Schaffung von Industriezentren war in Italien vor allem durch die geographische Lage - also der großen Hafenstädte - bestimmt und durch die Energie und Schaffenskraft einzelner Unternehmer. Hier stoßen wir auch noch einmal auf das bereits erwähnte Phänomen, daß diese Vorgänge sich fast ausschließlich in Oberitalien abspielten, während Süditalien in alten Strukturen verharrte.

Die Entscheidung der F. I. A. T., sich von vornherein für das Automobil zu entscheiden, ist wohl sicher von Giovanni Agnelli ausgelöst worden; ihm scheint klargewesen zu sein, daß das Auto in all seinen Varianten den Menschen noch viel mehr Bewegungsfreiheit geben würde als die schienengebundene Eisenbahn. Das Auto würde das Leben drastisch verändern, das Verhältnis zwischen Stadt und Land, zwischen Nord- und Süditalien, zwischen Italien und dem Ausland, zwischen Europa und den anderen Kontinenten.

»Der König des Lenkrads auf der Königin der Fahrräder« - der Rennfahrer Felice Nazzaro machte 1910 auch Werbung für die Fahrräder aus dem Turiner Unternehmen.

So sah 1911 der Motorenprüfstand im Werk am Corso Dante aus.

Wahrscheinlich hat Agnelli deshalb auch - zu einem Zeitpunkt, an dem das Auto noch allgemein als ein Spielzeug für die Reichen galt - auf Massenproduktion gesetzt.

Und, konsequent wie er war, verwendete er in der Fabrik am Corso Dante auch vereinzelt bereits Elektromotoren, die zuerst noch von einer großen Dampfmaschinenzentrale mit Energie versorgt wurden. Sobald es möglich war, wurde dieses Relikt einer alten Zeit später rasch beseitigt.

Einstweilen beherrschten aber noch die Treibriemen der Dampfmaschinen den Anblick der großen Hallen - eine Technik, die Agnellis Ausbau des Fertigungsablaufs beeinträchtigten.
Kein Wunder, daß man sich bei Fiat bereits frühzeitig Gedanken darüber machte, wie der Arbeitsablauf und damit die Fertigungskapazität verbessert werden konnte. Es gelang dabei relativ rasch, die Produktion so zu steuern, daß ein zu bearbeitendes Teil genau dann an die nächste Maschine angeliefert wurde, wenn diese frei war - zudem hatten die Ingenieure relativ rasch erkannt, daß bei dem Transport der Teile von einem Maschinenblock zum anderen übermäßig viel Arbeitsaufwand nötig war. Um hier Arbeitskräfte zu sparen, richtete man bereits zu einem sehr frühen Zeitpunkt Transportbänder ein, die die Teile automatisch an den nächsten Bearbeitungsplatz beförderten. Die Suche nach einem anpassungsfähigeren Management und nach einer wissenschaftlichen Analyse des Bearbeitungs-Prozesses war übrigens der Ausgangspunkt für die Arbeiten des amerikanischen Ingenieurs und Betriebsorganisators F. W. Taylor, die später die industrielle Entwicklung entscheidend beeinflussen sollten.

Alle diese Erkenntnisse, in dem ersten Jahrzehnt dieses Jahrhunderts gesammelt, haben aber seltsamerweise nicht zum berühmten Fließbandbetrieb geführt; diese radikale Änderung des Automobil-Produktionsprozesses wurde wenig später von Henry Ford in den USA eingeführt. Man darf vermuten, daß Ford, der stets hervorragend über die Produktionsverfahren der Konkurrenzunternehmen unterrichtet war, auch viel von den Überlegungen und Erkenntnissen des Hauses Fiat wußte. Aristide Faccioli, Konstrukteur der ersten Stunde, sollte nur noch wenige Monate bei F. I. A. T. arbeiten; er hatte den 6 h. p. geschaffen, der für 6500 Lire ausgeliefert wurde, und den 6 h. p. Corsa, der in

Werbung aus der »Allgemeinen Automobil-Zeitung« des Jahres 1910 – FIAT »unbestritten« und »Unerreicht«, E. E. C. Mathis hatte anscheinend auf dem Pariser Salon große Erfolge feiern können.

diesem Sommer des Jahres 1900 seine ersten Rennen gewinnen sollte. Seine letzte Tat für das Unternehmen war der 8 h. p., der ebenfalls über einen Reihen-Zweizylinder verfügte, der in den ersten Exemplaren noch um 90° geneigt flach ins Heck eingebaut wurde; dann wanderte der zehn PS starke Motor allerdings aufrecht in die Frontpartie, wo er bis zum Jahr 1902 in knapp 70 Exemplare eingebaut wurde.

Als Nachfolger von Aristide Faccioli engagierte man Giovanni Enrico (1851–1909), der sich daran machte, das erste »richtige« Auto zu konstruieren. Die Geschäftsführung war der Ansicht, daß die Zweizylinder wohl gut gewesen seien, um rasch überhaupt Wagen im Programm zu haben, die auf die Existenz der neugegründeten Marke verweisen konnten – nun wollte man jedoch mit einem Vierzylinder größere Marktanteile gewinnen und neue Märkte erobern. Enrico nahm zwei Zweizylinder und montierte sie hintereinander in Reihe. Bohrung und Hub betrugen 100 und 120 mm, und bei einer Verdichtung von 4,2 : 1 erreichte der 3770 ccm große Vierzylinder eine Leistung von 16 PS, die bei 1200/min abgegeben wurden. Der vorne montierte Motor lieferte seine Kraft durch ein Dreiganggetriebe, das zudem noch einen Rückwärtsgang bekommen hatte, über zwei Ketten an die Hinterachse. Der 12 h. p. erreichte immerhin 70 km/h – was für die damaligen Straßen reichlich dimensioniert gewesen sein dürfte. F. I. A. T. erlaubte 410 Kilogramm Zuladung auf dem 800 Kilogramm schweren Wagen, und der Verbrauch von etwa 20 Liter auf 100 Kilometer ermöglichte bei einem Tankfassungsvermögen von 60 Liter bereits einen beachtlichen Radius.
Der 12 h.p. nimmt heute in der Geschichte der Fiat AG einen bedeutenden Platz ein, weil er der erste Wagen war, der in einer größeren Serie gebaut wurde – rund 100 Exemplare verließen den Corso Dante –, und weil er auch der erste Wagen war, der in den Export ging: Frankreich nahm zehn bis zwölf der 13 500 Lire teuren Wagen ab. Gegen Ende des Jahres 1901 wurde noch ein zweiter Vierzylinder entwickelt, der bereits über 7475 ccm Hubraum und 28 PS verfügte. Dieser Wagen, der nicht in Produktion gehen sollte, erreichte 90 km/h und gewann das Rennen von Villanova nach Bologna – viele seiner Fahrwerksverbesserungen wurden dann 1902 in die Produktion der Straßenfahrzeuge übernommen.
Der Motorsport wurde Agnelli immer wichtiger, und so war es auch kein Wunder, daß auch aus dem 12 h.p. eine Corsa-Version gebaut werden mußte. Die Überarbeitungsmaßnahmen bestanden wieder hauptsächlich in der drastischen Erleichterung der Karosserie, die in diesem Fall von der Turiner Firma Alessio geliefert wurde. Felice Nazzaro, einer der berühmtesten Rennfahrer aller Zeiten, gewann mit dem nun nur noch 600 Kilogramm schweren Wagen etliche Rennen – darunter auch das Rennen Turin – Bologna.

Nachdem die Konkurrenz immer öfter mit reinrassigen Rennwagenkonstruktionen an den Start kam, begann man sich bei F. I. A. T. zu überlegen, ob der Versuch, Serienwagen mit leichteren Karosserien ins Rennen zu schicken, nicht auf lange Sicht nur mit Niederlagen enden könnte. Noch hatte man zwar mit Fahrern wie Felice Nazzaro und Vincenzo Lancia Piloten, die fehlende Leistung durch außergewöhnliches Fahrkönnen ausgleichen konnten – wenn die Leistung jedoch immer entscheidender wurde, konnten selbst diese Fahrer nicht mehr viel ausrichten.

Das Ergebnis aller Überlegungen war der 24 h.p. Corsa, der in den nächsten Jahren die großen Siege bringen sollte, die den Namen F. I. A. T., auch im Motorsport berühmt machten. Dieser erste Rennwagen aus Turin besaß wieder einen Reihen-Vierzylinder, der aus zwei paarweise gegossenen Zweizylindern zusammengesetzt war. Die Bohrung betrug 130 mm und der Hub 120 mm; das ergab einen Hubraum von 6371 ccm. Die Verdichtung betrug 5:1, und bei 1200/min wurden 40 PS zur Verfügung gestellt. Die Fahrer konnten nun über ein Vierganggetriebe schalten, das außerdem über einen Rückwärtsgang verfügte. Die Achsen waren noch immer Starrachsen, die an Halbfedern abgestützt waren. Das nur 450 Kilogramm schwere Auto hatte mit seinen 40 PS natürlich relativ leichtes Spiel: knapp 100 km/h Höchstgeschwindigkeit waren im Jahr 1902 schon etwas.

Der 24 h. p. Corsa wurde aber noch aus einem weiteren Grund zum Meilenstein: Es war der erste Fiat mit einem Stahl-Fahrgestell. Nachdem bislang zumindest noch einzelne Komponenten aus Holz gefertigt wurden, zeigte dieser kompromißlose Zweisitzer (sogar auf ein Verdeck war verzichtet worden) den Weg in die Zukunft - und der war aus Stahl. Am 29. Juni 1902 hatte der 24 h. p. Corsa seinen ersten Auftritt: Mit Vincenzo Lancia am Steuer - eben dieser Vincenzo Lancia sollte sich später selbständig machen und die berühmte Autofirma gleichen Namens gründen - siegte er beim Sassi - Superga-Bergrennen. Am 27. Juli siegte Lancia dann beim Susa - Moncenisio-Bergrennen mit einer Durchschnittsgeschwindigkeit von 44,16 km/h. F. I. A. T. war dabei, sich auch auf den Rennstrecken einen guten Namen zu machen. Der Ruf, auch den kleinsten Modellen sportliche Motore und attraktive Fahrleistungen mit auf den Weg zu geben, hat in jenen Tagen aus der Frühzeit des Automobils seine Wurzeln.

Das Direktorium des Hauses hatte aber nicht nur sportliche Erfolge im Sinn; dieser Einsatz war klar auf Werbung ausgerichtet. Wenn die Erkenntnisse aus dem Motorsport auch in die Serienproduktion einfließen konnten, war dies eine angenehme Dreingabe.

Agnelli hatte ganz andere Pläne: Im Jahr 1901 wurden 73 Fahrzeuge produziert - und parallel dazu begann man mit der Konstruktion von Omnibussen und Lastwagen, deren Produktion 1903 anlaufen sollte. Agnelli hatte rascher als erwartet einen weiteren Punkt aus der Gründungsurkunde Realität werden lassen: die Herstellung und den Handel mit Lastkraftwagen.

Ein seltener Anblick: Vincenzo Lancia am Steuer und sein großer Rivale Felice Nazzaro auf einem FIAT 24 h. p. des Jahres 1902.

Der erste FIAT-LKW aus dem Jahre 1903 (Mitte).

Der 28/40 h. p.-Omnibus sollte entscheidend zum Durchbruch dieses Verkehrsmittels beitragen - eine Aufnahme aus dem Jahre 1906 (unten).

Ein Jahr später konnte F. I. A. T. dank des tüchtigen Ingenieurs Enrico bereits vier verschiedene Modelle anbieten. Auch der von Agnelli so gewünschte Export nahm weiter zu: Nach Frankreich wurde England als weiterer Exportmarkt erschlossen; 1902 wurden bereits 25 Fahrgestelle über den Kanal geliefert. Nur ein Jahr später wurde dann der erste F. I. A. T. in die USA geliefert. Es bleibt zu konstatieren, daß das Unternehmen Ingenieur Giovanni Enrico den entscheidenden Aufstieg in dieser Frühphase zu verdanken hat. Seine Modellpolitik und seine Konstruktionen verkauften sich so gut, daß F. I. A. T. schneller als die Kon-

Auch der Deutsche Kaiser schätzte FIAT – hier einen 60 h. p., den er 1908 bei einem Besuch in Hannover benutzte. Lieferant war natürlich E. E. C. Mathis.

kurrenten das Geld zur Verfügung hatte, die von Agnelli geplanten Zukäufe und Vergrößerungen zu realisieren. Giovanni Enrico verließ übrigens 1906 das Unternehmen aus gesundheitlichen Gründen.

Das erste Jahrzehnt dieses Jahrhunderts sollte Italien vollständig verändern – obwohl die Italiener erst sehr spät mit der Industrialisierung begonnen hatten, nahm sie nun in einem Umfang zu, den niemand erwartet hatte. Erst langsam, dann immer rascher strömten die Menschen aus den unterentwickelten Gegenden in die rasch wachsenden Industriestädte, die durch den Zustrom der Massen ihre Infrastruktur, ihr Aussehen, ihr Selbstverständnis radikal den neuen Bedingungen anpassen mußten. Innerhalb kürzester Zeit gab es eine selbstbewußte Arbeiterklasse, die bis dato völlig unbekannte soziale Veränderungen und neue Verhaltensnormen erzwangen. Zudem verstärkte diese Entwicklung im fortschrittlichen Norden jene Entfremdung mit dem noch immer rückständigen Süden; kein Wunder, daß die Carabinieri bei streikenden Landarbeitern auf Sizilien andere Maßnahmen ergriffen, als dies in Turin oder Mailand möglich gewesen wäre.

Das durchschnittliche Einkommen stieg zwischen 1901 und 1913 um über 70 Prozent, während die Produktion in diesem Zeitraum um über 90 Prozent wuchs. Mit diesem steilen Anstieg übertraf Italien sogar viele der anderen Länder; nahezu aus dem Nichts heraus hatte die italienische Industrie einen Großteil der europäischen Konkurrenz in die Schranken verwiesen. In diesem Zeitraum hatte sich auch der Export mehr als verdoppelt.
Die Landwirtschaft war nicht mehr die Basis des italienischen Lebens, nachdem nun die Industrie über 60 Prozent des durchschnittlichen Einkommens erwirtschaftete. Die Provinzen und Gemeinden, in denen sich Industrie angesiedelt hatte, konnten sich aus der jahrhundertealten Armut befreien, sie konnten den Hunger besiegen und die Ignoranz der Reichen überwinden. Trotz noch immer existierender sozialer Ungerechtigkeiten hob sich langsam der Lebensstandard der unteren Bevölkerungsschichten – und der Nordwesten Italiens begann in dem Dreieck Mailand, Turin und Genua eine Industrie aufzubauen, die ihrerseits wieder für immer mehr und immer bessere Kommunikationswege und verbesserte Transportwege sorgen konnte.

Ein Photo aus dem Jahre 1908 aus der Zeitschrift »Sport im Bild« – Bildunterschrift: »Blick in die Brüsseler Automobil-Ausstellung«.

Allmählich kristallisierte sich auch heraus, daß die Automobilindustrie - so wie es Giovanni Agnelli anstrebte - eine Schlüsselindustrie des »neuen« Italiens werden würde. Natürlich gab es neben F. I. A. T. bereits andere Unternehmen, die Automobile herstellten, und die hatten sich natürlich auch in dem erwähnten Städtedreieck niedergelassen, vor allem in Turin und Mailand.

Agnelli und das Haus F. I. A. T. waren jedoch mit ihrer Idee des Massenverkehrsmittels der Zukunft ein großes Stück voraus.

Während die Konkurrenten auch noch zu Beginn des neuen Jahrhunderts ihre Fahrzeuge von Hand - und deshalb nur für reiche Leute - zusammenfügten, hatte Agnelli bereits die Weichen in Richtung Massenproduktion gestellt. Als 1905 und 1906 eine Wirtschaftskrise ein Massensterben unter den Automobilbauern bewirkte, ging F. I. A. T. als der große Sieger aus dieser Krise hervor. Seiner konsequenten Einstellung zu rationeller Produktion hatte das Unternehmen sein Überleben zu verdanken - und seit dieser Zeit stand F. I. A. T. auch unbestritten an der Spitze der italienischen Automobilunternehmen.

Vieles, was Fiat noch heute ausmacht - seine konsequente Ausrichtung auf vernünftige Automobile zu vernünftigen Preisen -, wurde in diesen Jahren fixiert. Agnelli hatte sich zwar für die ersten Zweizylinder von Aristide Faccioli nicht besonders erwärmen können, aber sie wurden mit all ihren Schwächen akzeptiert, weil sie innerhalb weniger Monate verfügbar waren. Immerhin hatten sie den Namen F. I. A. T. auf Anhieb populär gemacht.

Agnelli hatte von Anfang an jene Automobile bevorzugt, die Giovanni Enrico für das Unternehmen entworfen hatte, denn nur solche Modelle konnten sich gegen die Produkte anderer Firmen - Itala, Isotta Fraschini, Lancia - durchsetzen. Diese hatten zwar ebenfalls auf Massenproduktion gesetzt, mußten aber 1907, als der Markt zusammenbrach, aufgeben oder auf wesentlich kleinerer Basis weiterarbeiten. In diesen gefährlichen Zeiten machte sich Agnellis Voraussicht bezahlt. Alle die Untersuchungen, die er zur Perfektionierung der Arbeitsprozesse in seinen Werkstätten hatte vornehmen lassen, hatten ihm nun zu einem Produktionsvorsprung vor den Konkurrenten verholfen, die bis dato die Illusion gehabt hatten, daß ihre Exklusivprodukte für eine gesunde wirtschaftliche

Der FIAT-»Brevetti« wurde von 1906-07 in nicht weniger als 1500 Exemplaren gebaut.

Mit diesem FIAT 24/40 h. p. des Jahres 1906 war der deutsche Kaiser gerne auf Reisen (unten).

Basis genügen würden. In den durchorganisierten und effektiv arbeitenden Produktionsstätten von F. I. A. T. bauten 2500 Arbeiter immer mehr Automobile. Jedoch nicht nur das: 1906 entstanden die ersten sechs Straßenbahnen mit Benzinmotor und vieles andere; man produzierte in diesem Jahr insgesamt Waren im Wert von neun Millionen Lire, wobei das Exportvolumen nicht weniger als sechs Millionen Lire betrug - und das in einem Land, das ein Außenhandelsdefizit hatte.

Um diese erstaunliche Expansion zu erreichen, hatte Agnelli seine Marktstärke ausgenutzt und zahlreiche Unternehmen hinzugekauft, die er für interessant hielt. Eine der übernommenen Firmen zum Beispiel war die Automobilfabrik Ansaldi - sie gab den Modellen der Jahre 1905 und 1906 ihren Namen: Eine Baureihe trug den Namen Fiat-Ansaldi. 1906 erschien ein neuer Name: Der neue 10/12 h.p. hieß Brevetti-Fiat. »Brevetti« ist das italienische Wort für Patent, und man hatte einfach nach einem Namen gesucht, der das Interesse der Öffentlichkeit wecken konnte.

Der neue Reihen-Vierzylinder hatte einen Hubraum von 3052 ccm, und seine Leistung betrug 20 PS bei 1200/min. Der Brevetti, dessen Preis 18000 Lire betrug, erreichte eine Höchstgeschwindigkeit von 55 km/h und wurde in nicht weniger als 1500 Exemplaren montiert und ausgeliefert. Diese erhebliche Produktionsausweitung war aber nicht nur dem Kauf der Ansaldi-Fabrik zu verdanken, sondern hier trugen auch die neuerworbenen Alassio-Karosseriewerkstätten ihren Teil bei.

Damit man die vielen produzierten Autos auch verkaufen konnte - noch betrug der Verkaufspreis eines einzelnen Pkw den mehrfachen Jahreslohn eines einzelnen Arbeiters - wurden in aller Welt Verkaufsagenturen gegründet. So begann Agnelli beispielsweise 1905 damit, Australien durch Niederlassungen in Melbourne und Sidney für die Marke Fiat zu erschließen.

Agnelli zog seine Vorstellungen von dem in sich geschlossenen Fabrikationssystem F. I. A. T. in bemerkenswerter Weise durch: 1905 wurde eine Kugellagerfabrik gegründet, aus der sich später der RIV-Konzern entwickeln sollte. Tagaus tagein bemühte sich der Generalsekretär darum, alle die in der Gründungsurkunde gefaßten Grundsätze in die Realität umzusetzen: So entstand 1907 der erste Dieselmotor, und nur ein Jahr später lief erstmals ein Fiat-Flugzeug-Triebwerk - mit acht Zylindern in V-Form. F. I. A. T. begann auch mit dem Schiffsbau, der bereits 1910 durch einen eigenen Schiffsmotorenbau ergänzt wurde. Und Agnelli wäre nicht Agnelli gewesen, wenn er sich nicht auch rechtzeitig um die Ingenieure bemüht hätte, die dann 1915 - als das Militär nach Flugzeugen rief - die Serienproduktion von Flugzeugen zum Laufen gebracht hätten.

Trotz aller Bemühungen, Fiat die Basis zu verschaffen, hatte der Generalsekretär natürlich nicht das Massenverkehrsmittel Automobil vergessen, ohne das sein Unternehmen undenkbar gewesen wäre. Um die dem Automobil noch immer kritisch gegenüberstehende Allgemeinheit gewogener zu stimmen, kam Agnelli auf die geniale Idee, in den großen Metropolen dieser Welt preisgünstige Fiat-Taxis einzusetzen. Bereits 1908 gab es in New York, London und Paris und etlichen anderen Städten diese völlig neue Form eines individuellen Verkehrsmittels - und das stets präsente Fiat-Emblem erinnerte die Benutzer ständig daran, wer sie so rasch und preiswert von einem zum anderen Ende der Stadt transportierte.

Über allen seinen Aktivitäten hatte Agnelli keineswegs den immer populärer werdenden Motorsport vergessen: Nachdem Felice Nazzaro 1907 bei den wichtigsten Autorennen des Jahres gesiegt hatte, beim ersten Grand Prix von Frankreich, beim Taunus-Pokal in Deutschland und bei der Targa Florio in Sizilien - hier brachte ein 7363 ccm großer Vierzylinder mit 60 PS immerhin 95 km/h Höchstgeschwindigkeit -, wurde das Jahr 1908 noch erfolgreicher: Auf der mittlerweile leider nicht mehr existierenden Rennbahn von Brooksland in Groß-

Der Blick eines Siegers: Felice Nazzaro auf dem FIAT 130 h. p., mit dem er 1907 den Großen Preis von Frankreich gewann.

britannien besiegte Felice Nazzaro auf einem Fiat mit 175 PS Leistung seinen großen Rivalen S. F. Edge auf einem Napier mit der Geschwindigkeit von 179 km/h. Louis Wagner gewann auf dem 130 h.p. Corsa den Großen Preis von Amerika in Savannah, der immerhin über eine Distanz von 645 Kilometer führte.

Der Konstrukteur dieses 130 h.p. Corsa, der später den Beinamen »Grand Prix de France« bekommen sollte, war Carlo Cavalli (1878-1947), der 1906 den kränkelnden Giovanni Enrico abgelöst hatte. Cavalli schuf ein wahres Monstrum von einem Rennwagen, dessen Reihen-Vierzylinder (wiederum aus zwei paarweise gegossenen Zweizylindern zusammengesetzt) nicht weniger als 16286 ccm Hubraum besaß - Bohrung mal Hub: 180 mal 160 mm.

Aus diesem Riesenhubraum ergaben sich bei 1600/min die 130 PS, die dem Ungetüm zu einer Höchstgeschwindigkeit von über 160 km/h verhalfen. Fiat baute insgesamt drei Fahrzeuge dieser Baureihe, die mit ihrer Leistung und ihrem Fahrverhalten wahre Könner als Fahrer verlangten.

Es mußte schon ein Felice Nazzaro oder ein Vincenzo Lancia hinter dem Steuer sitzen, um diese Geschosse ohne Straßenlage und ohne Bremsen zu beherrschen.

Es würde den Rahmen dieses Buches sprengen, all die Erwerbungen, Neuentwicklungen und Modellpflegemaßnahmen von Fiat in diesen Jahren detailliert aufzuführen. Beschränken wir uns also auf einige wichtige Daten: 1909 wird der Betrieb »Fiat-Ansaldi« - der zunächst als »Società Brevetti Fiat« neu organisiert worden war - in das Unternehmen »Fiat San Giorgio« umgewandelt. Die Aufgabe dieses Unternehmens ist es, zusammen mit der Werft Fiat Muggiano in La Spezia, wo die Schiffskörper montiert werden, Schiffsmotoren herzustellen. Parallel dazu wird in New York die »Fiat Motor Co.« mit einem Werk in Poughkeepsie gegründet.

In all den Jahren wird die Produktionspalette immer größer; es gibt einen 60 h.p., einen 24/40 h.p., einen 28/40 h.p. Corsa - der 1907 mit Nazzaro und Lancia bei der Targa Florio auf Sizilien die Plätze Eins und Zwei belegt hatte -, einen 18/24 h.p., der für 18000 Lire die Nachfolge des 16/20 h.p. von 1903 antrat, den 35/45 h.p., der als erster Reihen-Sechszylinder des Hauses mit 50 PS bei 1400/min den verwöhnten US-Markt erobern sollte (was ihm mit 107 verkauften Exemplaren schließlich auch gelang), oder dem 20/30 h.p., von dem zwischen 1908 und 1910 über 700 Exemplare verkauft wurden. - Trotz all dieser Erfolge dachte Agnelli ständig darüber nach, wie er seine Idee vom Automobil als Massenverkehrsmittel noch besser realisieren könnte.

Fiat beschloß, 1908 und 1909 mehrere Wege parallel zueinander zu gehen: Während einerseits die großvolumigen Vierzylinder (hauptsächlich für den Export) weiterentwickelt wurden, darunter der 50 h.p., der für 245000 Lire in knapp 300 Exemplaren seinen stolzen Besitzern aus knapp 7,5 Litern Hubraum Fahrleistungen von knapp 90 km/h

Der Fahrer sitzt im Freien - die Herrschaft im Fond: Ein FIAT Tipo 2 Landaulet aus dem Jahre 1910.

Ein weiteres Prachtstück aus der Sammlung des »Centro Storico«: Der Tipo 4 Landaulet aus dem Jahre 1910.

ermöglichte, wurde die Entwicklung eines kleinvolumigen Vierzylinders in die Wege geleitet, der von 1910 an unter der Bezeichnung 12/15 h.p. für nur 14 500 Lire auf den Markt kam. Als Fiat dieses »Einsteiger-Modell« erstmals anbot, wurde auch die gesamte Modellpalette mit neuen Bezeichnungen versehen, wobei der 12/15 h.p. natürlich als Typ 1 das Sortiment anführte.

Gehen wir kurz durch diese Typen: Der Typ 1, auch 12/15 h.p. genannt, hatte einen Reihen-Vierzylinder mit 1846 ccm Hubraum und erreichte knapp 60 km/h. Der Typ 2 hatte die Bezeichnung 15/20 h.p., wobei der Reihen-Vierzylinder einen Hubraum von 2612 ccm und eine Leistung von 20 PS besaß; die Höchstgeschwindigkeit des 18 000 Lire kostenden Wagens betrug 65 km/h. Der nächstgrößere Wagen mit der Bezeichnung Typ 3 - oder 20/30 h.p. - war ein Vierzylinder mit einem Hubraum von 3967 ccm, der für 21 000 Lire eine Höchstgeschwindigkeit von knapp 75 km/h bereitstellte und der Typ 4 bot für 24 000 Lire 45 PS, die der Reihenvierzylinder mit nunmehr 5699 ccm Hubraum bei 1600/min lieferte.

Bleiben noch die Typen 5 und 6: Der erste bot für 17 000 Lire (nur für das Chassis) 9017 ccm Hubraum und 60 PS bei 1500/min; zwischen 1910 und 1916 wurden 457 Exemplare dieses außergewöhnlichen Wagens ausgeliefert. Der Typ 6, der von 1910 bis 1914 ausgeliefert wurde, unterschied sich vom Typ 5 lediglich durch den kürzeren Radstand, der etwas bessere Fahrleistungen brachte; von den 84 ausgelieferten Fahrgestellen ging der Großteil in die USA, wo man sich den Unterhalt eines so extrem teuren Wagens eher leisten konnte als in Europa. Natürlich kann der absolute Höhepunkt der von Fiat (eigentlich immer noch F.I.A.T.) vor dem Ersten Weltkrieg gebauten Automobile nicht unterschlagen werden, der sogenannte Typ 7, der aus dem Chassis des Typs 3 oder 4 bestand, in welches ein Sechszylinder-Triebwerk montiert wurde, das durch eine Bohrung von 80 Millimetern und einen Hub von 130 Millimetern über einen Hubraum von 3920 ccm verfügte. 50 Exemplare des 75 km/h schnellen Wagens wurden ausgeliefert. Abgesehen von dem Typ »520 Superfiat«, der mit seinem 6,8-Liter-Zwölfzylinder zwischen 1921 und 1922 in nur fünf Exemplaren gebaut wurde, waren der Typ 5 und 6 die letzten Fiat-Modelle, die mit Hubräumen über 5 Liter gebaut werden sollten. Die Zeit der großen Fahrzeuge war vorbei - und niemand hatte das klarer erkannt als Agnelli. Diese Erkenntnis galt allerdings nicht für die Rennwagen, bei denen noch immer galt: Hubraum ist durch nichts zu ersetzen.

Nach dem S.B. 4 Corsa, der Weiterentwicklung des 130 h.p. »Grand Prix de France«, der 1903 mit seinen 175 PS aus 18 146 ccm mit Felice Nazzaro am Steuer in Brooklands den Napier besiegt hatte, erreichte der S.74 Corsa mit Louis Wagner den zweiten Rang beim Großen Preis von Frankreich im Jahr 1911, während der Amerikaner David Bruce-Brown in demselben Jahr in Savannah den großen Preis der USA mit einer Durchschnittsgeschwindigkeit von 120 km/h gewann. Der S. 74 verfügte nur noch über einen Hubraum von 14 137 ccm - die Fortschritte im Motorenbau hatten ihm jedoch eine Leistung von 190 PS bei 1600/min beschert und das Ergebnis war eine Höchstgeschwindigkeit von 165 km/h. Sieben Exemplare dieses Rennwagens wurden gebaut.

Seinen Nachfolger, den S.76, montierte man jedoch nur einmal; ihm hatten seine Konstrukteure die Aufgabe gestellt, den absoluten Geschwindigkeitsrekord zu brechen, den der »Blitzen-Benz« - ein Geschöpf des Hauses Benz - aufgestellt hatte. Der S.76 bekam die zusätzliche Bezeichnung 300 h.p., da der riesige Vierzylinder, dem die Techniker aus 28 353 ccm Hubraum (Bohrung mal Hub: 190 mal 260 Millimeter) bei 1900/min 290 PS abgerungen hatten, nur knapp die magische Grenze von 300 PS verfehlt hatte. Um diese PS-Zahl zu erreichen, hatte man jeden Zylinder mit drei Zündkerzen ausgestattet, sonst wäre die Gemisch-Menge wohl kaum zu zünden gewesen.

Der erste Pilot, der sich an diesem 1650 Kilogramm schweren Monstrum versuchte, war Pietro Bordino, der im Sommer 1911 in Brooklands 200 km/h erreichte. 1912 wagte sich dann ein französischer Fahrer hinter das Steuer des Monsters: Arthur Duray erreichte am Strand von Ostende 225 km/h, wobei diese Fahrt nie offiziell bestätigt wurde, da die Zeitmeßanlage nicht den Bestimmungen entsprochen hatte. Im April 1912 schließlich wurde der S. 76 in Long Island bei New York für die fliegende Meile mit einer Durchschnittsgeschwindigkeit von 290 km/h gemessen – und damit war der Rekord wieder für einige Jahre nach Italien gewandert.

Ein Einzelstück: Der S.76 hatte einen Vierzylinder mit 28353 ccm Hubraum – kein Wunder, daß der Motor (Hub: 260 mm) nahezu mannshoch war.

Beim Großen Preis von Frankreich des Jahres 1914 erschienen drei neue Fiat-GP-Wagen: Der Typ S. 57/14B leitete eine neue Ära ein – denn der Hubraum war nun auf 4,5 Liter begrenzt. Bohrung und Hub wurden auf 100 und 143 Millimeter festgelegt, daraus ergab sich für den Reihen-Vierzylinder ein Hubraum von exakt 4492 ccm. Der 1150 Kilogramm schwere Wagen erreichte bei 3000/min 135 PS, die eine Höchstgeschwindigkeit von 145 km/h ermöglichten. Der S. 57 war der erste Fiat-Rennwagen, der auch an der Vorderachse über Bremsen verfügte; die weiteren Besonderheiten waren ein Bremskraftverstärker und Stoßdämpfer an der Vorder- und der Hinterachse. Man hatte erkannt, daß die Geschwindigkeit nicht nur eine Frage der Kraft, sondern auch eine Frage der erzielbaren Straßenlage ist.

Der letzte Grand Prix vor dem Ersten Weltkrieg wurde allerdings von den Mercedes-Rennwagen beherrscht, die – mit Christian Lautenschlager als Sieger – die Plätze Eins bis Drei belegten. Mercedes hatte übrigens, um dem 4,5-Liter-Reglement auch leistungsmäßig gerecht zu werden, erstmals Zylinderköpfe mit vier Ventilen pro Zylinder und einer Nockenwelle eingesetzt.

Die drei von Alessandro Cagno, Antonio Fagnano und John Scales eingesetzten S. 57 dagegen enttäuschten an diesem 4. Juli 1914: Nur Antonio Fagnano kam als Elfter (und Letzter) ins Ziel; die beiden Markenkollegen waren ausgefallen. Die große Zeit des S. 57 sollte erst nach dem Ersten Weltkrieg beginnen – wo er zwischen 1919 und 1921 nahezu alle Rennen gewann. Darunter auch die berühmte und berüchtigte Targa Florio auf dem Privatgrund des Sizilianischen Grafen Florio.

FIAT-Renngeschichte: Der S.74 von 1912 (l. o.) – der FIAT-Eldridge während seiner Rekordfahrt von 234,980 km/h (r. o.) – der S. 57 von 1913 (l. u.) und der 120 h. p. mit »Miss Stewart am Steuer«, wie eine deutsche Zeitschrift unter der Rubrik »Frauenbewegung« entgeistert im Jahre 1911 feststellen mußte.

Die Siege beim »Gordon Bennet-Rennen« wurden natürlich auch in Plakaten gefeiert.

Fiat hatte dem Rennsport in jenen Tagen stets alle Wege (und Finanzen) geöffnet – Agnelli hatte aber darüber nicht den konsequenten Ausbau des Unternehmens vergessen. Der wichtigste Schritt noch vor dem Ersten Weltkrieg war die Weiterentwicklung des Typs 1 zum 12/15 h. p., der unter der Bezeichnung »Zero« ein Meilenstein der Fiat-Geschichte werden sollte. Der erste Kleinwagen des Hauses wurde mit nur einer Karosserieform – als offener Tourer – zum Preis von 8000 Lire ausgeliefert. Der 1,8-Liter-Vierzylinder leistete bei 2000/min 19 PS, die eine Höchstgeschwindigkeit von 62 km/h ermöglichten. Da der Zero leer nur 900 Kilogramm wog, brachte der 1,8-Liter-Motor auch Verbrauchswerte zustande, die damals noch unüblich waren: Mit einem Durchschnittsverbrauch von rund zwölf Litern auf 100 Kilometer galt der neueste Fiat geradezu als Sparmobil. Zwischen 1912 und 1915 wurden 2000 Exemplare dieses Wagens ausgeliefert - wovon einige auch nur als Fahrgestell das Werk verließen, bei denen externe Karosseriefirmen Sonderaufbauten realisieren sollten.

Für die Konstruktion dieses epochemachenden Fahrzeugs zeichneten Ing. Guido Fornaca und der bereits erwähnte Carlo Cavalli verantwortlich. Beide hatten von der Direktion den klaren Auftrag bekommen, die Produktion des Zero soweit wie möglich zu rationalisieren. Wieder einmal wurden die Fabrikanlagen gründlich unter die Lupe genommen, und nach 18 Monaten war die Produktion des Zero in einem bis dahin noch nicht bekannten Ausmaß perfektioniert. Sogar die Anzahl der Bauteile hatte man soweit wie möglich reduziert und versucht so viele Teile wie möglich zu vereinheitlichen; dazu hatte man auch noch die Lagerhaltung neu organisiert. Parallel dazu errichtete Agnelli eigene Stahl- und Gießwerke, um einerseits die Produktion zu rationalisieren und um sich andererseits aus der Abhängigkeit von Zulieferern zu befreien.

Kein Wunder, daß die Belegschaft immer größer wurde - 1912 bauten 4000 Mitarbeiter bereits 3400 Pkw und Nutzfahrzeuge. In dieser Zeit wurde das Werksgelände auf nunmehr 130000 Quadratmeter vergrößert. Daß es dem Unternehmen gutging, zeigt auch die Tatsache, daß das Grundkapital nun 17 Millionen Lire betrug. Nur zwei Jahre später wurde es dann auf 25500000 Lire erhöht, und im Jahr 1915 überschritt die Zahl der Arbeiter und Angestellten erstmals die Zahl 10000. In diesem Jahr kam auch jenes erste Fiat-Flugzeug in die Serienfertigung: In Zusammenarbeit mit der »Società Italiana Aviazione« begann die Produktion des Fiat-Farmann 5B.

Agnelli hatte sich nach der Straße und dem Wasser nun auch die Luft erobert - was man sich bei der Gründung vorgenommen hatte, war in Erfüllung gegangen. Doch im Jahr 1915 geriet auch das bisher neutrale Italien in den Krieg.

Werbung aus dem Jahre 1911 - wer einen FIAT fuhr, hatte natürlich auch einen Chauffeur.

Ebenfalls aus dem Jahre 1911: Der F 2-Omnibus.

Drei deutsche FIAT-Fahrer, die ihre Fahrzeuge vor dem Start zu einer Zuverlässigkeitsfahrt dem Photografen präsentieren.

Der erste Klein- und Großserienwagen von FIAT: Der Tipo »Zero« leistete aus 1,8 Liter Hubraum 19 PS - und kostete 8000 Lire.

Der Durchbruch

Der Erste Weltkrieg war eine Zäsur - die Gesellschaftsformen und die Grenzen Europas wurden umgekrempelt. Ein Kontinent veränderte sich in einer Form, die niemand zu prophezeien gewagt hätte. Was die Fiat S.A. - so die Firmierung seit 1918 - betraf, waren diese chaotischen Jahre jedoch entscheidend für die Umwandlung des Unternehmens in ein modernes, perfekt durchorganisiertes und hochprofitables Unternehmen.

Dieser Prozeß, der Fiat zur wichtigsten Firma Italiens machen sollte, begann bereits in den Jahren 1914 und 1915, als das italienische Militär - zu dem Giovanni Agnelli als ehemaliger Offizier natürlich noch immer beste Beziehungen hatte - beschloß, daß die Automobilindustrie energisch gefördert werden sollte, wobei die französische und russische Regierung Hilfestellung leisteten, indem sie größere Stückzahlen von Nutzfahrzeugen bestellten.
Wieder einmal hatte sich die Weitsicht von Agnelli gelohnt, denn dank der intensiven Untersuchungen zum Thema Rationalisierung wurde sein Haus nun in die Lage versetzt, bis zu 170 Fahrzeuge pro Tag auszuliefern, eine Zahl, die während des Krieges auch tatsächlich erreicht werden sollte. Und Fiat war auch in der Lage, die großen Flugzeug- und Schiffsmotoren zu liefern, nach denen das Militär rief - kein Wunder, daß auch hier von der italienischen Luftwaffe und von der Marine sowie von den Alliierten immer größere Stückzahlen bestellt wurden.

In den Jahren 1917 und 1918 war die italienische Eisen- und Stahlindustrie nicht mehr in der Lage, das Material sowohl qualitativ als auch quantitativ in den Mengen zur Verfügung zu stellen, wie es das Unternehmen benötigte. Agnelli wäre nicht der Macher gewesen, wenn er nicht daraufhin drei Eisen- und Stahlwerke übernommen und zusammen mit etlichen anderen kleineren Zulieferern in sein Unternehmen integriert hätte. Fiat blühte auf - 1918 arbeiteten über 40000 Menschen für das Unternehmen, und man produzierte bereits 25000 Fahrzeuge pro Jahr. Das Fiat-Emblem war zu Lande, zu Wasser und in der Luft zu sehen: Was man sich in der Gründungsurkunde vorgenommen hatte, war nahezu vollständig Realität geworden.

Nachdem die Militärs den Bedarf an Lkw's erkannt hatten, konnte Agnelli die entsprechenden Fahrzeuge liefern: hier der 20B, der von 1915 bis 1920 gebaut wurde.

»Allegoria« - der schlichte Titel eines Bildes aus dem Jahre 1917.

Agnelli war aber noch immer nicht mit der Struktur seines Unternehmens zufrieden: Als weitblikkender Mann wollte er nicht die ganzen Gewinne, die der Krieg ins Haus gespült hatte, in zu vielen Bereichen investieren, um dem Zusammenbruch der Wirtschaft, den Agnelli nach Kriegsende als sicher voraussah, einigermaßen gewappnet entgegensehen zu können. Das Unternehmen wurde in zwei Zweige geteilt: Auf der einen Seite wurden die Schwerindustrie, die Stahlwerke, die Schiffswerften, die Flugzeug-Produktionsstätten zusammengefaßt, wobei Agnelli versuchte, diesen Unternehmungen eine gemeinsame Struktur zu geben. Auf der anderen Seite wurden die Automobile und Nutzfahrzeuge unter ein Dach gebracht, wobei Agnelli klar war, daß diesen Produktionsstätten der Mobilität die größere Zukunft gehören würde. Fiat erzeugte zu diesem Zeitpunkt bereits über 80 Prozent der italienischen Automobilproduktion, und mit dieser Entwicklung war die bis heute währende Dominanz von Fiat in Italien zementiert.

Die Entscheidung, der Automobil- und Nutzfahrzeug-Produktion besondere Aufmerksamkeit zu widmen, erforderte allerdings, gerade in Hinsicht auf den von Agnelli prognostizierten weiteren steilen Anstieg der Automobilproduktion, eine wichtige Entscheidung: Das Werk am Corso Dante platzte aus allen Nähten - man mußte also neu planen. Sollte man nun alles abreißen und neu bauen, oder sollte man auf die »grüne Wiese« gehen und ein völlig neues Werk aus dem Boden stampfen?

Es spricht für die Voraussicht des Fiat-Aufsichtsrats, daß bereits 1915 die Entscheidung zugunsten eines neuen Werks gefallen war. Giovanni Agnelli beauftragte den Architekten Giacomo Mattè-Trucco damit, ein Werk zu entwerfen, in das alle Erkenntnisse über die Massenproduktion und die Umsetzung modernster Arbeitsmethoden integriert werden sollte. Agnelli hatte mittlerweile seine Rationalisierungs-Gutachten intensiv studiert und seinerseits nun die Fließbänder von Henry Ford aufmerksam beobachtet. Dazu hatte er etliche seiner Mitarbeiter in die USA geschickt, damit sie die sich dort entwickelnden Unternehmensstrukturen und Organisationsformen studieren konnten.

Das Ergebnis all dieser Überlegungen war das Werk Lingotto, ein Meisterwerk von Mattè-Trucco, dem es glückte, einem höchst effektiven Automobil-Werk eine eigene Architektur zu verpassen, die diese Anlage heute in den Rang eines Industriedenkmals erhoben hat. In dem Werk wurden die Fahrzeuge komplett gebaut, wobei sich die Produktionsstätten über fünf Etagen erstreckten. Für jede Etage waren die Aufgaben und Produktionsschritte klar definiert; nie zuvor war die Montage von Automobilen so präzise in einzelne Schritte zerlegt worden. Der Wunsch Agnellis, das modernste und rationellste Automobil-Werk der Welt zu bekommen, wurde Realität. Die Produktion hatte sich in Lingotto den neuen Konzepten der Organisierung des Arbeitsablaufes zu unterwerfen. Von dem Moment an, in dem im Erdgeschoß die Rohstoffe angeliefert wurden, kam der Teile-Fluß nicht mehr zum Stillstand, bis im fünften Stock die fertigen Automobile auf die auf dem Dach gelegene Einfahrbahn rollten. Wo immer man vormontierte Teile von Zulieferfirmen - die ja zumeist auch in Fiatbesitz waren - benötigte, wurden sie an der entsprechenden Stelle des Fließbands zum richtigen Zeitpunkt eingeschleust; Lingotto war seiner Zeit um Jahre voraus. Wie genial die Konstruktion war, zeigt sich schließlich darin, daß hier bis noch vor wenigen Jahren Automobile gefertigt wurden. Mittlerweile ist natürlich die Zeit über dieses Werk hinweggegangen; um es heutigen computerisierten Arbeitsvorgängen mit Robotern anzupassen, hätte die einzigartige Architektur so radikal verändert werden müssen, daß Lingotto nicht mehr Lingotto gewesen wäre. Fiat hatte daraus die Konsequenzen gezogen und nutzt dieses Industriedenkmal heute als kulturelles Zentrum, als adäquaten Raum für die Turiner Motor-Show und neuerdings auch als kongenialen Ausstellungsraum für wichtige Kunstausstellungen.

FIAT zu Wasser, zu Lande und in der Luft: Drei U-Boote der Klasse F aus dem Jahre 1917 (oben) - das Flugzeug-Motorenwerk (1911) (unten links) und der 18 h. p.-LKW, der von 1915 bis 1920 gebaut wurde, (unten rechts).

Wenn man die steile Entwicklung des Fiat-Konzerns während des Ersten Weltkriegs betrachtet, ist man leicht geneigt, die nahezu unglaubliche Vergrößerung von Umsatz und Beschäftigten nur auf die enge Zusammenarbeit mit dem Militär zurückzuführen. Es mag sein, daß Agnelli zusammen mit dem Rechtsanwalt Commendatore Alessandro Marangoni, der 1908 Cav. Lodovico Scarfiotti als Präsident des Unternehmens abgelöst hatte, natürlich nie auf den Gedanken gekommen wäre, einen Auftrag des Militärs abzulehnen - dafür war Agnelli noch zu sehr Militär. Und außerdem war Patriotismus in jenen Tagen nichts Ehrenrühriges, sondern eine Selbstverständlichkeit. Andererseits jedoch machte sich der starke Mann des Unternehmens durchaus eigene Gedanken, die sich von denen der obersten Heeresführung deutlich unterschieden - Friedhelm Gröteke schreibt in einem Band über die großen Unternehmerpersönlichkeiten des Jahrhunderts:

»Agnelli sah viel weiter in die Zukunft. Er war eine Art industrieller Jules Verne. Geradezu atemberaubend ist die Lektüre eines Buches, das er zusammen mit dem Professor der Wirtschaftswissenschaften Attilio Cabiati noch mitten im Ersten Weltkrieg 1916 konzipierte. ›Europäische Föderation oder Liga der Nationen?‹ hieß der Titel der 1918 in Turin und 1919 in Paris erschienenen Schrift. Cabiati gab darin Agnellis Gedanken so wieder: ›Es ist für uns eine Ehrenschuld, Sicherheit dafür zu schaffen, daß eine so schreckliche Zerstörung von Menschen und Dingen nie mehr möglich ist.‹ Agnelli schloß nach vielerlei Überlegungen, daß ›das einzige und direkte Mittel zur Erreichung dieses Zieles die Gründung einer europäischen Union‹ sei. Der Fiat-Gründer machte dazu eine Bemerkung, die heute aktueller ist als je zuvor. Bedingung für eine solche Europa-Union sei nämlich, daß sie eine Zentralgewalt erhalte, denn ›alles andere ist nur Illusion‹. Agnelli hatte recht, denn die ›Gesellschaft der Nationen‹, der mit vielen Hoffnungen gegründete Völkerbund, versagte später.«

Wahrscheinlich waren es auch diese Überlegungen, die Agnelli so darauf drängen ließen, das Werk Lingotto in dieser Dimension und mit dieser Perfektion entstehen zu lassen. Agnelli sah wohl wirklich über diesen Krieg hinaus eine Gemeinschaft der Völker, die wieder friedlich zusammenarbeiten würde - und der man auch über die Grenzen hinweg Automobile verkaufen konnte.

Auch dazu finden wir in dem Werk von Cabiati und Agnelli Anmerkungen: »Die gigantische Transformation des nationalen Marktes in einen kontinentalen Markt wird bewirken, daß die Unternehmer nach der ersten Übergangszeit der Reorganisation eine derartige Aufnahmekapazität für ihre Industrien vorfinden, daß die kontinentale Wirtschaft davon den gleichen Impuls erhält wie die amerikanische Wirtschaft nach der Beendigung des Sezessionskrieges.«

Was hatte der Erste Weltkrieg dem Unternehmen gebracht? Die Eisen- und Stahlproduktion in eigener Hand, die Möglichkeit, Schiffe und U-Boote, Flugzeuge und Eisenbahnen zu bauen. Man hatte Erfahrungen mit großen Dieseltriebwerken gesammelt – 1916 begann die Produktion eines 2300 PS starken Schiffs-Dieselmotors, damals der stärkste Motor der Welt. 1917 erreichte das Flugzeug S. I. A. BI eine Höhe von 6750 Meter und erzielte damit einen Weltrekord im Höhenflug. In dieses Jahr fiel auch die bereits erwähnte Eingliederung der Gesellschaften »Vandel & Co.« und der »Industrie metallurgiche Torino« sowie der »Diatto-Werkstätten«; durch ihren Erwerb konnte nun die Produktion im Hütten- und Eisenbahnwesen sichergestellt werden. Dazu wurde das Grundkapital auf 50 Millionen Lire aufgestockt. 1918 erhielt die Firma »S. I. A.« einen neuen Namen: Als »Fiat Aviazione« ist nun offensichtlich, welche Produkte hier gefertigt werden. Ein 1500 PS starker Schiffs-Dieselmotor für U-Boote wurde in größeren Stückzahlen an die italienische Marine und an die Werften befreundeter Nationen geliefert, und das Werk in Poughkeepsie in den USA wurde abgestoßen. Und nur ein Jahr nach der letzten Erhöhung wurde das Grundkapital nun auf 100 Millionen Lire erhöht.

Auch wenn der Erste Weltkrieg das Unternehmen zweifellos zu dem werden ließ, was es seit dieser

Eines der ersten FIAT-Flugzeuge: der 5B des Jahres 1914.

Zeit ist: Italiens größter Automobilproduzent und eines der Unternehmen des Landes schlechthin, wäre es doch nicht ganz gerecht zu behaupten, daß dieser unglückselige Krieg der auslösende Faktor für diese Entwicklung gewesen sei. Agnelli hatte schon wesentlich früher erkannt, daß die Zukunft dem Automobil gehören würde – und was viel wichtiger ist: Er hatte begriffen, daß die Zukunft dem gehören würde, der vernünftige Autos zu vernünftigen Preisen in großen Stückzahlen produzieren konnte. Deshalb war die damalige F. I. A. T. in der Lage, die Massenproduktion, für deren Beherrschung Agnelli viel Zeit und Geld investiert hatte, zur Verfügung zu haben, als das Militär danach verlangte. Mit diesem Service, den kein anderes Unternehmen bieten konnte, gelang es dem Generalsekretär, die Grundlagen für den systematischen Ausbau des Unternehmens zu schaffen. Heute würde man sagen: Er nutzte seine Chance trefflich. Die Wünsche der Militärs paßten exakt in die Aufgabenstellung, die sich die Gründer 1899 gestellt hatten – die Eroberung des Landes, des Wassers und der Luft.

Wie weit Agnelli aber über die Welt des Militärs hinaus dachte, zeigte die bevorzugte Behandlung des Automobilbereichs: Mit Lingotto stellte er schon während des Krieges die Weichen für den Frieden. Und Agnelli wäre nicht seiner Vision von der künftigen Automobil-Gesellschaft treu geblieben, wenn er nicht trotz der Kriegsproduktion über ein radikal neues Automobil nachgedacht hätte, das dann auch 1919 prompt auf den Markt kam: Der Typ 501 schockte die gesamte verbliebene Konkurrenz. Während diese die Nachkriegsproduktion mit dem Weiterbau der Vorkriegsmodelle begann, hatte Fiat ein neues Modell bei den Händlern stehen – kein Wunder, daß sich der Marktanteil der Turiner weiter erhöhen sollte: 80 Prozent waren von da an nahezu die Regel.
Doch bevor Fiat mit der Produktion des 501 beginnen konnte, mußte man erst noch die allgemeine Erschöpfung und die Wirren der ersten Nachkriegszeit überstehen.

Mit dem riesigen Scheinwerfer auf dem Heck wurde der 15TER im Jahr 1912 zu den ersten Film-Aufnahmen geschickt (unten).

Wie erobert man die Welt?

Die erste Zeit nach dem Krieg war von Irrungen und Wirrungen, von Unruhen und Aufständen gekennzeichnet. So war es nicht nur in Italien - wer die Geschichte etwas kennt, weiß das von Rußland und Deutschland, von China, Frankreich und Spanien. Auch in Italien gingen die Arbeiter auf die Straßen und versuchten, ihre Vorstellungen einer sozialistischen Zukunft zu verwirklichen. Natürlich waren auch die Werke der Fiat S. A. von Streiks und Werksbesetzungen betroffen. Was Agnelli besonders verbitterte, war die Tatsache, daß er gerade nun, als sein Werk Lingotto trotz des Krieges in den wichtigsten Bereichen fertiggestellt war, nicht sofort mit dem Bau des 501 beginnen konnte.
Die Unruhen, die im Laufe der Monate eskalierten, fanden im September 1920 ihren Höhepunkt, als die Arbeiter die Werke besetzten und als »Volkseigentum« deklarierten. In dieser Zeit konsolidierten sich überall auch die großen sozialistischen Parteien, deren Ziele es waren, die sozialen Mißstände zu beseitigen und den Arbeitern zu besseren Lebensbedingungen zu verhelfen. Wie in allen Ländern, die in jenen Jahren von derartigen Unruhen erschüttert wurden, gab es natürlich auch in Italien die Linksradikalen, welche die in Rußland von den Sowjets eingeführten Veränderungen auf Italien übertragen wollten. Kein Wunder, daß man sich dabei die Fiat-Werke in Turin als erstes Ziel vorgenommen hatte.
Agnelli wurde also vom Werksgelände vertrieben und ein Arbeiterrat übernahm die Geschäfte. Nun war das Land in diesem Jahr bereits von Krisen und Streiks geschüttelt, das Groß-Kapital war ins Ausland geflüchtet und die Arbeiterräte hatten weder die Ausbildung noch die Erfahrung ein so komplexes Unternehmen zu leiten. So bot man dem Commendatore Agnelli relativ rasch an, doch wieder die Leitung der Firma zu übernehmen - wobei man ihm allerdings klarmachte, daß er nicht als Direktor, sondern als »Genosse Agnelli« zurückkehren würde.

Wenn man den Werkshistorien Glauben schenken darf, lächelte Angelli auf dieses Angebot gequält und fragte die Arbeiter nur, ob er bitte freies Geleit zu seinem Wagen haben könne - und man ließ ihn gehen. Ob er sich wirklich sicher war, daß dieser Arbeiterrat nur eine Episode in der Geschichte des Unternehmens sein würde? Oder brachte er es nicht über sich, »sein« Unternehmen in den Händen anderer zu sehen - Fragen, die niemand be-

In der Nummer 17/1924 von »Vobach's Familienhilfe« erschien dieses Bild von Lingotto mit der Unterschrift: »Die Automobil-Rennbahn auf dem Dache: Die FIAT-Automobilfabrik in Lingotto bei Turin hat auf dem Dache ihrer großen Anlagen eine regelrechte Automobilrennbahn angelegt«.

antworten kann. Tatsache ist, daß sich die Arbeiterräte rasch von der Masse der Werktätigen isolierten. Die Fortdauer des Experimentes wurde auch deshalb fraglich, weil die mächtiger werdenden Gewerkschaften mit dieser Form der Arbeitermitbestimmung immer weniger einverstanden waren.

Giovanni Agnelli wurde nur wenige Wochen nach der Werksbesetzung von den Arbeitern wieder zurückgeholt, und als die Menge um ihn herumstand und Beifall klatschte, lächelte er nur flüchtig und sagte dann zu seinem technischen Direktor: »Na, dann gehen wir doch einmal ins Büro und sehen, was es dort Neues gibt.«

Ob Agnelli für seine Rückkehr Bedingungen gestellt hat? Niemand weiß es. Allerdings könnte dies eine Erklärung dafür sein, daß Agnelli im Herbst dieses Jahres offizieller Präsident der Gesellschaft wurde, für deren Führung er seit ihrer Gründung verantwortlich war. Die Ernennung war ein logischer Schritt, der eigentlich längst überfällig war.

Immer mehr Unternehmer bekamen in diesen Tagen ihre Firmen von den Volksräten zurück. Jeder packte die Aufgabe auf seine Art und Weise an - von Agnelli kann man jedoch konstatieren, daß er auch dieses Mal wieder die Nase vorne hatte. Er verfügte allerdings auch mit Lingotto über eine Produktionsstätte, die ihrer Zeit und der Konkurrenz weit voraus war. Auch wenn das Werk seit 1919 bereits in großen Teilen funktionsfähig war und trotz aller Wirren bis 1921 weiter ausgebaut wurde, setzte Agnelli alles daran, die Massenproduktion noch weiter zu perfektionieren.

Die Studien des Amerikaners F. W. Taylor über Arbeitsrationalisierung hatten seinerzeit auch den neuartigen Methoden von Agnelli gegolten. Nun lag das Ergebnis seiner Arbeiten vor. Agnelli war begeistert - und rasch waren entsprechend geschulte Rationalisierungs-Spezialisten über alle fünf Stockwerke von Lingotto verteilt. Sie beobachteten jeden Handgriff, maßen die Zeit, die er in Anspruch nahm und suchten Produktionsabläufe so zu steuern, daß sie Zeit und Kosten sparen halfen. Heute mögen solche Untersuchungen selbstverständlich sein - damals waren sie revolutionär. Die Neuerungen hatten aber auch einen direkten Einfluß auf die Rolle der Arbeiter und ihr berufliches Selbstverständnis. Denn die Zerlegung der einzelnen Produktionsabläufe in zeitsparende ein-

Schlicht, aber robust: Der Typ 501 wurde - damit die werte Kundschaft die Qualität zu würdigen wußte - nicht nur über Treppen gehetzt (links oben), sondern auch in exotische Länder verkauft (links unten).

zelne Handgriffe machte aus Handwerkern und Facharbeitern, die über eine komplexe Ausbildung verfügen mußten, menschliche »Roboter«, die in stets identischen Zeitabständen immer dieselben Handgriffe zu tätigen hatten. Praktische Erfahrung war am Fließband nicht mehr so gefragt, wer weiterkommen wollte, mußte nun vor allem seine theoretische Ausbildung verbessern und Management- und Organisationsformen beherrschen lernen. Eine noch junge Industriegesellschaft mußte sich schon wieder neuen Bedingungen anpassen.

Nun darf man sich nicht vorstellen, daß alle die Untersuchungen und Veränderungen innerhalb weniger Monate abgeschlossen waren - sie zogen sich durch die gesamten zwanziger Jahre hin und perfektionierten Stück um Stück Lingotto, um den Vorsprung vor der Konkurrenz weiter auszubauen.

Natürlich wurden während dieser gesamten Phase weiter die Fahrzeuge gebaut und verkauft, die Fiat berühmt gemacht hatten. Und es handelte sich dabei nicht nur um Automobile - Agnelli hatte klar erkannt, daß gerade in der Nachkriegszeit ein Bedarf an Schleppern und Traktoren, an Lastwagen und Omnibussen herrschen würde. Also wurde 1919 mit der Auslieferung des ersten Schleppers »702« begonnen, und ein Jahr später bekommen die schweren Lastwagen erstmals eine Luftbereifung und neue Viergang-Getriebe, die nun auch voll beladen eine Steigfähigkeit von 25 Prozent ermöglichten.

Aber das Hauptaugenmerk lag natürlich wieder beim Automobil: Wie bereits erwähnt, hatte der Typ 501 alle Welt überrascht - und besonders die Konkurrenz -, da unmittelbar nach Kriegsende kein Mensch mit einer völligen Neukonstruktion gerechnet hatte. Der 501 war ein schlichtes, aber robustes Automobil, das mit einem Reihen-Vierzylinder und 1460 ccm Hubraum - Leistung: 23 PS bei 2300/min - für die damalige Zeit völlig ausreichend motorisiert war. Carlo Cavalli, von Beruf ursprünglich Rechtsanwalt, war der Schöpfer dieses Wagens, der in den verschiedensten Karosserieformen zu einem Verkaufsschlager wurde: Zwischen 1919 und 1926 wurden über 45 000 Exemplare montiert, von denen eine große Anzahl in den Export gingen. Agnelli, der schon immer die Meinung vertreten hatte, daß der Protektionismus nur Nachteile bringe, sah sich in seiner These bestätigt, daß nur über den Export »die Aufnahme-

Die Auffahrten zum Dachgeschoß des Werks in Lingotto - ein ästhetisches Vergnügen.

Ein Meisterwerk der Architektur: Das Werk Lingotto hat eine Einfahrbahn auf dem Dach, die einen Kilometer lang ist.

kapazität geschaffen werden kann, die die Unternehmer zur Auslastung ihrer Firmen benötigen«. Der Präsident zog seine Konsequenzen: Bevor die Weltwirtschaftskrise mit der nachfolgenden Devisenbewirtschaftung dem freien Handelsaustausch ein Ende setzte, lieferte Fiat seine Wagen in alle Welt: 1928 exportierte Italien genau 49 Prozent seiner Autoproduktion. Um diese Tatsache besser würdigen zu können, sollte man wissen, daß die große Autonation Deutschland im Jahr 1928 ganze sechs Prozent der Produktion exportierte.
1921 hatte Agnelli ein wichtiges Ziel erreicht: Der Bau des Werkes Lingotto war abgeschlossen, das Gelände umfaßte nun 153 000 Quadratmeter, und nicht weniger als 17 000 Beschäftigte standen auf den Gehaltslisten. Nun stand weiteren Produktionserhöhungen nichts mehr im Weg; immerhin umfaßte das Modellprogramm mittlerweile schon wieder etliche Baureihen. Neben dem Erfolgsmodell 501 war schon 1919 der 505 auf den Markt gebracht worden, ein »großer Bruder« des 501 gewissermaßen, der ebenfalls über einen Reihen-Vierzylinder verfügte, mit allerdings einem Hubraum von 2296 ccm und 30 PS Leistung bei 2300/min. dazu wurde der Radstand 2650 mm beim 501 auf 3050 mm verlängert, damit elegantere und größere Karosserien montiert werden konnten. Der rund 1,5 Tonnen schwere 505 erreichte immerhin 80 km/h Höchstgeschwindigkeit und verkaufte sich zwischen 1919 und 1925 in über 30 000 Exemplaren.

Auch an die Reicheren im Lande dachte man bei Fiat: Ebenfalls 1919 wurde der erste Sechszylinder der Nachkriegszeit angeboten, der Typ 510. Sein Hubraum betrug 3446 ccm, und mit seinen 46 PS bei 2400/min waren immerhin 85 km/h möglich. Fiat lieferte vier verschiedene Karosserie-Varianten: eine geschlossene Limousine mit der Bezeichnung »Saloon«, ein viertüriges Cabriolet mit dem Namen »Tourer«, ein »Coupé de Ville« - bei dem der Fahrer vorne im Freien zu sitzen hatte - und den »Landaulet«, bei dem die Herrschaften hinten das Verdeck öffnen konnten. Agnelli hatte auch diesen Markt richtig eingeschätzt: Bis zur Produktionseinstellung 1925 wurden immerhin über 13 500 Exemplare ausgeliefert.

Noch ein kurzer Blick auf die Preise: 1924 kostete ein »501« 31 000 Lire, ein »505« 32 000 Lire, und für den Sechszylinder »510« mußten 42 000 Lire bezahlt werden. Als Vergleich: 1 Liter Wein kostete 2,50 Lire und ein Paar Herrenschuhe 80 Lire.
In diesen Jahren gab es eine Neuvorstellung nach der anderen: 1920 wurde dem Typ 510 eine sportlichere Variante zur Seite gestellt - der 510 S. Detailverbesserungen am Motor hatten die Leistung von 46 auf 53 PS steigen lassen, und damit die nun erreichbaren 100 km/h Höchstgeschwindigkeit auch angemessen verzögert werden konnten, bekam der 510 S als erster Fiat serienmäßig auch Bremsen an der Vorderachse. Trotz des Preises von nun 46 000 Lire wurden bis 1925 immerhin über 400 Fahrzeuge ausgeliefert.
Nur ein Jahr später ging der Typ 519 in Produktion, der die Lücke zwischen dem 510 und dem Typ 520 - dem sogenannten »Super-Fiat« - schlie-

Grafische Meisterwerke: Die FIAT-Aktien - hier aus dem Jahre 1918 (unten).

ßen sollte. Warum der 520 die Bezeichnung »Super-Fiat« bekam? Weil Agnelli mit diesem Wagen den Versuch unternahm, den Anschluß an die absolute Spitzenklasse zu gewinnen. Und um in dem schwierigen Markt der Prestige-Wagen bestehen zu können, wurde ein Wagen konzipiert, der Furore hätte machen können, wenn er erfolgreich gewesen wäre.

Es wurde also ein Zwölfzylinder konstruiert, der über nicht weniger als 6805 ccm Hubraum verfügte. Bohrung und Hub des V 12 – mit einem Zylinderwinkel von 60° – betrugen 85 und 100 Millimeter, und die Leistung dürfte bei rund 90 PS gelegen haben, die bei 2000/min bereitgestellt wurden. Der Super-Fiat besaß ein Dreiganggetriebe (plus Rückwärtsgang), und die Höchstgeschwindigkeit soll sich bei etwa 120 km/h eingependelt haben; damit war der 520 noch schneller als der sportliche 510 S, und er bot dennoch unvergleichlich mehr Komfort und Laufruhe.

Aber all die Anstrengungen waren umsonst; ganze fünf Exemplare des Super-Fiat wurden gebaut, und diese Raritäten bekamen zwei verschiedene Karosserieformen angepaßt: Wer es sportlich elegant wollte, konnte zum offenen »Tourer« greifen; wer es eleganter schätzte, bekam eine »Coupé de Ville«-Karosserie des Hauses D'orsay. Beide Formen standen dem großen Wagen hervorragend – kein Wunder bei einem Radstand von 3860 mm und einer Gesamtlänge von 5235 mm. Leider können wir uns heute die massive Eleganz dieser Wagen nur auf Photos vergegenwärtigen, denn alle

Der FIAT 702 war der erste Traktor, der von dem Turiner Unternehmen gebaut wurde – hier ein Exemplar aus dem »Centro Storico«.

fünf Fahrzeuge (es können auch ein oder zwei mehr gewesen sein, fünf Fahrgestell-Nummern sind aber in den Archiven klar belegt) sind vom Erdboden verschwunden.

Auch das Centro Storico verfügt weder über einen Wagen noch über einen Motor noch über irgendein Teil dieses ersten und einzigen Versuchs von Giovanni Agnelli, in der Luxusklasse Fuß zu fassen. Es gibt das Gerücht, daß irgendwo in Portugal auf einem Bauernhof ein Super-Fiat einem rostigen Ende entgegendämmere - gefunden hat den Wagen aber noch niemand.

Warum der Super-Fiat trotz seiner beeindruckenden Technik keinen Erfolg hatte? Vielleicht war der Name des Hauses bereits zu sehr mit Klein- und Mittelklasse-Wagen verbunden, so daß sich die wirklich Reichen doch lieber mit einem Hispano-Suiza, einem Isotta-Fraschini oder einem Rolls-Royce schmückten. Dabei hatte Agnelli nahezu alle Marketing-Tricks ausgeschöpft; der 520 hatte sogar das runde Fiat-Emblem auf die Motorhaube bekommen, das bis dahin nur die siegreichen Rennwagen des Typs 801 auf dem Blech tragen durften.

Der Super-Fiat 520 war nur ein kurzer Traum gewesen, und deshalb wurde aus dem 519 nicht das geplante Bindeglied zwischen dem 510 und dem 520, sondern das neue Top-Modell der Turiner, das bis 1927 in der Produktion bleiben sollte.

Der Reihen-Sechszylinder hatte nun 85 Millimeter Bohrung und 140 mm Hub - daraus resultierten

4766 ccm Hubraum und eine Leistung von anfänglich 75 und später 80 PS, die bei 2600/min bereitgestellt wurden. Der Motor war eine völlige Neukonstruktion, die mit der des Typ 510 nur noch wenig gemeinsam hatte; die Ventile waren in den Zylinderkopf gewandert, wo sie sich seit 1920 in den Rennwagen bestens bewährt hatten. Kein Wunder, daß sich bei diesem Wagen auch erstmals in einer Straßen-Version Drehzahlen über 3000/min realisieren ließen.

Der ganze Wagen hatte den höchsten Qualitätsansprüchen zu genügen, die vier Trommelbremsen waren bereits mit Servo-Unterstützung erhältlich, und während die mechanischen Stoßdämpfer anfänglich Starrachsen abzufedern hatten, wurde 1925 - beim 519 B - an der Hinterachse der Starrachse ein zusätzliches Federelement in Form von Halbfedern hinzugefügt. Nicht umsonst geriet der Typ 519 rasch in den Ruf, der kleine Bruder des Super-Fiat zu sein, und er stellte in der Tat nahezu dieselben Fahrleistungen wie der Zwölfzylinder zur Verfügung: Die erste Variante - 519 A genannt - erreichte 115 km/h Höchstgeschwindigkeit, während der 1925 eingeführte Typ 519 B noch mehr

Im September 1921 veröffentlichte das Presse-Büro von FIAT dieses Bild des »Super«-FIAT - hier mit der D'orsay-Torpedo-Karosserie.

Knapp sieben Liter Hubraum, verteilt auf zwölf Zylinder - der Typ 520 war FIATs letzter Versuch, im Luxus-Geschäft mitzumischen. Nur fünf Fahrzeuge wurden gebaut (unten).

Ein neues Modell erhebt sich aus Lingotto: der 509 (rechts oben).

Der erste Typ 509 mit Heckklappe - er trug den Namen Torpedo Commerciale (1925-1929) (rechts unten).

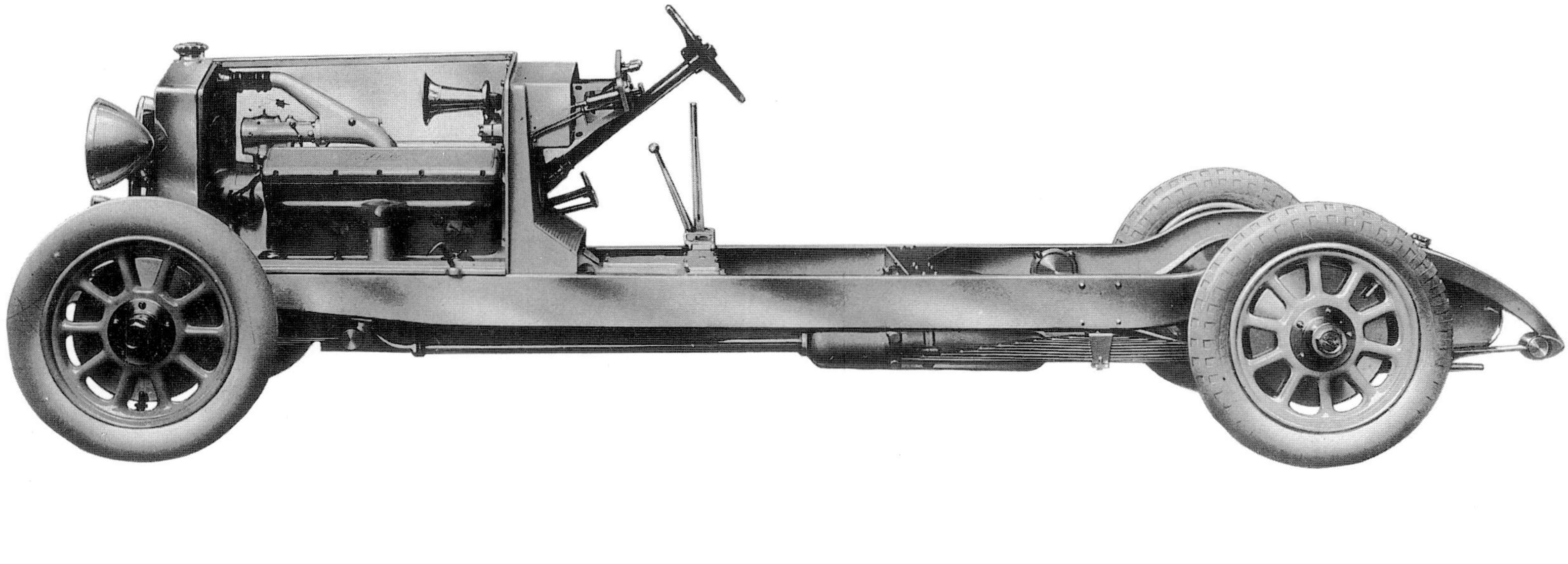

auf Komfort getrimmt war und nach der leichten Leistungsreduzierung noch 110 km/h schnell war. Zusätzlich gab es übrigens noch einen 519C, wobei das »C« für »Colonial« stand. Diese Variante wurde mit einem verstärkten Fahrwerk und mit einer größeren Bodenfreiheit für jene afrikanischen und asiatischen Staaten geliefert, die nicht über ein dem europäischen Standart adäquates Straßennetz verfügten: Agnelli wußte schon, wie der Export zu fördern war.

Die Typenvielfalt dieser Jahre ist nur kompliziert und schwierig nachvollziehbar: Vom 501 gab es rasch S- und SS-Varianten, wobei der 501 S mit 26,5 PS für 26000 Lire von 1921 bis 1926 produziert wurde - der 92 km/h schnelle Wagen fand rund 2600 Käufer. Die SS-Variante besaß bereits zwei obenliegende Nockenwellen und wurde nur in kleinsten Stückzahlen hauptsächlich für den Einsatz bei Autorennen gebaut. Dieser flinke 1,5-Liter-Wagen gewann dann auch prompt einige wichtige Rennen, darunter das Aosta - St. Bernhard-Bergrennen und die 13. Targa Florio.

Im Mai 1925 erschien der Typ 509, der innerhalb weniger Monate das am meisten verkaufte Modell in Italien war. Zu dieser Leistung trug aber nicht nur der günstige Preis von 18500 Lire und die sparsame und ökonomische Technik bei, hier hatte sich Fiat wieder einmal etwas gänzlich Neues einfallen lassen: Der 509 war der erste Wagen, den man auch auf Ratenzahlung - natürlich bei der Fiat-Hausbank - bekommen konnte.

Der 509 war der erste Fiat, der einen Hubraum unter einem Liter besaß; exakt betrug der Wert 990 ccm. Bei 3400/min gab der Kleinwagen immerhin 22 PS ab, die eine Höchstgeschwindigkeit von 78 km/h ermöglichten. Das Chassis hatte Fiat erstmals im Herbst 1924 auf dem Autosalon in Paris gezeigt, und als die Vorstellung des gesamten Wagens auf dem »Salone dell'Automobile« in Mailand erfolgte, waren die Auftragsbücher auf Anhieb voll: Bis zum Ende des Jahres 1929 sollten über 90000 Fahrzeuge ausgeliefert werden. Der kleine, nur 795 Kilogramm schwere Viersitzer verfügte bereits über etliche technische Finessen, die bis dato nur bei teureren Fahrzeugen zu finden waren; so hatte der Vierzylinder bereits eine obenliegende Nockenwelle und eine Einscheiben-Trokkenkupplung, und mittlerweile waren auch bei Wagen dieser Klasse die Trommelbremsen an allen vier Rädern selbstverständlich.

Natürlich gab es rasch eine Vielzahl von Varianten: Eine zweitürige geschlossene Limousine, ein zweitüriges viersitziges Cabriolet, ein zweisitziges Coupé und Cabriolet - und wer es gerne etwas schneller hatte, konnte auch zum Preis von 23 000 Lire zum 509 S und 509 SM greifen. Während der S eine zweisitzige Roadster-Karosserie mit bootsförmigem Heck besaß und über 27 PS verfügte, wurde der 509 SM - wobei SM für »Spinto Monza« stand - mit einer leichteren Wettbewerbskarosserie und 30 PS Leistung ausgestattet. Bleiben nur - um die enorme Vielfalt der Modellvarianten vor Augen zu führen - noch zwei weitere 509-Spezialitäten: Eine »Targa Florio«-Ausführung mit 35 PS Leistung und der 1926 in kleinsten Stückzahlen gebaute 509 SC, wobei das »C« hier für »Compressore« oder »Kompressor« stand.

Der 509 kann ohne Zweifel als das erste Großserien-Auto des Hauses Fiat gelten, das durch seine Konstruktion und die Massenproduktion eine völlig neue, nicht unbedingt wohlhabende Käuferschicht erschloß. Von nun an sollte der Name Fiat in allen Teilen des Landes zum Synonym des Begriffes »Mobilität für alle« werden. Mit dem 509 dürfte Generaldirektor Agnelli auch erstmals jenes

Die Basis-Version von 1927: der 509 A.

Auto produziert haben, das ihm seit der Gründung des Unternehmens vorgeschwebt hatte.

Der 509 wurde aber nicht nur für die persönliche Mobilität gekauft; Fiat brachte rasch auch eine Taxi-Variante und den »Commerciale« auf den Markt, wobei letzterer durch unkompliziertes Entfernen der Rücksitzbank und durch eine große Hecktür in Windeseile in eine Art Kombi verwandelt werden konnte, der kleineren Betrieben als Transportfahrzeug diente, das den Kauf eines zusätzlichen kleinen Nutzfahrzeugs ersparte: und manch kleiner Betrieb begann mit diesem »Commerciale« seinen Aufstieg.

Der bewährte 501 bekam zwei Modellvarianten zur Seite gestellt: 1923 kam der 502, der die Tech-

Das erste Auto, das bei FIAT in der Groß-Serie am Fließband gebaut wurde: der 509 (unten).

nik des 1,5-Liter-Vierzylinders übernahm, aber mit einem um 100 Millimeter verlängerten Radstand mehr Innenraum und Sitzkomfort bieten konnte. Knapp 20000 Exemplare gingen hauptsächlich in den Export. Der 503 hatte eine um vier PS erhöhte Leistung; seine 27 PS ermöglichten dem ansonsten mit dem 502 identischen Wagen nunmehr 75 km/h Höchstgeschwindigkeit. Obwohl der 503 nur von 1926 bis 1927 für 34000 Lire auf dem Markt war, wurden doch 42000 Exemplare produziert.

Mit dem Typ 507, nur von 1926 bis 1927 im Programm, versuchte Fiat die Zeit bis zu der Präsentation des neuen Typs 520 zu überbrücken – wobei dieser Typ 520 mit dem »Super-Fiat« nur die Typbezeichnung gemeinsam hatte.

Der 507, für 37000 Lire angeboten, hatte den 2,3-Liter-Vierzylinder des 505, besaß jedoch ein deutlich verbessertes Fahrwerk mit Bremsen an allen vier Rädern und Stoßdämpfer. Ansonsten war der 507 ein aufgewerteter 505, mit dem er auch die Fahrleistungen gemeinsam hatte. Obwohl es sich rasch herumgesprochen hatte, daß ein neuer Sechszylinder den 2,3-Liter-Vierzylinder ablösen würde, konnte Fiat vom 507 doch immerhin noch 3701 Exemplare verkaufen.

1927 war es dann soweit: Fiat führte auch in der Mittelklasse einen Sechszylinder ein. Der Typ 520 wurde für 31000 Lire angeboten und fand bis zum Jahr 1929, als die Weltwirtschaftskrise die Automobilproduktion praktisch zum Erliegen brachte, über 20000 Käufer.

Der Reihen-Sechszylinder leistete bei 3400/min nun 46 PS – immerhin elf PS mehr, als es der gleichgroße Vierzylinder des 507 geleistet hatte. Dabei hatte man – dem Trend der amerikanischen Motorkonstrukteure folgend – die Ventile wieder stehend montiert, wobei die Ventilsteuerung durch eine untenliegende Nockenwelle erfolgte. Die motorbegeisterten Italiener hatten jedoch einen Umbausatz parat, der einen Zylinderkopf mit hängenden Ventilen enthielt, die durch Stoßstangen und Kipphebel gesteuert wurden. Dieser Umbausatz wurde von dem Ingenieur Salvani entwickelt und erhielt deshalb auch den Namen »Salvani-Kopf«, Dieser Kopf hatte übrigens in geringen Stückzahlen auch für die Typen 501, 502 und 503 zur Verfügung gestanden.

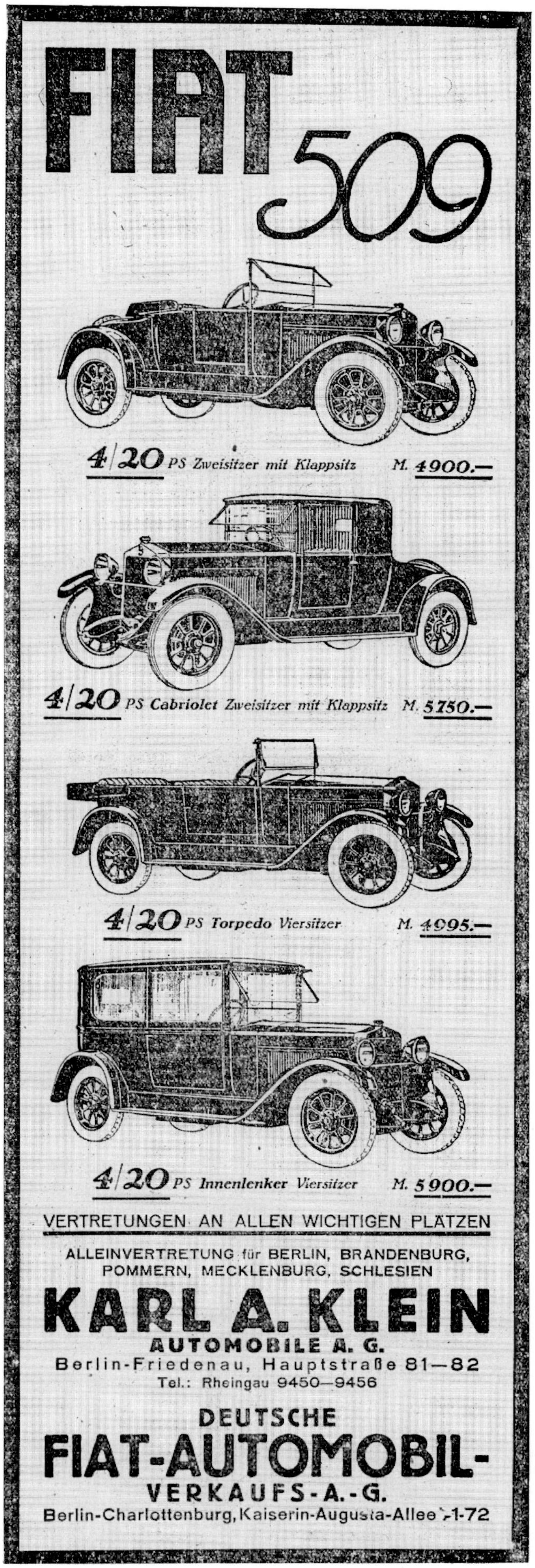

509-Werbung, wie man sie sich in Deutschland vorstellte.

Der 520 blieb bis zur Weltwirtschaftskrise das Top-Modell des Hauses Fiat; die erzielbaren 90 km/h Höchstgeschwindigkeit waren allemal ausreichend, und die exklusive Ausstattung stellte alle Käufer absolut zufrieden, solange sie nicht nach einem Luxuswagen schielten, der das Fünf- oder Sechsfache kostete, dafür aber den prestigeträchtigen Namen Isotta-Fraschini trug.

Als der Typ 520 auf dem Markt erschien, hatte das Unternehmen weiter große Fortschritte gemacht: 1924 wurde ein neuer Weltrekord bei der Fliegerei aufgestellt: eine Fiat BR 1 erzielte mit der Nutzlast von 1500 Kilogramm eine Rekordhöhe von 5516 Meter. In diesem Jahr wurden auch die ersten Versuchs-Diesellokomotiven konstruiert und montiert. Ein Jahr später wurde das Werk Lingotto auf eine Größe von 350000 Quadratmeter vergrößert – seine Gebäudefront erstreckte sich nun über die Länge von über zwei Kilometer und die Jahresproduktion belief sich auf 40000 Automobile.

1926 wurden über 70 Prozent der Automobilproduktion exportiert, eine Zahl, die sich seitdem nicht wiederholen sollte. Das sich stetig weiterentwickelnde Flugzeug-Geschäft wurde neu organisiert: Fiat gliederte das Flugzeugwerk »Ansaldo« am Corso Francia in Turin in die eigenen Unternehmen ein – das Ergebnis ist die »Società Aeronautica d'Italia«. Fiat baute aber nicht nur eigene Flugzeuge; seit 1922 waren Zivilflugzeuge für verschiedene Flugzeuggesellschaften in Produktion gegangen, man baute auch weiter Flugzeugmotoren, die allen Herstellern angeboten wurden. So hatte beispielsweise auch das Wasserflugzeug Macchi M 52, das 1927 den Geschwindigkeits-Weltrekord auf 479,290 km/h verbesserte, einen Fiat-AS 2-Motor montiert, und 1928 verbesserte die italienische Luftwaffe mit mehreren Fiat A 22 die Weltrekorde im Dauerflug (50 Stunden 37 Minuten) und im Langstreckenflug (7666 Kilometer). Ein Jahr später gewann eine Staffel von acht Flugzeugen des Typs AS 1 den »Coupe Challenge Internationale de Tourisme« über die Distanz von 6288 Kilometer.

Bei den Kraftfahrzeugen wurde 1926 der altbewährte Typ 510, der seit 1919 als Sechszylinder im Programm gewesen war, durch den Typ 512 ersetzt. Für 65000 Lire bekamen die Kunden ein Fahrzeug, das sich eng an den Vorgänger anlehnte – der Motor war praktisch mit dem des 510 identisch –, das allerdings alle Fahrwerks-Neuerungen wie die Stoßdämpfer und Vierradbremsen enthielt. Obwohl der Verkauf des 512 bereits unter der Tatsache litt, daß viele Eingeweihte von dem 520 wußten, der nur ein Jahr später auf dem Markt erscheinen sollte, wurden immerhin noch 2583 Exemplare des 512 gebaut, die größtenteils in den Export gingen, wobei Australien und Großbritannien die Hauptabnehmer waren.

Fiat hatte in den zehn Jahren zwischen 1919 und der großen Weltwirtschaftskrise einen unglaublichen Aufschwung erfahren – die Jahresproduktion war von 1973 auf 42780 Fahrzeuge angewachsen, von denen 1929 in Italien selbst 23180 Exemplare zugelassen wurden. Die Idee von 1899, ein Unternehmen zu gründen, das der Massenmotorisierung den Weg ebnen sollte, war in nur 30 Jahren realisiert worden.

Aber auch seine Ideen von Export und Kooperation mit anderen Ländern hatte Agnelli verwirklichen können: von 1919 an war das Unternehmen verstärkt bemüht, die wichtigsten Exportmärkte mit Werksvertretungen zu besetzen. Die ersten neuen Niederlassungen wurden in Spanien, Polen, der Schweiz, Deutschland, England, Argentinien, Rumänien, Jugoslawien und der Türkei eingerichtet, wobei in anderen Ländern rasch weitere

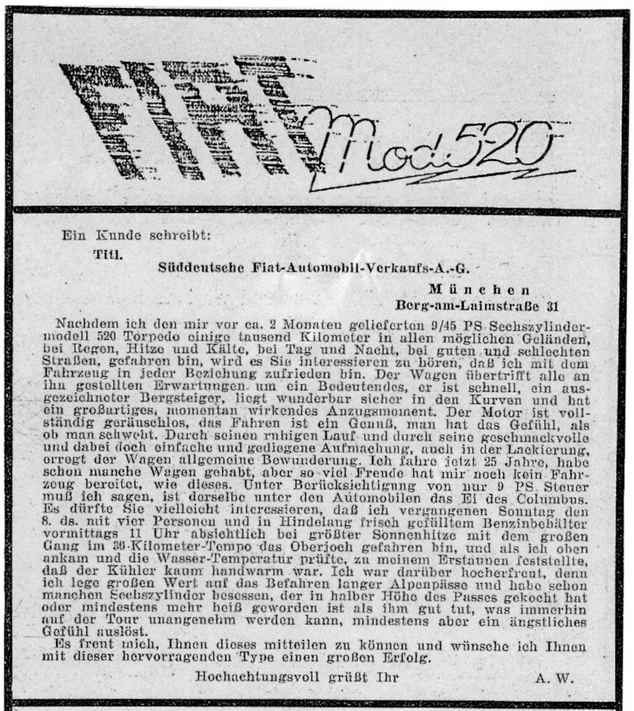

»Ein Kunde schreibt« – so begeistert war ein 520-Käufer im Jahre 1928.

FIAT in aller Welt: Hier der Stand auf der Kalkutta-Motorshow im Jahre 1921.

Werbung der »Süddeutschen FIAT-Automobil-Verkaufs-AG« in München aus dem Jahre 1927 (Mitte).

Vor der FIAT-Verkaufs-Niederlassung in Khartoum (unten).

Werksniederlassungen folgen sollten, bis zum Ende der dreißiger Jahre insgesamt 24. Freilich mußte das Unternehmen auch die Erfahrung machen, daß einige Märkte so kompliziert oder klein waren, daß die Niederlassungen wieder geschlossen und der Markt ortsansässigen Importeuren übertragen werden mußte. Dies war beispielsweise in Mittelamerika, in Südafrika, in China, Japan und Indien der Fall. In Deutschland etablierte sich Fiat offiziell erstmals im Jahre 1920

Die Marke war in Deutschland jedoch natürlich schon sehr lange bekannt: Die Siege der Fiat-Grand-Prix-Wagen vor dem Ersten Weltkrieg hatten für einen guten Ruf gesorgt - und selbst seine Majestät der Kaiser hatte sich zuweilen in einem Fiat sehen lassen, wie die Werbung damals stolz verkündete. Als dann nach dem Ersten Weltkrieg die ersten Neu- und Gebrauchtwagen auf dem Markt auftauchten, wurde 1920 in München die Bayerische Fiat-Vertriebs GmbH mit einem Stammkapital von 100000 Mark gegründet. Ihre Hauptaufgabe bestand im Handel mit Fiat-Erzeugnissen, sie sollte sich aber auch um Montage, Karosseriebau und Reparaturen kümmern. Als Geschäftsführer wurden der Großkaufmann Hugo

Böhm sowie der Ingenieur Ernst Bittner eingesetzt. Am 5. Mai 1922 entstand dann die Deutsche-Fiat-Automobil-Verkaufs AG mit Sitz in München. Moritz Fürst zu Hohenlohe-Schillingsfürst sowie die Kaufleute Leopold Böhm, Hugo Böhm, Dr. Piper-Flemming und die Österreichische Automobilfabrik AG, vorm. Austro-Fiat Wien, sorgten für das Grundkapital von 600000 Mark und legten sich als Geschäftssitz das Haus Promenadestraße 6 in München zu. Vier Jahre später wurde dann der Sitz der AG nach Berlin in die Industriestraße 35-37 verlegt. Der Aufsichtsratsvorsitzende der Fiat-Verkaufs AG wurde Prinz Conrad von Bayern.

Das süddeutsche Geschäft wurde aber weiter von München aus geführt, wo die nun als Süddeutsche Fiat-Automobil-Verkaufs AG firmierende Gesellschaft ihren Sitz in der Berg-am-Laim-Straße 31 einnahm. Die Ausstellungsräume waren in der Lenbachstraße 8 zu finden. Nur wenig später wurde in Köln in der Dürener Str. 132 eine weitere Niederlassung eröffnet, die den rheinischen Raum abdecken sollte. Wolfgang Schmarbeck, der in seinem Buch »Alle Fiat-Automobile 1899 bis 1981« ein präzises Bild aller Modelle veröffentlicht hat (wie es in dieser Form in diesem Buch nicht geplant ist), schreibt über die Entwicklung: »Im Jahr

1928, als die Wirtschaftslage in Deutschland alles andere als rosig war, unternahm Fiat Turin eine bedeutsame Transaktion: Für zwei Millionen Reichsmark kaufte sie das erst vor einem Jahr errichtete Zweigwerk der Neckarsulmer Fahrzeugwerke AG in Heilbronn. NSU hatte 1927 - auch mit Hilfe amerikanischer Quellen - eine erhebliche Kapitalerweiterung durchgeführt, und die Fiat S.p.A. sowie die Dresdner Bank wurden Großaktionäre von NSU. Am 1. Januar 1929 trat die von Fiat inspirierte Gründung der NSU-Automobil AG Heilbronn in Kraft. Zur Wahl dieses Firmennamens hatte die NSU Vereinigte Fahrzeugwerke AG in Neckarsulm ihre Zustimmung erteilt.

Der Vorstand setzte sich aus Dir. Piero Bonelli, Ing. Ferruccio Valobra und Heinrich Gebauer zusammen. Es war beabsichtigt, daß die neue Gesellschaft mit NSU eng zusammenarbeitete, und der 7/34 PS NSU wurde in Neckarsulm für Fiat weitergebaut. Desgleichen fertigte man bei NSU auch anschließend noch Wagen nach Fiat-Lizenz.

Das Fiat gehörende Werk Heilbronn diente der Montage und Auslieferung von Automobilen aus italienischer Produktion. Eine Sonderschau, die Fiat im September 1929 im Marmorsaal des Berliner Zoos ausrichtete, sollte die laufenden Produktionsreihen dem deutschen Publikum (und den nach Umsätzen ringenden Automobilvertretern) nahebringen. Gezeigt wurden die Typen 509, 520, 521, 525 und der NSU 405 (7/34 PS). Daß die Situation auf dem deutschen Automobilmarkt heikel gewesen ist, wird aus der Zahl von damals 3000 auf Lager stehenden Wagen deutlich.«

Bevor wir uns nun den Jahren der Weltwirtschaftskrise und den Modellen zuwenden, mit denen Fiat die Probleme bewältigen sollte, noch ein kurzer Blick in die Vergangenheit: Bei dem ersten Nachkriegs-Modell, dem erfolgreichen 501, waren ja sportliche Varianten gebaut worden, die etliche Trophäen und Siege einfuhren.
Und es dauerte nur wenige Jahre, bis die ersten Grand-Prix-Wagen mit dem Fiat-Emblem auf den Rennstrecken auftauchten: Im Jahr 1921 war der 801-401, der die Basis einer Reihe von äußerst erfolgreichen Rennwagen wurde, zum ersten Mal zu sehen. Diese Wagen gewannen bis 1927 eine große Anzahl wichtiger Rennen und stellten Fiat als erfolgreiche und zukunftsträchtige Firma dar.

Griffith Borgeson schreibt in seinem Beitrag »Der Motor als Kunst-Objekt und Symbol« für die Londoner Ausstellung »Fiat 1899–1989 – An Italian Industrial Revolution«: »Da der Motor das Herz eines jeden Fahrzeugs ist, ist er auch zwangsläufig das Symbol für dessen Perfektion. Und wenn der erfolgreichste Rennwagen einer jeden Ära den definitiven Stand der technischen Entwicklung dieser Zeit darstellt, dann mag auch das Triebwerk als die Vollendung der menschlichen Anstrengungen in diesem Bereich gelten. Die Form, die eine Maschine annimmt, hat einen direkten Bezug zu der Leistung, die sie zu erbringen hat. Außergewöhnliche Leistung hat demzufolge auch oft eine außergewöhnliche Ästhetik des Motors zur Folge. Dies ist aber nur ein äußerlicher Ausdruck dessen, was be-

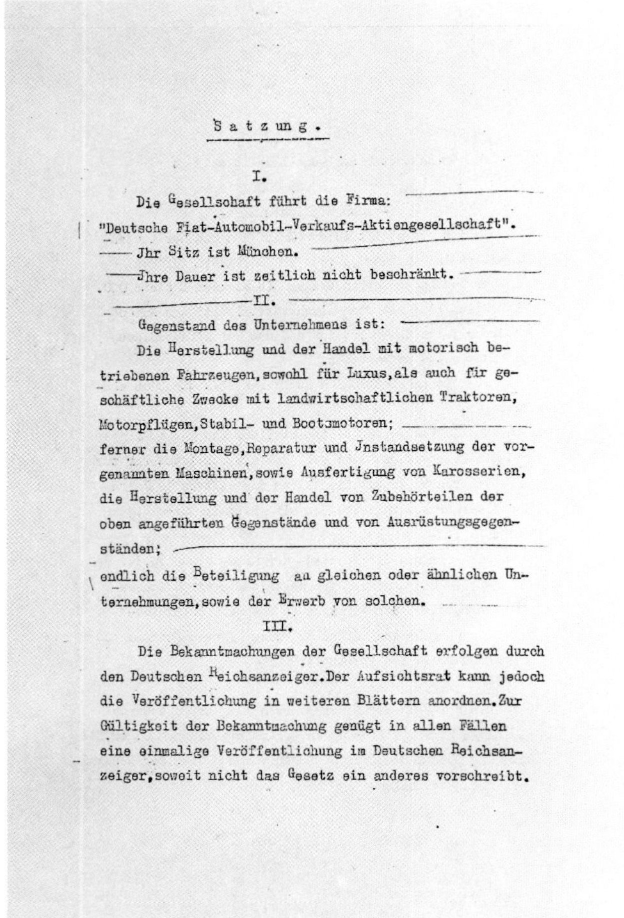

Satzung.

I.

Die Gesellschaft führt die Firma:
"Deutsche Fiat-Automobil-Verkaufs-Aktiengesellschaft".
Jhr Sitz ist München.
Jhre Dauer ist zeitlich nicht beschränkt.

II.

Gegenstand des Unternehmens ist:
Die Herstellung und der Handel mit motorisch betriebenen Fahrzeugen, sowohl für Luxus, als auch für geschäftliche Zwecke mit landwirtschaftlichen Traktoren, Motorpflügen, Stabil- und Bootsmotoren;
ferner die Montage, Reparatur und Jnstandsetzung der vorgenannten Maschinen, sowie Ausfertigung von Karosserien, die Herstellung und der Handel von Zubehörteilen der oben angeführten Gegenstände und von Ausrüstungsgegenständen;
endlich die Beteiligung an gleichen oder ähnlichen Unternehmungen, sowie der Erwerb von solchen.

III.

Die Bekanntmachungen der Gesellschaft erfolgen durch den Deutschen Reichsanzeiger. Der Aufsichtsrat kann jedoch die Veröffentlichung in weiteren Blättern anordnen. Zur Gültigkeit der Bekanntmachung genügt in allen Fällen eine einmalige Veröffentlichung im Deutschen Reichsanzeiger, soweit nicht das Gesetz ein anderes vorschreibt.

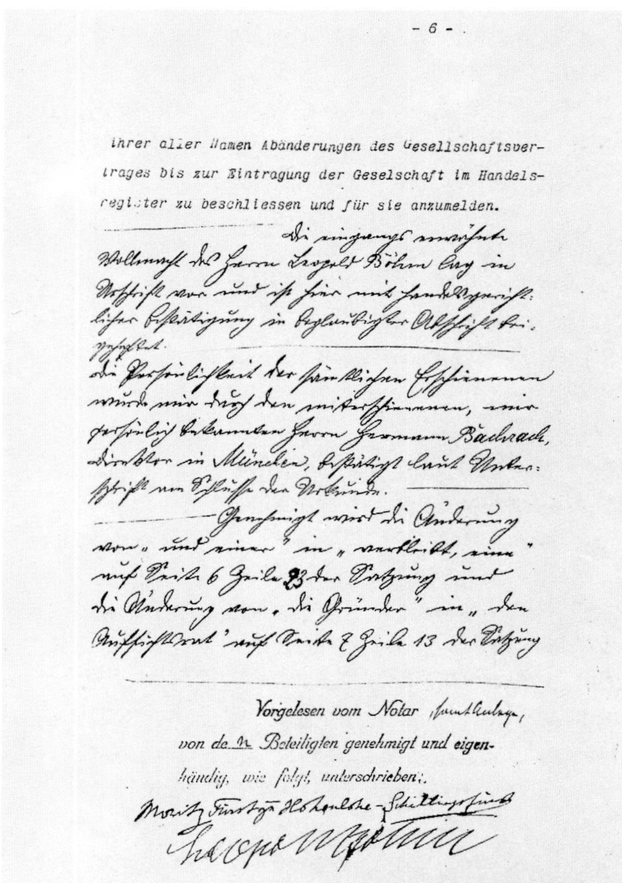

- 6 -

ihrer aller Namen Abänderungen des Gesellschaftsvertrages bis zur Eintragung der Geselschaft im Handelsregister zu beschliessen und für sie anzumelden.

Vorgelesen vom Notar ..., von de.n Beteiligten genehmigt und eigenhändig, wie folgt, unterschrieben:

Die erste und die letzte Seite der Satzung der »Deutschen FIAT-Automobil-Verkaufs-Aktiengesellschaft«, die am 5. Mai 1922 gegründet wurde.

»FIAT ist der Wagen großer internationaler Klasse« – so warb die FIAT AG (nun mit Sitz in Berlin) im Jahre 1930.

Immer wieder faszinierend: wie die Künstler der 20er Jahre das Thema »Geschwindigkeit« umsetzen konnten (rechts).

deutende Triebwerke symbolisiert und was sie darstellen – sie sind zugleich ein Kulminationspunkt in der Evolution der menschlichen Kreativität. Es sind Meilensteine der Technik, die neue Wege erschließen und neue Tore öffnen.«

Fiat hatte ja, dank einer positiven Einstellung zum Motorsport, die Nachteile, die aus der relativ späten Gründung des Unternehmens erwachsen waren, rasch ausgleichen können; bereits 1903 erreichte man die ersten Siege und Plazierungen. Schon 1905 waren eigenständige Lösungen entwikkelt worden; so verfügten die Gordon-Bennett-Wagen über obenliegende Ventile, die damals noch völlig unüblich waren. Und von 1906 an sorgte Ingegnere Guido Fornaca für die Vollendung dessen, was der Engländer W. P. Bradley so beschrieben hat: »Schon von einem frühen Zeitpunkt an war die Architektur der Fiat-Mechanik eine Symbiose aus Schönheit und Leistung. Das Unternehmen präsentierte klare, saubere und perfekt designte Motoren – Kunstwerke aus Metall.«

Guido Fornaca, der 1906 im Alter von nur 36 Jahren von Agnelli zum technischen Direktor des Unternehmens berufen wurde, sollte bis zu seinem Tod im Jahre 1928 seine Vorstellungen von Ästhetik und Technik rigoros durchsetzen. 1917 wurde Fornaca Vorstandsmitglied, nachdem das Organisationsgenie bereits jahrelang als rechte Hand Agnellis entscheidend daran beteiligt war, die Reputation und das Image des Unternehmens aufzubauen. Dazu hatte das Multi-Talent auch die Organisation des Hauses neu strukturiert und dabei besonderen Wert darauf gelegt, daß Talente frühzeitig entdeckt werden konnten und entsprechend gefördert wurden. Carlo Biscaretti di Ruffia schrieb kurz vor seinem Tod über Fornaca: »Obwohl er einen großen Bereich zu verantworten hatte, mußte jeder Entwurf, jede technische Zeichnung über seinen Schreibtisch laufen, bevor die Produktion angegangen werden durfte. Damit stand Fornaca, dessen Disziplin sein Kunst- und technisches Verständnis zu einer Einheit ver-

schmelzen ließen, voll in der italienischen Tradition der Kunsthandwerker.«

Die Fiat-Rennwagen waren stets Muster an Innovation; mögen zuweilen auch andere Firmen Entwicklungen vorweggenommen haben, so waren die Fiat-Lösungen doch oft das Tüpfelchen auf dem i. Ein Beispiel: Das erste Triebwerk mit zwei obenliegenden Nockenwellen war der Peugeot-Grand-Prix-Wagen von 1912. Als Fiat ein Jahr später diese Lösung für das Projekt S. 52 übernahm, hatte man aber nicht nur die Vorteile dieser Ventilsteuerung erkannt, sondern ihr gleich noch eine ganz entscheidende Verbesserung angedeihen lassen: Die beiden Wellen steuerten nun pro Zylinder zwei Einlaß- und zwei Auslaßventile. Man hatte also einen Vierventilmotor entwickelt, dessen Ventile zudem noch desmodromisch - also zwangsgesteuert - waren. Mit diesem Trick konnte man auf Ventilfedern verzichten, die noch über viele Jahre hinweg ein Sorgenkind aller Rennmotorkonstrukteure bleiben sollten. Wenn nicht der Erste Weltkrieg ausgebrochen wäre, hätte man diesen Wunder-Motor sogar auf den Rennstrecken finden können; so bleiben uns heute nur einige Zeichnungen des Triebwerks, denn die wenigen Versuchsmotoren wurden alle eingeschmolzen.

Und auch der erste Rennmotor, mit dem Fiat nach dem Krieg wieder antreten wollte, wäre ein feines Stück Ingenieurskunst geworden, wenn ihn die Techniker freigegeben hätten. Der Typ 401 (der nichts mit dem 801-401 von 1921 zu tun hat), sah so aus, als werde er über zwei obenliegende Nockenwellen gesteuert, obwohl er tatsächlich überhaupt keine hatte. Die vier Ventile pro Zylinder

Bordino am Steuer des FIAT 805 - eine Aufnahme aus dem Jahre 1923.

wurden desmodromisch gesteuert, wobei jeweils zwei gekoppelte Wellen über Exzenter die Ventilschäfte bewegten. Leider sind uns auch von diesem Motor nur die Zeichnungen erhalten geblieben.

Statt dieser radikalen Lösung wurde die 1920 in Angriff genommene Einsatz-Variante des 401 mit zwei obenliegenden Nockenwellen und vier Ventilen pro Zylinder konstruiert, wobei man sich hier (ein wenig) an den Lösungen von Hispano-Suiza orientierte. Der 3-Liter-Vierzylinder erreichte bei 4000/min 112 PS Leistung und gab dem 810 Kilogramm schweren Zweisitzer eine Höchstgeschwindigkeit von bis zu 160 km/h. Noch einige weitere technische Details des ersten Nachkriegs-Rennwa-

Ein Gemälde aus der Sammlung des »Centro Storico« - M. Mazza-Dipinto auf einem FIAT Grand Prix-Wagen (1922) (unten).

Mit dem Typ 803 brillierte FIAT bei den »Voiturette«-Rennwagen, die 1922 mit 1,5 Liter Hubraum als Einstiegs-Formel zu den Grand Prix-Rennwagen gedacht waren.

gens: Für die bessere Verbrennung des Gemischs sorgte eine Marelli-Doppelzündung, für die Kraftübertragung an die Hinterachse eine Kardanwelle, und die Kraft wurde über ein Vierganggetriebe (plus Rückwärtsgang) und eine Mehrscheiben-Trockenkupplung weitergegeben. Interessant war auch die Aerodynamik: Erstmals wurde ein spitz auslaufendes Heck montiert.

Am 8. Mai 1921 wurde der 801-401 zum ersten Mal eingesetzt; der von Giulio Cesare Cappa entworfene Grand-Prix-Wagen gewann seine 3-Liter-Klasse beim Parma-Poggio di Berceto-Rennen mit einer Durchschnittsgeschwindigkeit von 81,139 km/h.

Der 401 sollte in diesem Jahr noch etliche Rennen gewinnen, vor allem bei den sehr beliebten Bergrennen war er praktisch immer unter den Siegern zu finden - der erste Schritt war durchaus verheißungsvoll.

Doch es sollte noch besser kommen: Der 801-402 hatte - der Mode dieser Jahre folgend - einen Reihen-Achtzylinder, dessen 2973 ccm Hubraum nun 120 PS bei 4400/min entwickelten. Wieder gab es zwei obenliegende Nockenwellen, die von einer Königswelle gesteuert wurden. Diesmal gab es pro Zylinder allerdings nur zwei Ventile, die das Gemisch jedoch durch einen hemisphärischen Verbrennungsraum leiteten. Da die Kurbelwelle zwischen jedem Zylinderpaar rollengelagert wurde, waren Kurbelwellenbrüche praktisch unbekannt, dementsprechend selten war ein Ausfall zu beklagen. Dieser Achtzylinder wurde zum Prototypen aller Rennmotoren dieses Jahrzehnts, und mit einer Literleistung von 40,4 PS/l lag er nur knapp unter dem damaligen Weltrekord. Der 170 km/h schnelle 402 hatte jedoch das »Pech«, in einem Jahr geschaffen zu werden, in dem die 3-Liter-Kategorie auslief. So war der beeindruckende Auftritt von Bordino beim Großen Preis von Italien, wo er die schnellste Runde mit einem Schnitt von 150,362 km/h fuhr, bevor er wegen eines Reifenschadens ausfiel, der einsame Höhepunkt seiner Rennkarriere.

1922 war aber auch das Jahr, in der die »Voiturette«-Rennwagen erstmals auftraten. Diese Kategorie könnte man heute mit der Formel 2 oder der Formel 3000 vergleichen. Unter den teuren und schwer zu fahrenden Grand-Prix-Wagen sollte eine billigere und leichtere Rennwagen-Kategorie geschaffen werden, die als Einstiegs-Formel gedacht war. Fiat reagierte sofort und halbierte den 3-Liter-Achtzylinder auf einen 1,5-Liter-Vierzylinder, denn der maximale Hubraum der Voiturette-Rennwagen war auf 1,5 Liter festgelegt worden.

Um die Ventile noch etwas drehzahlfester zu machen - der 803-403 erreichte seine 62,5 PS bei 5000/min -, bekam jedes Ventil drei konzentrische Ventilfedern zur Seite gestellt. Das Ergebnis war eine Drehfreudigkeit und Standfestigkeit, die man bei 1,5-Liter-Motoren bislang noch nicht gekannt hatte. Zusammen mit einem Leergewicht von nur 550 Kilogramm ergaben sich rund 150 km/h Höchstgeschwindigkeit - kein Wunder, daß beim Großen Preis von Monza am 3. September 1922 die vier gestarteten 403 auf den Rängen eins bis vier einliefen, wobei der Sieger wieder einmal Pietro Bordino hieß, der auch die schnellste Runde mit einer Durchschnittsgeschwindigkeit von 145,161 km/h gefahren war.

Im Jahr darauf wurde der 803-403 noch etwas verbessert. Nachdem die Konkurrenz aufgeholt hatte, wurden noch einige Wagen mit einem Kompressor versehen, und einer von ihnen gewann am 29. Juni 1923 in Brescia den Großen Preis für Voiturette-Wagen. Es war übrigens der erste Sieg eines Kompressorwagens in der Geschichte des Automobil-Rennsports.

1922 war auch das erste Jahr, in dem für die Grand-Prix-Wagen ein neues Reglement galt: Die Fahrzeuge durften nicht mehr als 2 Liter Hubraum besitzen und nicht mehr als 650 Kilogramm wiegen. Die Antwort von Fiat trug die Bezeichnung »804-404« und hatte einen Reihen-Sechszylinder mit 112 PS bei 5000/min. Der 170 km/h schnelle Grand-Prix-Wagen hatte die höchste Liter-Leistung seiner Tage; mit 56,3 PS/l war er kaum schlagbar. Er siegte auf Anhieb beim Großen Preis von Frankreich in Straßburg am 16. Juli 1922 mit einer Durchschnittsgeschwindigkeit von 127,670 km/h und belegte beim Großen Preis von Italien in Monza mit Pietro Bordino und Felice Nazzaro die Plätze eins und zwei.

Ein Jahr später wurde dann eine der großen Konstruktionen aller Zeiten vorgestellt: der 805-405. Fiat hatte sich wieder auf den Reihen-Achtzylinder besonnen und ihn mit einem Kompressor noch stärker gemacht. Mit den zuerst eingesetzten Witting-Kompressoren, die bei 5500/min 130 PS leisteten, gab es Zuverlässigkeitsprobleme, deshalb wechselte man rasch zu den Roots-Kompressoren, die dann ebenfalls bei 5500/min 150 PS bereitstellten. Mit einer Literleistung von 73,8 PS/l stellte er in diesem Jahr alle anderen Triebwerke in den Schatten. Der 680 Kilogramm schwere Teilnehmer erreichte über 220 km/h und war 1923 der Wagen, den es zu schlagen galt. Der größte Erfolg dieser Saison dürfte der Dreifachsieg beim Großen Preis von Italien gewesen sein, bei dem Carlo Salamano mit einer Durchschnittsgeschwindigkeit von 145,502 km/h vor Nazzaro und Bordino gewann.

Was für ein Fortschritt - innerhalb nur eines Jahres war die Durchschnittsgeschwindigkeit der siegreichen Fiat-Grand-Prix-Wagen in Monza von 127,670 auf 145,502 km/h gestiegen, und die Höchstgeschwindigkeit dabei um über 50 km/h. Fiat hatte mit dem 805-405 den ersten Kompressor-Grand-Prix-Wagen der Welt zum Laufen und zum Siegen gebracht. Doch werksintern sah man die prestigeträchtigen Siege mit einem lachenden und einem weinenden Auge; denn die weise Voraussicht von Agnelli und Fornaca, jungen talentierten Ingenieuren jede Unterstützung zu geben, hatte zwar einerseits zu den imageträchtigen Siegen geführt, andererseits wurden immer mehr der besten Männer von der Konkurrenz abgeworben. Fiat war zu der wichtigsten Universität der gesamten italienischen Automobilindustrie geworden, und wer Talent hatte, wurde großzügig gefördert. Techniker und Handwerker, Designer und Ingenieure, jeder bekam die bestmögliche Ausbildung und Unterstützung. Doch immer öfter verließen die Männer, auf die man besonders gesetzt hatte, nach den Lehrjahren das Unternehmen. Luigi Bazzi und Vittorio Jano gingen zu Alfa Romeo - und waren dort entscheidend am Weltruhm dieses Hauses beteiligt. Der Versuch, die Intelligenz abzuwerben, oder das Unterfangen, sich selbst neue Ziele bei anderen Unternehmen zu stecken, wurde zu einem internationalen Phänomen.

Während die Amerikaner und Briten einen Großteil ihrer Ingenieure aus Frankreich abwarben - die Italiener waren hier weniger stark vertreten -, zog es viele italienische Ingenieure nach Frankreich. Als Beispiel mögen hier die Fiat-Designer und Techniker Bertarione und Becchia gelten, die zu Talbot-Darracq gingen - einer Marke, die sich dann mit Sunbeam zusammenschloß.

Kurz: Die Fiat-Führungsebene war beunruhigt - und als 1924 beim Großen Preis von Frankreich in

Der Typ 804 hatte 1922 die höchste Liter-Leistung aller Grand Prix-Wagen: Er brachte aus 2 Liter Hubraum 112 PS bei 5000/min hervor.

Lyon der von dem Ex-Fiat-Mann Vittorio Jano entworfene Alfa Romeo P 2 ein beachtliches Feld von Konstruktionen anführte, die sich alle eng an das Grand-Prix-Konzept von Fiat anlehnten, beschloß der Vorstand, den Rennsport für eine noch nicht definierte Zeit einzustellen, um die Konkurrenz zu zwingen, einige Zeit auf eigene Verantwortung Entwicklungsarbeit zu betreiben. Wobei man sagen sollte, daß es den teilweise blendenden Technikern bei der Konkurrenz nicht schwerfiel, innovativ zu bleiben.

Michael Sedgwich, der verstorbene britische Automobil-Historiker, hat einmal Fiat in jenen Jahren als das »Ministry of all talents« beschrieben - und dieses Ministerium hatte auch ohne die Rennerei genügend zu tun. Schließlich plante Agnelli in dieser Zeit die Entwicklung des ersten italienischen »Volks-Wagens«, eines Wagens, der dank seines Preises und seiner geringen Unterhaltungskosten seine Version von einer mobilen Gesellschaft verwirklichen sollte. Und wenn man sich wirklich noch einmal auf der Rennstrecke sehen lassen wollte, dann nur mit einem Wagen, der die Konkurrenz schockieren konnte; das Know-how und die Ingenieure hatte man in der Entwicklungsabteilung von Lingotto ja noch immer.

Der Moment sollte kommen, und der Wagen trug die schlichte Bezeichnung 806. Aber als sich im September 1927 die Motorhaube des 806 öffnete, erbleichte die Konkurrenz: Eine derartige Technik hatten sie noch nie gesehen; Fiat hatte noch einmal die Krallen gezeigt.

Der 1,5-Liter-Wagen hatte zwei Reihen-Sechszylinder-Triebwerke, aber er war im eigentlichen Sinne kein Zwölfzylinder, denn jeder der beiden Sechszylinder hatte seine eigene Kurbelwelle, die dann allerdings ihre 187 PS über Zahnräder auf eine gemeinsame Kardanwelle übertrugen. Die beiden parallel stehenden Motoren (Bohrung × Hub 50 × 63 Millimeter) verfügten über drei Nockenwellen, die wiederum über Stirnräder gesteuert wurden. Die beiden außenliegenden Nockenwellen steuerten die Auslaßventile, während die Einlaßventile von einer gemeinsamen Nockenwelle gesteuert wurden, und um der Welt zu zeigen, zu welchen Leistungen Fiat imstande war, bekam jeder der beiden Sechszylinder noch einen eigenen Roots-Kompressor. Damit hatte der kleine 1,5-Liter-Motor, der eigentlich aus zwei Motoren, zwei Kurbelwellen, drei Nockenwellen und zehn Stirnrädern bestand, eine Liter-Leistung von 126 PS/l; ein Wert, der auch heute noch von nur wenigen Motoren erreicht wird.

Nachdem sich die Konkurrenz von dem ersten Schreck erholt hatte, fegte der nur 700 Kilogramm schwere Wagen mit über 245 km/h mm den Rennkurs von Mailand - und die turbinenartige Geräuschkulisse offenbarte den Gegnern noch ein weiteres fasizinierendes Detail: Dieses Stück Feinmechanik erreichte Drehzahlen von bis zu 8500/min - auch dies ein bis dahin unbekannter Wert.

Pietro Bordino war es vergönnt, am 4. September 1927 mit dem 806 den Großen Preis von Mailand mit einer Durchschnittsgeschwindigkeit von

152,205 km/h zu gewinnen. Es war ein historischer Sieg, in mancherlei Hinsicht: Fiat hatte nach vier Jahren Pause auf Anhieb mit einer innovativen Technik gewonnen, die auf Jahre hinaus nichts Ebenbürtiges finden sollte. Und der letzte Grand-Prix-Wagen war zugleich der erste Einsitzer-Rennwagen des Hauses, denn 1923 war ja noch - pro forma - ein zweiter Platz für einen Mechaniker vorgesehen worden, und zugleich war es der letzte Grand-Prix-Wagen, den Fiat bis zum heutigen Tag gebaut hat.

Nur wenige Tage nach dem stürmisch gefeierten Sieg erklärte die Fiat-Geschäftsleitung, daß diesmal der endgültige Abschied vom Grand-Prix-Sport erfolgt sei und daß alles Material nach Turin gebracht werden würde. Dort wurden dann tatsächlich alle Wagen, alle Teile, alle Werkzeuge, alle Zeichnungen eingeschmolzen, verbrannt, zerstört. Kein Teil wurde übrig gelassen, nichts hat überlebt - außer den Photos, den Zeitungsausschnitten und einigen technischen Zeichnungen, die ein Mitarbeiter dem Centro Storico zusteckte, wo sie heute wie Schätze gehütet werden.

Warum diese Kehrtwendung? Es gibt nur Vermutungen, ob Agnelli der Welt noch einmal zeigen wollte, daß Fiat jederzeit und aus dem Stand heraus dazu in der Lage war, jede technische Heraus-

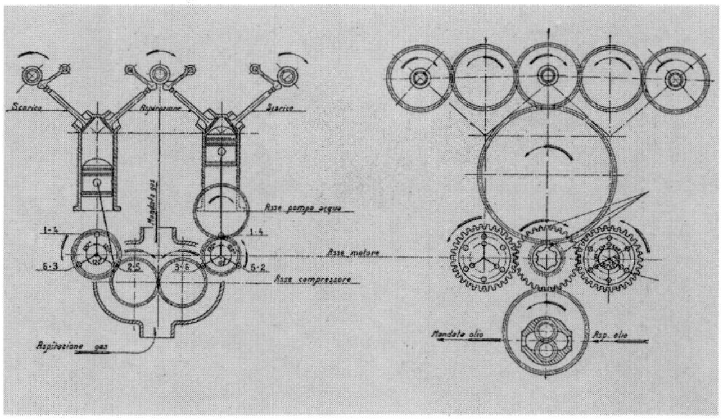

Das Wunderauto des Jahres 1927: Der Typ 806 hatte zwei parallel montierte Reihen-Sechszylinder mit zusammen 1,5 Liter Hubraum. Jeder der Sechszylinder hatte zudem noch einen Kompressor - die Kraft der beiden Triebwerke, deren Leistung bei 187 PS lag, wurde mit Zahnrädern auf eine gemeinsame Antriebswelle übertragen.

forderung anzunehmen? Ob der tödliche Unfall von Pietro Bordino, der bei einem Training auf einem Bugatti stürzte, seine Meinung über den Rennsport änderte? Ob er seine Kräfte wieder mehr auf das Projekt seines »Volks-Wagens« konzentrieren wollte? Wir werden es nie erfahren - der Klang der Fiat-Grand-Prix-Motoren erlosch am 4. September 1927.

Bevor wir uns der Weltwirtschaftskrise und dem Projekt des »Volks-Wagens« zuwenden, noch ein paar Worte zu dem berühmten Eldrige-Rekordwa-

gen des Jahres 1923, der unter dem Namen »Mephistopheles« berühmt werden sollte und der eine kuriose Mischung aus Vorkriegs-Rennwagentechnologie, aus der Kraft eines Flugzeugmotors und dem Willen eines Mannes war, der es sich in den Kopf gesetzt hatte, den Geschwindigkeits-Weltrekord zu brechen. Der Initiator war - wie könnte es auch sonst sein - ein Engländer: Ein britischer Rennfahrer namens E. A. D. Eldridge, erwarb 1922 den S. B. 4 aus dem Jahr 1908, mit dem Felice Nazzaro in Brooklands am 8. Juni 1908 mit einer Durchschnittsgeschwindigkeit von 193 km/h gewonnen hatte. Hatte Nazzaro dieses furchterregende Gefährt noch mit einem Reihen-Vierzylinder mit 18 146 ccm Hubraum und 175 PS Leistung (bei 1200/min) gefahren, so genügten Mister Eldridge diese PS-Zahlen nicht mehr - er wollte noch mehr Leistung.

Nach dem Ersten Weltkrieg war der Wagen in den Besitz des britischen Rennfahrers John Duff übergegangen, der dem gußeisernen Monster aus zwei paarweise gegossenen Zweizylindern mit modernerer Technik mehr Leistung abverlangen wollte - mit dem Ergebnis, daß der Motor irreparabel beschädigt wurde. Die Reste des einst so stolzen S. B. 4 wurden nun von E. A. D. Eldridge erworben, der sich daranmachte, den Wagen nach seinen Vorstellungen umzubauen. Die Frage nach mehr Leistung wurde mit einem Fiat-A12-Flugzeug-Motor geklärt, der aus 21 706 ccm Hubraum bei 1800/min 320 PS entwickelte. Da der riesige Reihen-Sechszylinder (Bohrung × Hub 160 × 180 Millimeter) in dem S. B. 4 keinen Platz fand, wurde der Radstand von 2430 Millimeter auf 3450 Millimeter verlängert, womit der Eldridge-Record-Wagen eine Gesamtlänge von 5091 Millimeter erreichte. Der mittlerweile 1780 Kilogramm schwere Wagen wurde am 12. Juli 1924 in Arpajon in Frankreich von Eldridge auf 234,980 km/h beschleunigt - der Brite hatte sein Ziel erreicht, er war für einige Zeit der schnellste Mann der Welt. Der rotlackierte Wagen trat dann noch bei einigen Geschwindigkeits-Wettbewerben auf und handelte sich mit seiner ohrenbetäubenden Geräuschkulisse rasch jenen »Mephistopheles« ein - einen Namen, der bis heute verwendet wird. Der »Eldridge Record« wurde vor einigen Jahren in bemerkenswert gutem Zustand von Fiat zurückgekauft und befindet sich heute - noch immer voll fahrbereit - im Centro Storico in Turin.

Der berühmte Fiat »Mephistopheles« - einst das schnellste Auto der Welt, heute im Besitz des Centro Storico von Fiat in Turin.

Durch die Krise zum Erfolg

Der Kurssturz an der New Yorker Börse am 24. Oktober 1929 war das Ereignis, das die Weichen für eine völlige Neuentwicklung der Weltwirtschaft stellen sollte. Die Ursachen für die Weltwirtschaftskrise lagen in der durch den Ersten Weltkrieg und seine Folgen bedingten Störungen eines natürlichen Ausgleichs und in einer fast unbemerkten monetären Expansion in den Vereinigten Staaten. Dazu gab es in diesen Jahren eine ungewöhnlich schwere Agrarkrise, und die betroffenen Länder versuchten, die Auswirkungen der Krise durch Beschränkung der weltwirtschaftlichen Verflechtungen zu mildern. Es gab hierfür Autarkiebestrebungen, Devisenbewirtschaftung, Lohnmanipulierung, Subventionen und mehr; doch die Verschärfung der Depression mit dem Auftreten einer bis dahin nicht gekannten Massenarbeitslosigkeit konnte nur schwer überwunden werden. Die sozialen Folgen dieser Krise trugen erheblich zur Radikalisierung in praktisch allen Ländern bei.

Agnelli konnten, da der Fiat-Exportanteil schon immer ungewöhnlich hoch gewesen war - 1926 wurden über 70 Prozent der Produktion ins Ausland geliefert - solche Entscheidungen der italienischen Regierung natürlich nicht recht sein. Bereits 1927 hatte die 1922 an die Macht gekommene faschistische Regierung die Lira deutlich aufgewertet - und damit die Exportziffern des Jahres 1926 als einsamen Höhepunkt bestehen lassen, da die nun teureren Fahrzeuge nicht mehr so leicht abzusetzen waren.

Allerdings hatte Fiat mit dem »kleinen« 520 Sechszylinder und den dazu entstandenen Variationen 521 und 525 neue und überzeugende Modelle im Programm, die gleichzeitig den endgültigen Übergang von Fahrzeugen mit Holzrahmen zu Modellen mit Metallrahmen bedeuteten. Die Ära der handgefertigten Automobile war endgültig vorbei, und mit den nun ganz aus Metall gefertigten und schweißbaren Nachfolgern konnten neue Wege und Lösungen beschritten werden, um die Fahrzeuge leichter zu konstruieren und noch mehr auf die Produktionsbedingungen der Großserie einzurichten.

Der Typ 521 hatte ein auf 2516 ccm Hubraum vergrößertes Triebwerk (Bohrung × Hub nun 72 × 103 Millimeter), das bei 3400/min 50 PS leistete. Die zwei Varianten 521 (Radstand: 3140 Millimeter) und 521 C (Radstand: 2900 Millimeter, wobei C für Corte steht) erreichten bis zu 95 km/h und kosteten 39 000 Lire (521) und 34 000 Lire (521 C). Von 1928 bis 1931 wurden in den verschiedenen Variationen rund 20 000 Exemplare gebaut.

Der absolute Höhepunkt dieser Sechszylinder-Baureihe sollte der Typ 525 werden, der ebenfalls 1928 auf den Markt kam und mit 68,5 PS bei 3200/min glänzte. Um auf den Hubraum von 3739 ccm zu kommen, war die Bohrung nun auf 82 Millimeter vergrößert worden, während der Hub auf 118 Millimeter verlängert wurde. Für nunmehr 55 000 Lire gab es einen knapp 100 km/h schnellen Wagen, der höchst elegant ausgestattet war und mit einem Radstand von 3400 Millimeter und einem Leergewicht von 1875 Kilogramm bestimmt auch auf schlechten Straßen jenes Komfort-Gefühl verbreitete, das die Käufer dieser Klasse so schätzen.

Eigentlich war der 525 ja als der Nachfolger des Typs 512 eingeführt worden, der wiederum mit 3,5 Liter Hubraum den Luxus-Markt von 1926 bis 1928 mit 2583 Exemplaren abgedeckt hatte; als der 525 seine Premiere feierte, war den Insidern bereits bekannt, daß ein Achtzylinder kurz vor der Vollendung stand, der als Typ 530 nur ein Jahr später auf den Markt kommen sollte. Die Weltwirtschaftskrise war dann daran schuld, daß der bereits etablierte 3,8-Liter-Sechszylinder das Top-Modell bleiben sollte; der 530 wurde nie öffentlich gezeigt.

Einer der ersten Besitzer des neuen Wagens wurde Papst Pius XI., der 1929 einen speziell für ihn gebauten und ausgestatteten 525 vom Hause Fiat überreicht bekam. Als klar wurde, daß der 525 auch weiterhin die Rolle des Fiat-Top-Modells spielen würde, wurde bereits nach einem Jahr die Baureihe gründlich überarbeitet: Nach 511 gebauten und ausgelieferten Exemplaren wurde im Sommer 1929 die neue Baureihe vorgestellt, die nunmehr aus drei Modellen bestand: dem 525 N, dem 525 S und dem 525 SS.

Der 525 N hatte einen auf 3260 Millimeter verkürzten Radstand, eine geänderte Hinterachsübersetzung und daraus resultierend eine etwas höhere Endgeschwindigkeit von nunmehr 101 km/h. Es gab ab Werk fünf Karosserievarianten, wobei der Grundpreis bei 46000 Lire lag - bis zur Produktionseinstellung nur zwei Jahre später wurden 1784 Exemplare montiert.

Harte Erprobung im Gelände: Der Fiat 702 des Jahres 1919.

Felice Nazzaro am Steuer des 525 SS während der »Coppa delle Venezie«.

Eine Diesel-elektrische Lokomotive von Fiat aus dem Jahre 1922 - die Leistung betrug 440 PS.

Die MS Vulcania, die 1934 mit Diesel-Triebwerken von Fiat ausgestattet wurde.

Der 525 S - »S« steht hier für »Sport« oder »Sprint« - hatte einen noch weiter auf 3000 mm verkürzten Radstand und eine weiter verbesserte Beschleunigung und Höchstgeschwindigkeit: sie lag bei nunmehr 107 km/h. Obwohl die Motorleistung bei 68,5 PS geblieben war, konnte das weiter reduzierte Gewicht (nun nur noch 1560 Kilogramm) für die Sportlichkeit sorgen, die die Bezeichnung »S« versprach. Der 525 S wurde natürlich auch bei motorsportlichen Ereignissen eingesetzt, und er gewann manche Langstreckenfahrt.

Wer es aber wirklich sportlich haben wollte, legte 48500 Lire auf den Tisch der Fiat-Vertretung und erwarb einen 525 SS. Dieser hochelegante zweisitzige Roadster verfügte über eine von 5,1 : 1 auf 5,97 : 1 erhöhte Verdichtung und leistete nun bei 3350/min 88,5 PS. Die 20 PS Mehrleistung verhalfen dem mit 1700 Kilogramm Leergewicht nicht eben leicht geratenen Wagen zu 120 km/h Höchstgeschwindigkeit, und damit der Beschleunigung auch eine adäquate Verzögerung gegenüberstand, wurden die Bremstrommeln der vier servounterstützten Bremsen vergrößert.

Der 525 SS war zweifellos einer der schönsten Wagen der damaligen Zeit, aber der hohe Kaufpreis war in den Zeiten der Weltwirtschaftskrise nur von wenigen aufzubringen. Wer ihn sich allerdings leisten konnte, war bestimmt auch nicht vom Verbrauch überrascht; er ärgerte sich wahrscheinlich eher über den relativ kleinen Kraftstofftank mit 67 Liter Inhalt, den der 525 SS nach etwa 250 Kilometern leergepumpt hatte.

Wie viele Exemplare dieses Wagens tatsächlich gefertigt wurden, läßt sich heute nicht mehr feststellen, es scheint nur sicher, daß von den Typen 525 S und 525 SS zusammen von 1929 bis 1931 knapp über 2100 Fahrzeuge ausgeliefert wurden - aber davon dürften nur die wenigsten vom Typ 525 SS gewesen sein.

Neben den neuen Sechszylindern gelang es den Turinern noch im Sommer 1929, nur wenige Monate vor dem Ausbruch der großen Krise, einen 1,5-Liter-Vierzylinder am Markt zu lancieren, der den letzten Stand der Technik darstellte: den Typ 514, der sich vom gleichzeitig erschienenen Typ 514 L nur durch seinen kürzeren Radstand von 2555 Millimeter (514 L - 2770 Millimeter) unterschied. Der 18500 Lire teure 514 leistete bei 3400/min 28 PS und erreichte eine Höchstge-

Der Typ 522 S wurde von 1932-33 gebaut - dieses perfekt restaurierte Exemplar steht ebenfalls im Centro Storico in Turin.

So wurden 1927 Messestände gestaltet: Ein Typ 700 A auf dem Fiat-Stand der »Fiera di Milano« (unten).

schwindigkeit von 80 km/h. Das Leergewicht betrug nur noch 1005 Kilogramm, und es gab eine Vielzahl verschiedener Karosserien, die teilweise (so der zweitürige Spider) noch leichter waren und beträchtlichen Fahrspaß verbreiteten. Der 514 sollte bis zum Jahr 1932 im Programm bleiben und mit 36970 gebauten Exemplaren das Rückgrat des Fiat-Geschäfts während der Depression werden.

Hatte sich das Jahr 1929 mit den neuen Sechszylindern und dem 514 so blendend angelassen, so machte der Schwarze Freitag vieles zunichte. Gerade die italienische Industrie, die sich zu einem beträchtlichen Teil noch immer nicht von dem Ersten Weltkrieg erholt hatte und noch immer versuchte, Anschluß an das Welt-Niveau zu finden, erlitt drastische Einbußen. Bei Fiat war die Situation nicht ganz so tragisch, denn die enormen Anstrengungen, mit denen Agnelli das Werk Lingotto zu einem hocheffizienten und hochrentablen Betrieb gemacht hatte, trugen nun dazu bei, daß die Katastrophe groß, aber nicht ruinös war.

Wurden 1929 noch über 36000 Fahrzeuge gebaut, reduzierte sich diese Zahl innerhalb von zwei Jahren um die Hälfte; 1931 wurden nur noch 18000 Fahrzeuge montiert, eine Zahl, die seitdem nie mehr unterboten wurde. Natürlich mußte auch Fiat Angestellte und Arbeiter entlassen, die Arbeitszeiten wurden zum Teil drastisch gekürzt, und auch die Löhne wurden immer niedriger. Es war das erklärte Ziel des Unternehmens in dieser Zeit, die Gewinnmarge so weit wie möglich zu erhalten; die Produktivität hatte, zumindest teilweise, den

Verlust an Nachfrage zu kompensieren, dementsprechend erhöhten sich die Anforderungen an die Fließbandarbeiter.

Parallel zu diesen Maßnahmen war sich die Geschäftsführung darüber im klaren, daß die Zukunft noch mehr solchen Konstruktionen gehören würde, bei denen die Produktionskosten möglichst niedrig waren. Wahrscheinlich war es gerade diese große Weltwirtschaftskrise, die Fiat zeitweilig zu dem Produzenten preisgünstiger Klein- und Mittelklassewagen werden ließ, für die das Haus lange Zeit bekannt war. Daß »preisgünstig« natürlich elegantes Design und Spaß am Fahren nicht ausschloß, war für die Italiener dabei selbstverständlich.

Die neu zu schaffenden Modelle mußten also kostengünstig zu produzieren und perfekt für die Fließbandproduktion eingerichtet sein, Fahrfreude vermitteln, italienischem Stilgefühl entsprechen und billig sowie robust im Unterhalt sein, damit sie von der breiten Bevölkerungsmasse erworben werden konnten, der - nicht nur nach Meinung von Agnelli - die Vorzüge der wahren Mobilität noch immer vorenthalten wurden. Es war aber klar, daß es noch dauern würde, bis der gewünschte Wagen beim Händler zu erwerben sein würde.

Währenddessen arbeitete man in Turin verstärkt an der Nutzfahrzeug-Entwicklung und -produktion. Bereits 1928 hatte Fiat mit ersten Versuchen zur Verwendung von Heizöl in Dieselmotoren begonnen, um die Wirtschaftlichkeit dieser Motoren noch weiter zu steigern - dabei war ein 1250 PS starker Motor in das Schiff MS Mauly installiert worden. Die Ergebnisse dieser Entwicklungen flossen dann wieder in die Konstruktion verbesserter Dieseltriebwerke ein, die von 1931 an dann bei Fiat-Lkw's in Serie gingen. Im Jahr zuvor war der 621 P in Produktion gegangen, der erste dreiachsige Lkw aus Turin, der 1932 durch den 632 N und 634 N ergänzt wurde. Und 1932 war auch die Produktion des ersten Ketten-Schleppers, Modell 700 C, angelaufen. Im selben Jahr kam auch das Werk »Grandi Motori« in die Schlagzeilen der Presse, als es für die *Oceania* eine 22000 PS starke Motorengruppe liefern konnte, eine Leistung, die nur zwei Jahre später mit den riesigen Zweitaktmotoren der *Vulcania* überboten werden sollte, die nicht weniger als 36000 PS leisteten. Und im Jahr zuvor hatte Fiat auch auf Rechnung der italienischen Staatseisenbahnen eine Serie von Dieseltriebwagen ausgeliefert, die mit 2 Motoren, 290 PS

Drei Bilder zum Thema »Littorina« - oben die Antriebseinheit des Schienenbusses, in der Mitte ein Bild von der Jungfernfahrt im Jahre 1933 und unten ein Plakat für dieses Transportmittel von M. Caffaro Rore.

»Die Kraft eines Elefanten« – Werbung für die Lkw-Typen 632 N und 634 N.

und 130 km/h den Namen Fiat nun auch auf den Schienen durch Italien trugen.

Und auch die Flugzeug-Werke des Unternehmens produzierten und entwickelten fleißig weiter. 1934 erreichte Francesco Agello mit dem Wasserflugzeug MC 72, das von Fiat-AS 6-Motoren (2 × 12 Zylinder, 51 100 ccm Hubraum und 3100 PS Leistung) angetrieben wurde, einen absoluten Geschwindigkeitsweltrekord von 709,209 km/h, der bis heute nicht mehr überboten wurde, und ein Jahr später hatten sich die zweimotorigen Eindekker G 18 und APR 2 einen beachtlichen Anteil an dem Flugzeug-Park der europäischen Fluggesellschaften gesichert. Man sieht, Fiat war in der Tat zu Lande, zu Wasser und in der Luft vertreten, so wie es die Gründungs-Urkunde von 1899 vorgesehen hatte.

Im Automobilbau war es nun die wichtigste Aufgabe, noch während der großen Krise jenes Modell zu entwickeln und zum Laufen zu bringen, das nach den schlechten Zeiten für große Verkaufsziffern sorgen sollte.

Während sich ein Teil der Ingenieure noch damit beschäftigte, das bestehende Programm zu überarbeiten – aus dem 514 wurden sportliche Varianten geschaffen, der 514 S, der 514 MM (für Mille Miglia), der 514 CA (für Coppa delle Alpi) und der 514 mit dem längeren Radstand und der Karosserie des Sechszylinders 522 (er bekam den Namen 515) –, beschäftigte sich ein anderes Team mit dem Typ 508, der am 12. April 1932 auf dem Mailänder Autosalon Furore machen sollte. Der 508 sollte unter dem Namen »Balilla« berühmt werden: der Balilla war eine Offenbarung für das Publikum, und er sollte der Wagen werden, der es tatsächlich auch einem Publikum mit kleinerem Einkommen ermöglichte, sich einen Wagen zu kaufen. Für die Italiener wurde der Balilla der Wagen, der die Fahrgewohnheiten so veränderte, wie es das Ford-T-Modell in den USA getan hatte. Schon wegen seiner niedrigen Unterhaltskosten eroberte der Balilla auf Anhieb das Herz der Italiener, und da Agnelli gleich einige Varianten auf den Markt brachte – einen zweisitzigen Spider für 9900 Lire, eine zweitürige Limousine für 10 800 Lire und ein viersitziges Kabriolett für 11 950

Ein 621 PN in Aktion – Propaganda war auch im Jahre 1934 bereits mit Lautstärke verbunden (unten links).

Einer der ersten Fiat-Raupenschlepper: Der Typ 50 L fand auf Anhieb sein Publikum (unten rechts).

Lire –, konnte auch jeder Kaufinteressent »sein« Automobil finden.

Natürlich hatte Fiat entsprechend die Werbetrommel gerührt; auf dem Werbeplakat stand der Slogan: »Endlich das Volksauto, ein Geschenk von Fiat an die Italiener – der neue Balilla«. Kein Wunder, daß bereits in den ersten Jahren vom 508 mit Dreiganggetriebe 41 395 Exemplare verkauft wurden. 1934 wurde der 508 dann mit einem Vierganggetriebe ausgeliefert – und bis 1937 verließen weitere 71 700 Exemplare die Fließbänder, auch wenn der Preis für die zweitürige Limousine auf 11 250 Lire angehoben wurde. Die viertürige Variante kostete 1700 Lire mehr.
Besonders beliebt waren die sportlichen Varianten des Balilla – der 508 S »Balilla Sport« leistete bis zu 36 PS, dementsprechend stieg die Höchstgeschwindigkeit auf 110 km/h an. Und für die reizvolle, kleine zweisitzige Karosserie war das Haus Ghia zuständig, dem mit diesem Wagen ein Glücksgriff gelungen war. Zahllose Rennfahrer stürzten sich auf den 508 S und setzten ihn erfolgreich auf allen Rennstrecken ein – wobei sie die Wahl zwischen zwei verschiedenen Karosserievarianten hatten: dem 508 S Coppa d'Oro (dessen Kotflügel in die Karosserie integriert waren) und dem 508 S Mille Miglia, bei dem die Kotflügel nur über die Vorderräder gezogen wurden. Von 1932 bis 1934 hatte der Motor 30 PS Leistung bei 4000/min, dann sorgten eine höhere Verdichtung (7,1:1 statt 7,0:1) und weitere Motormaßnahmen für die bereits erwähnten 36 PS bei ebenfalls 4000/min.

Unter den »Tunern« war das Haus Siata mit die erfolgreichste Marke: Hier brachten ein Kompressor und ein Cozette-Vergaser 48 PS bei 4800/min eine Höchstgeschwindigkeit von bis zu 154 km/h. In dem seit 1933 lieferbaren aerodynamischen Coupé war dieses Triebwerk nahezu unschlagbar, wie die Klassensiege bei der Mille Miglia der Targa Florio und bei anderen bedeutenden Rennen beweisen.

Um die Balilla-Legende zu vervollständigen, sei auch noch kurz auf den 508 M hingewiesen, dessen »M« verdeutlicht, für wen diese Variante entwickelt wurde: für das Militär. Der 508 M hatte Räder mit größerem Durchmesser, kürzere Hinterachs-Übersetzungen und weitere kleinere Veränderungen, die dem Militär-Balilla im Gelände größere Freiheiten ermöglichten.

Mario Sironi schuf 1934 dieses Plakat anläßlich des Geschwindigkeits-Weltrekords von Agello mit einem Fiat AS6-Flugzeugmotor.

Ein Fiat 508 Spider, der 1931 an einer Zuverlässigkeitsfahrt teilnahm (Mitte).

Der 508 CMM war bei der Mille Miglia sehr erfolgreich, da die Karosserie – frei nach Wunnibald Kamm – den 30 PS zusätzliche Höchstgeschwindigkeit verlieh (unten).

Neben dem Balilla, der dem Hause Fiat die Kunden erschloß, die nicht so viel Geld für einen Wagen ausgeben wollten und konnten, war der Typ 518 – bekannter unter dem Namen »Ardita« – das Auto für die etwas Wohlhabenderen: Für die Version mit dem kürzeren Radstand (dem 518 C mit 2700 Millimeter Radstand) mußten 20 500 Lire angelegt werden – der 518 L (mit 3000 Millimeter Radstand) kostete 22 500 Lire.
Der Ardita konnte problemlos als der »größere Bruder« des Balilla angesehen werden: Der 1758 ccm große Vierzylinder (Bohrung × Hub –

»Der Wagen, auf den Sie gewartet haben« - eine Werbung für den 514 der Deutschen Fiat-Automobil-Verkaufs AG (oben links).

1930 machte das Haus für den 700 A-Traktor diese bemerkenswerte Werbung (oben rechts).

Der 508 S Ballila Sport war Mitte der 30er Jahre einer der Traum-Sportwagen schlechthin (unten links).

Die Basis-Version: So sah der 508 Ballila als schlichte Limousine aus (unten rechts).

78 × 92 Millimeter) leistete bei 3600/min 40 PS und erreichte eine Höchstgeschwindigkeit von 100 km/h. Wie sehr man in den vergangenen Jahren gelernt hatte, leichter zu konstruieren, zeigte sich beim Leergewicht: der Ardita wog nur noch 1185 Kilogramm; damit hatten die 40 PS knapp 400 Kilogramm weniger zu bewegen, als die 52 PS des Typs 524 aus dem Jahr 1931 noch zu bewältigen hatten.
Der Ardita leitete aber auch optisch ein neues Zeitalter ein - er war der erste Fiat mit einem V-förmig geteilten aerodynamisch ausgebildeten Kühlergrill, und er verzichtete auch als erster Wagen des Hauses auf die große Sonnenblende, die bisher alle Wagen geschmückt hatte.
Was die verkauften Stückzahlen betraf, war der Ardita nicht ganz so erfolgreich, wie man sich in Turin das erhofft hatte; ganze 7452 Exemplare wurden von 1933 bis 1938 ausgeliefert. Und das, obwohl man rasch noch eine 2-Liter-Version mit

45 PS und einen 2,5-Liter-Sechszylinder mit 52 oder 60 PS Leistung nachgeschoben hatte.

Der nur mäßige Erfolg des Ardita war aber auch auf den Fiat 1500 zurückzuführen, der auf dem Automobil-Salon in Mailand im November 1935 Premiere feierte. Erstmals hatten die Turiner einem neuen Wagen weder eine Typ-Bezeichnung noch einen Namen gegeben - der Hubraum-Inhalt genügte für die Klassifizierung.

Der »1500« war eine der Sensationen des Automobil-Salons: Mit seiner ausgefeilten Aerodynamik und seiner modernen - um nicht zu sagen »avantgardistischen« - Form beeindruckte er nicht nur die Kundschaft, sondern auch die Konkurrenz. Um zu dieser Form zu gelangen, hatten die Techniker sich erstmals längere Zeit in einem Windkanal aufgehalten. Der 1500 hatte aber auch unter dem schönen Blechkleid etliche interessante Lösungen zu bieten: So bestand das gesamte Chassis aus einem zentralen Längsträger, auf das die Karosserie mit einem hölzernen Gerippe - das den Wagen geräuscharm machen sollte - gesetzt wurde. Während hinten noch immer die bewährte Starrachse montiert war, sorgte an der Vorderseite eine Einzelrad-Aufhängung für ein bis dato nicht gekanntes Fahrvergnügen.

Der Reihen-Sechszylinder war ebenfalls eine völlige Neukonstruktion: Hier erlaubte eine obenliegende Nockenwelle weiter gestiegene Drehzahlen - der 1493 ccm große Motor entwickelte seine 45 PS bei 4400/min. Die Höchstgeschwindigkeit lag bei 115 km/h, und die Verbrauchswerte bezifferrn zeitgenössische Fahrberichte in der Größenordnung von zwölf Liter. Der 1500 war in der Tat ein hochmodernes Auto, das zu einem Preis von 21 500 Lire von 1936 bis 1948 in 42 500 Exemplaren verkauft wurde. Und 1948 war die Karriere dieses Wagens noch immer nicht vorbei - der Sechszylindermotor und das Fahrwerk wurden bis 1950 beibehalten.

Der 1500 hatte im Jahr 1935 gezeigt, daß Fiat als eines der ersten Unternehmen der Welt den Übergang von den alten, behäbig wirkenden Karosserien auf die aerodynamisch durchgestalteten Formen geschafft hatte, die von nun an dominieren sollten. Daß der 1500 seine Form und seine Technik bis zum Jahr 1948 beibehalten würde, konnte 1935 auch noch niemand ahnen, aber diese Tatsache war ein Beweis dafür, wie groß der Schritt in die Zukunft Mitte der dreißiger Jahre gewesen war.

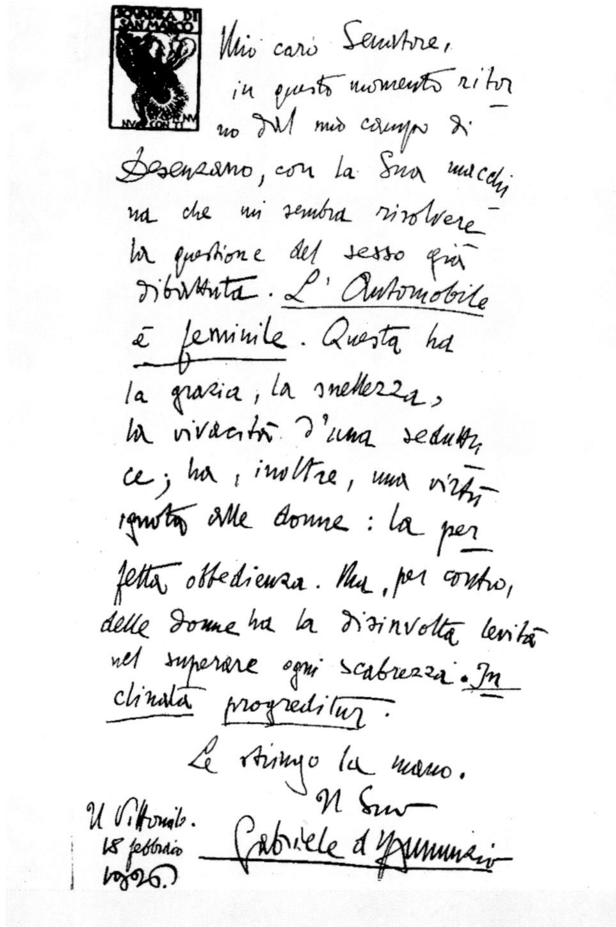

Mio caro Senatore,
in questo momento ritorno dal mio campo di Desenzano, con la Sua macchina che mi sembra risolvere la questione del sesso già dibattuta. L'Automobile è feminile. Questa ha la grazia, la snellezza, la vivacità d'una seduttrice; ha, inoltre, una virtù ignota alle donne: la perfetta obbedienza. Ma, per contro, delle donne ha la disinvolta levità nel superare ogni scabrezza. Inclinata progreditur.
Le stringo la mano.
Il Suo
Gabriele d'Annunzio
Il Vittoriale.
18 febbraio
1926.

Aber noch immer war Giovanni Agnelli nicht ganz zufrieden: Der Balilla war ein riesiger Erfolg geworden - aber dem Senator schwebte ein noch preiswerterer Wagen vor, den sich auch diejenigen würden leisten können, die bisher überhaupt nicht daran gedacht hatten, sich einen Wagen zu kaufen. Und er hatte eine Idee.

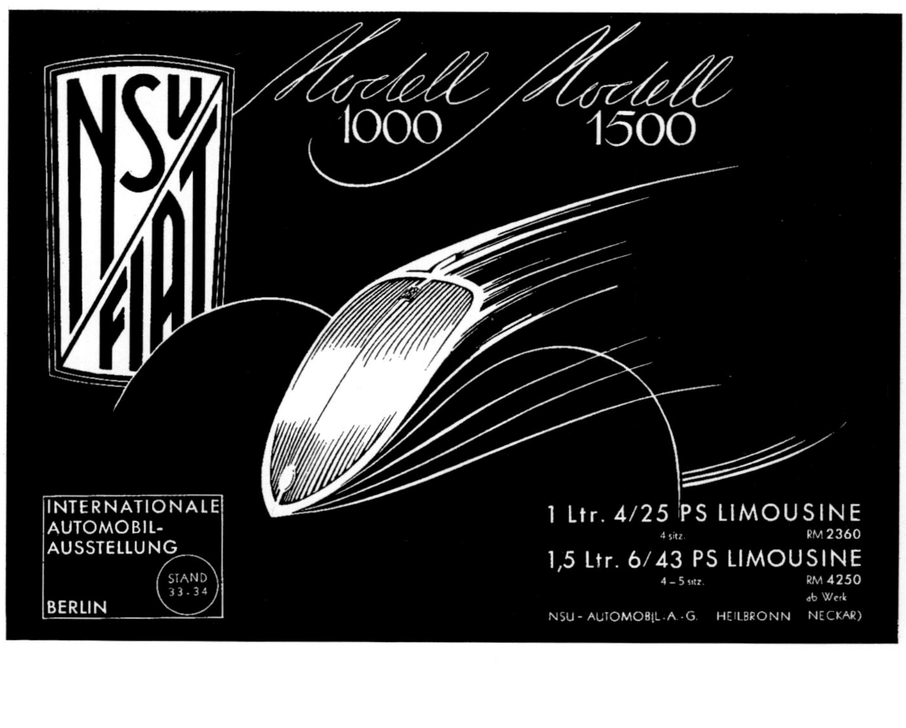

Giovanni Agnelli fragte niemand geringeren als Gabriele d'Annunzio, ob das Automobil weiblich oder männlich sei - die klare Antwort des italienischen Dichters: »L'Automobile è feminile« - das Auto ist weiblich.

Elegant und gut gestaltet: Die Fiat-Werbung für die Automobil-Ausstellung in Berlin 1936 (unten).

Der Stand des Hauses Fiat-NSU in Heilbronn auf der Automobil-Ausstellung in Berlin.

Mit drei Triebwerken: Die Fiat G2 aus dem Jahre 1932.

Der Fiat 1500 hatte einen Reihen-Sechszylinder mit 45 PS Leistung und wurde von 1935 bis 1948 gebaut (unten).

»Giacosa, Senator Agnelli möchte ein sparsames Kleinauto zu einem Verkaufspreis von 5000 Lire. Fühlen Sie sich in der Lage, dafür ein Chassis zusammen mit dem Motor zu entwerfen?« So leitet Dante Giacosa, der über vier Jahrzehnte hinweg einer der maßgebenden Konstrukteure bei Fiat war, in seinen Memoiren das Kapitel III – Das Projekt »Zero A« des Modells 500 »Topolino« – ein. Und weiter heißt es:

»Mit diesen Worten empfing mich Antonio Fessia eines Morgens in seinem Büro im obersten Stockwerk von Lingotto. Meine Antwort kam sofort und bestimmt: ›Sicher fühle ich mich hierzu imstande‹; ich konnte meine Freude nicht verhehlen. Fessia hatte wahrscheinlich die Aufforderung des Senators in derselben Weise aufgenommen, aber jetzt, nachdem er darüber nachgedacht hatte, verharrte er in Schweigen, vielleicht weil er sich Sorgen machte, daß vom Erfolg dieses Unternehmens seine Zukunft abhängen könnte. Er hatte einen Ruf und eine ausgezeichnete Stellung zu bewahren. Ich hingegen mußte mir meine Zukunft noch erobern. Und ich machte mir keine Sorgen, so sehr war ich von meiner Leidenschaft für das Projekt, für das Entwerfen in Anspruch genommen.«

Giacosa sollte der richtige Mann für das wichtigste Projekt von Fiat werden: »Es war eine unvergeßliche Kraftleistung. Während im Technischen Büro für Karosseriebau der Ingenieur Schaeffer Modellzeichnungen entwerfen ließ, die sich an den für den ›1500‹ verwendeten Stil anlehnten, wobei er einer gewissen amerikanischen Tendenz folgte, unterrichtete ich mich über die neueste Entwicklung

bei den Motoren, Fahrgestellen, Radaufhängungen und anderen Bestandteilen.

Die Wahl der Zylinderzahl war eine Sache des Augenblicks: vier Zylinder. Die Lage des Motors: vorn; die Antriebsräder: hinten. Wir zogen die Lösung des Vorderradantriebs nicht in Betracht. Zu wach war noch die Erinnerung an einen etliche Jahre zuvor konstruierten Kleinwagen mit Vorderradantrieb und an den verhängnisvollen Unfall während der Probefahrt, an der der Senator selbst als Beifahrer teilgenommen hatte. Dieses Ereignis begründete eine echte Abneigung gegen den Vorderradantrieb, die lange andauerte und von mir und meinen Mitarbeitern viel Geduld verlangte, um den Vorstand zu überreden, das erste Auto mit Vorderradantrieb fast dreißig Jahre später in Produktion zu nehmen.«

Trotz aller zuweilen auftretenden Zweifel machte Giacosa weiter: »Nachdem ich das Gewicht aller Bestandteile ausgerechnet hatte, kam ich zu dem Schluß, daß es möglich wäre, ein Gesamtgewicht von 250 Kilogramm nicht zu überschreiten. Für die Karosserie war ein Gewicht von 180/200 Kilogramm vorgesehen. Bei einem Gesamtgewicht von 450 Kilogramm hätte so das Auto zu einem Kilopreis von 12 Lire verkauft werden müssen, gegenüber einem Kilogrammpreis von 17 Lire beim ›Balilla‹. Die Preisvorstellung des Senators schien wirklich unangemessen zu sein, aber trotzdem machten wir uns an die Arbeit.«

Das Ergebnis der zweijährigen Arbeit wurde am 15. Juni 1936 auf den Markt gebracht, und obwohl das Gewicht auf 535 Kilogramm angestiegen war, hatte der 569 ccm große Reihen-Vierzylinder (Bohrung x Hub - 52 x 67 Millimeter) mit seinen 13 PS bei 4000/min mit dem Leichtgewicht wenig Probleme. Der kleine Zweisitzer eroberte auf Anhieb das Herz der Autofahrer - und seine 85 km/h machten ihn trotz seiner winzigen Ausmaße und seines kleinen Motors zu einem höchst schnellen und lebendigen Automobil. Giacosa hatte konsequent auf Leichtbau und Aerodynamik geachtet, deshalb war beispielsweise der Motor vor der Vorderachse montiert und hatte seinen Wasserkühler hinter dem Triebwerk; nur so konnte der Kühlergrill entsprechend geneigt werden. Vorne hatte der »Topolino« (»Mäuschen«) - diesen Spitznamen hatte der Fiat 500 rasch verpaßt bekommen - wieder eine unabhängige Radaufhängung, hinten sorgte eine Starrachse mit hydraulischen Stoßdämpfern für die Radführung.

Vier Variationen zum Thema »Topolino«: Oben eines der ersten Fahrzeuge bei einer Erprobung in den Alpen - darunter ein Gips-Modell aus dem Jahre 1936. Das Topolino-Montage-Band stand 1937 in Polen und (unten) ein Schnittmodell des Fiat 500, das demonstriert, wie ein vorneliegender Motor selbst auf kürzestem Radstand für einen erstaunlichen Innenraum sorgen kann.

Auch Künstler befaßten sich mit Lingotto: C. Carrà schuf 1937 diese Zeichnung des unglaublichen Werks mit der Einfahrbahn auf dem Dach – und natürlich kreisten auch ein paar Flugzeuge um die Fabrik.

Zwar konnte der angestrebte Verkaufspreis von 5000 Lire nicht eingehalten werden; der Preis von 8900 Lire war aber immer noch unvergleichlich niedrig und bewirkte einen Auftragseingang, den sich nur die kühnsten Optimisten in der Entwicklungsabteilung vorgestellt hatten.

Der Topolino war der erste Kleinwagen der Welt, der in Großserie montiert wurde; mit seinem bis dahin für unerreichbar gehaltenen Preis machte das »Mäuschen« die Freuden des Autofahrens auch für untere soziale Schichten möglich. Und Autofahren bedeutet ja nicht nur Mobilität zum Vergnügen, sondern ein solches Gefährt ermöglichte ja auch Geschäftsgründungen, die Ausweitung von Liefermöglichkeiten, neue Kommunikationswege. Bis in das hinterste Dorf Kalabriens konnte nun die Mobilität vordringen, und davon profitierten nicht nur die Autofahrer, es etablierten sich auch Auto-Vertretungen, die wiederum Werkstätten, Tankstellen usw. nach sich zogen. Ausgebildete Mechaniker machten sich dann ihrerseits selbständig, bildeten Lehrlinge aus – kurz: das soziologische Gefüge (vor allem Süditaliens) wurde in den dreißiger Jahren erheblich verändert.

Natürlich waren an diesen Veränderungen auch die Faschisten beteiligt, die – ähnlich wie die Nationalsozialisten in Deutschland – sehr früh erkannt hatten, daß der Drang der Menschen nach Mobilität ein vorzügliches Propagandamittel war; auch in Italien wurde landesweit mit dem Bau von Fernverkehrsstraßen und von Autobahnen begonnen. Die großen Rennen wie die Targa Florio und besonders natürlich die Mille Miglia wurden zu

großen Propagandaveranstaltungen. Da sich Fiat ja seit 1927 nicht mehr am Grand-Prix-Sport beteiligte – hier waren Maserati und Alfa-Romeo die Exponenten italienischer Motorbaukunst – stürzten sich die Privatfahrer auf die Erzeugnisse des Hauses Fiat, da diese zumindest von den Ausgangskosten her noch leistbar waren.

Bei Autorennen freilich konnte der Topolino eindeutig nicht mithalten – auch wenn es neben der Cabrio-Limousine und der Limousine noch einen in Deutschland montierten Roadster gab, war auch diese Variante nicht gerade als renntauglich zu bezeichnen, da 13 PS auch bei geringem Gewicht auf der Rennstrecke einfach zu wenig Pferdestärken waren.

Der Topolino, dessen Karriere sich noch bis weit in die fünfziger Jahre erstrecken sollte – erst 1955 kam der »Nuova 500« als Nachfolger auf den Markt – wurde von 1936 bis 1954 in nicht weniger als 550 000 Exemplaren gebaut. Ein Rekord, den selbst Giacosa sich nicht hätte träumen lassen: »Viele Hersteller hatten versucht, ähnliche Projekte zu verwirklichen, aber es war ihnen nicht gelungen. Wir hatten es unternommen, einen kleinen Wagen zu konstruieren, der all die besten Elemente der großen Fahrzeuge in sich vereinen sollte – aber es hat uns viele schlaflose Nächte gekostet.«

Fiat war zur Hochform aufgelaufen: Nur ein Jahr später, 1937, sollte der Balilla 1100 auf den Markt kommen, der einen vergrößerten und überarbeiteten Motor mit nunmehr 32 PS Leistung besaß und der eine Karosserie bekommen hatte, die sich eng an den 1500 anlehnte. Der 508 C, so die werksinterne Bezeichnung, sollte in den nächsten zwei Jahren zum meistverkauften Fahrzeug von Fiat werden. Nicht weniger als 250 000 Balilla 1100 wurden ausgeliefert – viele davon kamen als Geschäftswagen und als Taxis zur Verwendung. Aber es gab auch formschöne Cabriolets, die für rund 22 000 Lire begeisterte Käufer fanden. Und wer gerne mehr Innenraum haben wollte, griff zum 508 L, der 2700 Millimeter Radstand hatte, gegenüber den 2420 Millimeter des »normalen« 508 C.

War die Basisversion mit ihren 850 Kilogramm Leergewicht bereits ein munteres Auto – die 32 PS genügten für immerhin 110 km/h –, so konnten die 508 C M.M.-Varianten noch etwas mehr bieten. M.M. steht hier wiederum für Mille Miglia, und als dieses aerodynamisch durchgeformte zweisitzige Coupé 1938 erstmals bei jenem berühmten Rennen an den Start ging, war auch schon klar, wer den Klassensieg in der Kategorie bis 1100 ccm holen würde. Als das 1620-Kilometer-Rennen vorbei war, hatte der M. M. mit einer Durchschnittsgeschwindigkeit von 112 km/h gewonnen. Der 42 PS starke und 820 Kilogramm leichte Wagen sollte bis in die frühen fünfziger Jahre hinein in seiner Klasse dominieren - und praktisch alle Tuner und Rennfahrer hatten mit dem Balilla 1100 ein Fahrzeug an der Hand, mit dem sie Siege und Ehren gewinnen konnten.

1939 wurde der Balilla 1100 nochmals völlig überarbeitet: Er bekam nun den Namen »1100« und leistete bei 4400/min 42 PS. Zusammen mit dem revidierten Motor erhielt der 1100 auch eine völlig neue Frontpartie, die er bis zur Produktionseinstellung 1953 behalten sollte. Es gab nun sechs verschiedene Karosserievarianten, darunter natürlich auch Versionen, die für das Militär entwickelt wurden. Bis zur Produktionseinstellung nach 15 Jahren wurde natürlich noch manches geändert - das Triebwerk war sogar in modifizierter Form noch bis 1970 im Programm.

Die Stückzahlen waren erstaunlich: Bis 1948 wurden 68930 Exemplare des 1100 ausgeliefert. Und wenn man alle Varianten von 1935 bis zum endgültigen Ende im Jahr 1969 zusammenrechnet, kommt man sogar auf die Zahl von 2025000 ausgelieferten Fahrzeugen.

Die dreißiger Jahre hatten Fiat ungeahnte Erfolge gebracht: Man hatte sich in Italien eindeutig an die Spitze der industriellen Entwicklung gesetzt: die Typen 1500, 1100 und besonders natürlich der Topolino hatten das Automobil zu einem Verkehrsmittel gemacht, das sich wirklich so gut wie alle Bevölkerungsschichten leisten konnten. Die Zahl der Arbeiter war von 20934 im Jahr 1930 über 33010 im Jahr 1935 auf nunmehr 52321 (1940) angewachsen. Man hatte damit begonnen Know-how in alle Welt zu exportieren: Nachdem bereits 1927 Reparaturwerkstätten für Lastwagen in die UdSSR geliefert worden waren, folgte 1931 ein Kugellagerwerk und ein Jahr später eine Leichtmetallgießerei. 1933 begannen Fiat-Spezialisten damit, in China eine Flugzeug-Montagefabrik einzurichten, und 1934 lief in Polen die Montage von Fiat-Polski-Automobilen an. In diesem Jahr eröffneten auch in Frankreich die SIMCA-Werke die Produktion - hier hatte der Pariser Schrottgroßhändler und Fiat-Generalimporteur Enrico Teodoro Pigozzi mit Fiat-Unterstützung Turiner Lizenzprodukte als Simca-Modelle zu verkaufen, wobei die Buchstaben SIMCA hier für »Société Industrielle de Mécanique et de Carrosserie Automobile« standen.

Ende der dreißiger Jahre hatte Fiat in 34 Ländern Generalvertretungen oder eigene Importeure sitzen. Agnelli hatte sein Vorhaben, international erfolgreich zu sein, durchgesetzt. Und er hatte vorgesorgt; 1939 wurde ein neues Werk eingeweiht: Mirafiori.

Und wieder einmal war es das modernste Werk seiner Zeit - all die Erkenntnisse, die man in den vergangenen Jahren gesammelt hatte, waren in Mirafiori eingeflossen - kein Wunder, daß nun eine Jahresproduktion von bis zu 65000 Wagen möglich war. Die Anlage umfaßte eine Million Quadratmeter, auf denen 22000 Arbeiter in zwei Schichten arbeiten sollten - und daneben wurde

Der Fiat 1100 wurde von 1939 bis 1948 gebaut: Er erreichte mit seinen 32 PS immerhin 110 km/h.

Der letzte Versuch von Fiat vor dem Krieg, mit einem »großen« Modell zu reussieren - der »2800« kam jedoch zu spät: Von 1938 bis 1944 wurden nur 621 Fahrzeuge montiert.

Mit dieser witzigen Werbung, die sich eng an die der 30er Jahre anlehnte, trat Fiat in den 80er Jahren in Großbritannien auf.

eine moderne Versuchsstrecke installiert, da die Einfahrtbahn auf dem Dach von Lingotto den immer weiter gestiegenen Anforderungen nicht mehr gewachsen war.

Und wieder einmal machte sich Fiat an einen großen, einen repräsentativen Wagen: den »2800«. Für 60 000 Lire gab es einen Reihen-Sechszylinder mit nunmehr 2852 ccm Hubraum (Bohrung × Hub - 82 × 90 Millimeter), der bei 4000/min 85 PS leistete. Der 1855 Kilogramm schwere Luxuswagen erreichte 130 km/h und erinnerte äußerlich stark an den 1100, dessen Kühlergrill und Form als Vorbild gedient hatten.

Dem 2800 war kein großer Erfolg mehr beschieden: Er wurde kurz vor Ausbruch des Zweiten Weltkriegs vorgestellt, und ganze 621 Exemplare wurden bis zur Produktionseinstellung 1944 ausgeliefert. Die meisten davon gingen als Kommandeursfahrzeuge an das Militär - wer hatte bei der Zivilbevölkerung in diesen Zeiten schon die Möglichkeit, um sich einen solch teuren und luxuriösen Wagen zu leisten?

Einige Fahrzeuge wurden auch als 2800 CMC ausgeliefert - es war dies ein offener viertüriger Militär-Wagen fürs Gelände, dem man mit höherer Bodenfreiheit einige Geländegängigkeit anerzogen hatte, und der beim Militär sehr beliebt war.

Der 2800 hätte durchaus eine größere Rolle spielen können, er war nicht ohne Eleganz - und die Werbung im Art Déco-Stil, die Fiat sich für diesen Wagen hatte einfallen lassen, läßt noch heute ahnen, für welche Käufer-Klientel der Wagen gedacht war - jedoch: er kam zum falschen Zeitpunkt. Wieder einmal hatten Eleganz und Stil zurückzustehen - der Zweite Weltkrieg sollte den Gedanken an solche Pretiosen vertreiben.

Das Haus Bertone schuf dieses hinreißende Cabriolet auf Basis des Fiat 2800 im Jahr 1939.

Werbung, wie man sie vor dem Krieg zelebrierte: A. Bacci malte diese Szene als Werbung für den 2800 im Jahr '39 (unten).

Der Neubeginn

Verglichen mit anderen Nationen, die unter dem Zweiten Weltkrieg gelitten hatten, waren die wirtschaftlichen Verhältnisse in Italien doch relativ erträglich geblieben; hier hatten keine Katastrophen stattgefunden, auch wenn die Situation natürlich nicht einfach gewesen war. Etwa zwei Millionen Italiener waren arbeitslos, und die Inflation bewegte sich auf einem hohen Niveau; aber Italien hatte das Glück, daß die Kriegsschäden an den Unternehmen nur etwa 1,8 Prozent des Firmenwertes betrugen. Deshalb waren die Möglichkeiten, die Wirtschaft wieder anzukurbeln, 1946 in Italien deutlich besser als in den anderen Ländern Europas.

Fiat mußte sich allerdings zu dieser Zeit mit der Tatsache abfinden, daß Senator Giovanni Agnelli, die Seele des Unternehmens, 1945 gestorben war. Agnelli hatte aus seiner Ehe zwei Kinder: Tochter Tina, bereits 1928 gestorben, und Sohn Edoardo, der 1935 im Alter von 43 Jahren bei einem Flugzeugabsturz ums Leben gekommen war. Edoardo hatte wiederum zwei Söhne und drei Töchter: den 1921 geborenen Giovanni Agnelli, seinen 13 Jahre jüngeren Bruder Umberto, der 1934 in Genf geboren wurde, und die 1922 geborene Susanna, die mit ihren Memoiren bekannt wurde, sowie zwei jung verstorbene Mädchen.

Senator Giovanni Agnelli wenige Jahre vor seinem Tod im Jahre 1945.

Natürlich war der 24jährige Giovanni 1945 noch nicht in der Lage, das Unternehmen zu leiten, und so wurde 1946 Vittorio Valletta zum Präsidenten ernannt. Valletta war der Mann, der bis 1966 an der Spitze des mittlerweile in »Fiat - Società per Azioni« umbenannten Unternehmens stehen sollte, wobei »Fiat S.p.A.« für »Fiat Aktiengesellschaft« stand (31. Mai 1943).

Im Frühjahr 1947 war die Inflation weiter im Steigen begriffen; in den ersten sechs Monaten erhöhten sich die Preise um über 50 Prozent. Deshalb begann der neue Finanzminister Luigi Einaudi unverzüglich damit, drastische Maßnahmen gegen die Geldentwertung einzuleiten. Zuerst hob er die von der Regierung festgelegten Preise auf; dann erhob er Steuern auf das Kapital, die Einkünfte und Ausgaben, und schließlich verfügte er einen Lohnstopp. So sorgte er in kürzester Zeit für ein Ende der Inflation - der Preisindex fiel sogar um drei Prozent -, aber zugleich bewirkten die Maßnahmen, daß die industrielle Produktion praktisch zum Stillstand kam.

Die neue Wirtschaftspolitik forderte klare Entscheidungen: Nur wer bereit war, zu rationalisieren und sich auf neue Märkte einzulassen, konnte mit Unterstützung des Staates rechnen. Wer nicht bereit war, auf diese Karte zu setzen, lief Gefahr, langfristig nicht mehr konkurrenzfähig zu sein. Tatsächlich sollte der mangelnde Mut mancher Unternehmer später an einem großen Teil der Pro-

bleme schuld sein, mit denen sich die italienische Industrie auseinanderzusetzen hatte.

Es gab aber auch Firmenchefs, die daran glaubten, daß die Situation nun für eine Vergrößerung der Produktion reif sei. Ein Teil der Unternehmer hatte seit 1946 danach gerufen, den Binnenmarkt zu vergrößern und zu erobern, und Vittorio Valletta hatte stets betont, daß die Zukunft dem Kleinwagen-Markt gehören würde. Valletta widersprach energisch all denen, die noch immer die antiquierte Auffassung vertraten, daß das Auto ein Geschöpf für die Reichen sei. Valletta stand hier völlig in der Tradition des Senators Agnelli, der ja stets für das Automobil als Volksfahrzeug eingetreten war. Valletta sah das Potential, das Personenwagen und Nutzfahrzeuge für die wirtschaftliche Entwicklung des Landes in sich bargen, und er traf die Entscheidung, daß sich Fiat mit Klein- und Mittelklassewagen auseinanderzusetzen habe und daß man hier die direkte Konkurrenz mit den Amerikanern suchen müsse, die zu diesem Zeitpunkt auf dem Gebiet der Automobil-Massenproduktion technologisch an der Spitze lagen. So wurde Fiat schon bald nach dem Krieg zu einem Unternehmen, das sich als eines der ersten in

Für den Fiat 500 C wurde selbstverständlich auch in Hongkong Werbung gemacht.

So sah die 500B-Montagelinie im Werk Mirafiori im Jahre 1948 aus (unten).

Europa der Aufgabe stellte, dem zu erwartenden Boom im In- und im Ausland mit Großserien zu begegnen.

Nachdem man bereits kurz nach dem Krieg schon wieder in der Lage war, bis zu 300 Fahrzeuge pro Tag zu bauen, hatte sich Fiat mit dem Problem auseinanderzusetzen, wie man die Fließbänder, die nur unerheblich zerstört worden waren, einerseits voll auslasten konnte, während man andererseits für den zu erwartenden Auftragseingang neuerere Maschinen installieren wollte. Ein weiterer wichtiger Faktor für verstärktes industrielles Wachstum war die Öffnung des heimischen Markts, der von einem Anstieg des Lohnniveaus und einer immer größeren Liberalisierung des Handels profitierte.

Der Glaube an das wirtschaftliche Wachstum, der auf einem stetigen Anstieg der Exporte basierte, wurde durch die amerikanische Hilfe unterstützt, die im Rahmen des Marshallplans in vielfältiger Weise geschah. Schon gegen Ende 1947 waren praktisch alle Werke, die während des Zweiten Weltkriegs zerstört worden waren, wieder in Betrieb, und die Industrie hatte damit begonnen, ins Ausland zu exportieren. Die Modernisierungsmaßnahmen hatten bei der Stahlindustrie, dem Schiffsbau und der Flugzeugindustrie voll gegriffen. Auf dem Automobilsektor übertraf die Anzahl der ausgelieferten Fahrzeuge rasch die Rekordzahlen der Vorkriegszeit - und allein zwischen 1949 und 1950 stieg die Produktion von 75000 auf 115000 Automobile.

Zu Beginn der fünfziger Jahre hatte sich die italienische Industrie - und natürlich auch Fiat - vom Krieg einigermaßen erholt. Bereits 1950 waren die jährlichen Bezüge, die industrielle Produktion und die Investitionen über den entsprechenden Ziffern aus der Vorkriegszeit angesiedelt, und die Lira war eine der stabilsten Währungen Europas geworden. Bei vielen großen und kleinen Unternehmen war die Modernisierungsphase abgeschlossen. Die Hilfe des Marshallplans lief allmählich aus, wirtschaftliche Unterstützung wurde nicht länger benötigt, die Nation konnte sich wieder selbst versorgen: Der Fortschritt wurde nun durch die eigene Stärke weitergetrieben.

Die italienische Industrie begann wieder, eine Rolle in der Welt zu spielen: Die durchschnittlichen Zuwachsraten lagen bei über sechs Prozent pro

Mit dem Typ 411R »Special« konnte Fiat seinen Marktanteil bei den Traktoren weiter erhöhen.

Jahr. Zu diesen Ziffern trugen - neben den immensen Zuwachsraten auf dem Binnenmarkt - einige weitere Faktoren bei: der schrittweise Eintritt Italiens in den internationalen Markt; der drastische Anstieg an Produktivität, der auf die Modernisierung des Maschinenparks zurückzuführen war, eine bislang unerreichte Stabilität der sozialen und wirtschaftlichen Verhältnisse und eine rigorose Kontrolle der öffentlichen Ausgaben, die für stabile Preise und einen vernünftigen Finanzausgleich sorgten. Diese finanzielle Unabhängigkeit hatte zwangsläufig zur Folge, daß die Unternehmen die neuesten Technologien einsetzen und so die Wünsche des Markts rasch erfüllen konnten.

Wie nicht anders zu erwarten, war das Haus Fiat bei diesem Aufstieg entscheidend beteiligt. Die Werke hatten vergleichsweise geringe Kriegsschäden davongetragen - und wieder einmal zahlte es sich aus, daß man stets konsequent auf neueste Modelle gesetzt hatte: Die Fiat-Vorkriegsfahrzeuge waren noch immer hochaktuell und moderner als manches, was die Konkurrenz zu bieten hatte, und mit dem Werk Mirafiori stand eine Produktionsstätte zur Verfügung, die in Italien und in Europa ihresgleichen suchte.

Einstweilen stützte man sich auf die bewährten Vorkriegsmodelle: den »500«, den »1100« (der als Kombi und erstes leichtes Nutzfahrzeug zum italienischen Wiederaufbau beitrug), den »1500« und die beiden LKW-Modelle 626 N und 666 N.

Dazu gab es ein großes Acker- und Raupenschlepper-Programm, dessen Spitzenmodell der Fiat 50 war, der über eine Zugkraft von nicht weniger als 40 Tonnen verfügte.

Bereits 1947 wurden auch die ersten Exemplare des dreimotorigen Zivilflugzeuges Fiat G.212 montiert, das 34 Passagiere befördern konnte. Außerdem lief die Produktion der Schulflugzeuge G 55 A und B an.

Im Rahmen seiner konsequenten Expansionspolitik hatte Fiat schon 1926 die 1906 gegründete »S.p.A. Società Piemontese Automobili« angegliedert. Fast gleichzeitig erfolgte die Übernahme der Turiner Autohäuser SPA (1923) sowie wenig später die der Firma »Ansaldo und Ceirano« (1930). Ceirano war übrigens jener Unternehmer, der 1899 seine Fahrradfabrik an Giovanni Agnelli verkauft hatte, um sich mit dem Vertrieb der Fiat-Modelle und der Konstruktion eigener Fahrzeuge selbständig zu machen; seine Unabhängigkeit sollte ganze 31 Jahre währen.

1937 kamen dann die LKW-Produktionsstätten des Hauses O.M. hinzu, wozu gesagt werden soll, daß das 1918 gegründete Unternehmen - O.M. stand für »Officine Meccaniche SA« - bis 1934 auch Personenwagen gebaut hatte, die sich durch ihre präzise Verarbeitung und ihre zahlreichen Sporterfolge auszeichneten; O.M. hatte beispielsweise bei der ersten Mille Miglia 1927 die ersten drei Plätze mit ihren 2-Liter-Sechszylindern belegt.

Solche Angliederungen sollten auch noch später erfolgen: 1969 übernahm Fiat die Firmen Lancia - der Ex-Werksfahrer Vittorio Lancia war seit 1906 selbständig und hatte sich mit seinen Fahrzeugen einen hervorragenden Namen gemacht - und Ferrari. Wobei Fiat bis zum Tode des legendären Commendatore Enzo Ferrari im Jahr 1988 einen Anteil von 50 Prozent hielt und für die Produktion der rassigen Straßensportwagen zuständig war. Enzo Ferrari hielt die anderen 50 Prozent und war für die Erfolge der Rennabteilung der Marke mit dem »Cavallino Rampante« auf gelbem Grund verantwortlich. Nach dem Tode von Enzo Ferrari fielen weitere 40 Prozent des Unternehmens an Fiat, während die restlichen zehn Prozent in den Händen des Ferrari-Sohns Pietro Lardi-Ferrari verblieben.

1987 sollte noch ein weiteres italienisches Juwel in den Besitz von Fiat übergehen: Alfa-Romeo, eine Marke, die seit den dreißiger Jahren einen legen-

Damals eine Notlösung - heute gesucht: Der 500 C »Giardiniera« mit Holzrahmen aus dem Jahr 1949.

Der 1100 S erreichte bei der Mille Miglia 1948 die Plätze zwei bis vier im Gesamtklassement - 401 Exemplare wurden gebaut (unten).

Zu Wasser, zu Land und in der Luft – das Fiat-Motiv tauchte auch auf der Aktie aus dem Jahr 1952 wieder auf.

dären Ruf genoß, wurde – nachdem der italienische Staat über Jahre hinweg versucht hatte, das Unternehmen über Wasser zu halten – ebenfalls an Fiat verkauft. Womit sich der Kreis auf seine Art und Weise schloß: Fiat, wo man sich jahrzehntelang gerade den Klein- und Mittelklassewagen gewidmet hatte, konnte als Lohn aller seiner Rationalisierungsmaßnahmen schlußendlich alle italienischen Konkurrenten eingliedern und so jene Vision eines Unternehmens (das allen Publikumsschichten alle Modell-Varianten in allen Preisklassen anbieten konnte) realisieren, die der Senator Agnelli bestimmt gutgeheißen hätte.

In der Nachkriegszeit lagen diese Entwicklungen jedoch noch in weiter Ferne: Zuerst einmal mußte die Modellpalette neu zusammengestellt werden.

Das erste Modell, das nach dem Zweiten Weltkrieg neu herauskam, war ein Sportwagen – der 1100 S. Man mag es heute kaum glauben, daß nach einem so furchtbaren Krieg zuerst ausgerechnet ein Sportwagen angeboten wurde. Es läßt sich vielleicht damit erklären, daß die Großserienfahrzeuge noch immer dem Stand der Technik entsprachen und daß der neue 1100 S bei den Rennen der Nachkriegszeit (die in Italien in größerer Zahl stattfanden) die beste Werbung für das Turiner Unternehmen darstellte. Der 1100 S war direkt von den erfolgreichen 508 C. M. M.-Modellen abgeleitet, wobei der Reihen-Vierzylinder dank einiger Modifikationen nun über 51 PS bei 5200/min verfügte. Die Höchstgeschwindigkeit war auf 150 km/h gestiegen – woran die aerodynamische ausgefeilte Karosserie nicht unbeteiligt war.

Von 1947 bis 1950 wurden exakt 401 Exemplare des 2150000 Lire teuren Coupés gefertigt und zum Großteil bei Rennen eingesetzt. Seine größten Erfolge feierte der 1100 S im Jahr 1948, als die drei Werkswagen bei der Mille Miglia auf Anhieb im Gesamtklassement die Plätze zwei bis vier belegten – hinter dem Ferrari 166 S von Clemente Biondetti und seinem Beifahrer Navone. Es war dies übrigens der erste Ferrari-Sieg bei jenem schweren Rennen. Wie beliebt (und bewährt) der Fiat 1100 S bei den Fahrern war, zeigt das Gesamtklassement: Dieser Wagentyp kam auf den Plätzen 2, 3, 4, 7, 8, 10, 11, 12, 14, 15 und 18 ins Ziel.

Auf dem Genfer Automobil-Salon war dann erstmals der 500 B zu sehen – im März 1948 präsentierte sich der »Topolino« zwar äußerlich nahezu unverändert, aber der 570 ccm große Vierzylinder war durch eine völlige Neukonstruktion ersetzt und besaß nun 16,5 PS bei 4400/min. Und am 15. September 1948 wurde auf dem Turiner Auto-Salon erstmals der »500 B Giardiniera« gezeigt, eine viersitzige Kombi-Variante des Topolino, die aus dem zweisitzigen Coupé ein alltagstaugliches Auto für die Familie und für den Kleinunternehmer machte. Während das Coupé für nunmehr 600000 Lire angeboten wurde, kostete die familienfreundliche Variante 775000 Lire – nicht sehr viel Geld in diesen Zeiten. Kein Wunder, daß vom 500 B innerhalb eines Jahres über 21000 Exemplare gebaut wurden.

Nur ein Jahr später – am 17. März 1949 – erschien der 500 C. Der neue Topolino sollte von 1949 bis 1955 gebaut werden – und seine Väter hatten dem neuen »Mäuschen« eine überarbeitete Karosserie und Aluminium-Zylinderköpfe mit auf den Weg gegeben. Dazu kam - erstmals bei Fiat serienmäßig - eine durch die Motorwärme beheizbare Windschutzscheibe, die bei schlechter Witterung entscheidend »zu besserem Durchblick« verhalf. An der Leistung hatte sich nichts verändert, und obwohl der Topolino durch den ungewohnten Luxus um zehn Kilogramm schwerer geworden war - er wog nun 610 Kilogramm anstatt 600 Kilogramm -, blieb auch das alte Temperament: Noch immer erreichte er auf ebener Strecke 95 km/h.

Der Preis war nur gering gestiegen: Das Coupé kostete nun 625 000 Lire und der ›Giardiniera‹-Kombi 795 000 Lire; kein Wunder, daß der »neue« Topolino bis zur Produktionseinstellung im Sommer 1955 in riesigen Stückzahlen die Fließbänder verließ: Nicht weniger als 376 370 Exemplare wurden ausgeliefert.

Im Jahr zuvor war der 1100 B erschienen, der nunmehr 35 statt 32 PS besaß und bis zum Frühjahr 1949 als Limousine und als Kombi im Angebot war - in diesen zwölf Monaten wurden über 25 000 Exemplare zu Preisen von 1 034 000 Lire (Limousine) und 1 225 000 Lire (Kombi) verkauft. Und auch der revidierte Typ 1500 D, der 1948 den seit 1935 im Programm befindlichen 1500 ablöste, war nur ein Jahr im Modellprogramm: Über 2800 Fahrzeuge wurden ausgeliefert, bevor im Frühjahr 1949 der 1500 E mit einer überarbeiteten Heckpartie herauskam. Mit dem 1500 E sollte dann für viele Jahre der letzte Fiat-Sechszylinder im Programm gewesen sein. Als die Produktion 1950 nach weiteren 1700 Exemplaren eingestellt wurde, löste ihn ein Vierzylinder ab - der 1400. Und es sollte bis zum März 1959 dauern, als der Fiat 1800 auf dem Genfer Auto-Salon wieder mit einem Sechszylinder antrat.

Der 1100 E, der bis 1953 bei den Händlern zu erwerben war, profitierte ebenfalls von der Karosserieentwicklung am 1500 E; aber es war nicht nur die neugestaltete Heckpartie, die die Italiener schwarenweise den 1100 E erwerben ließ; es war auch die Zuverlässigkeit und das mittlerweile perfektionierte Werkstättennetz, das dem 1100 E über 58 000 zufriedene Kunden bescherte.

1950 war endlich der Wiederaufbau aller im Krieg zerstörten Werksanlagen abgeschlossen. Nun konnte man sich mit voller Kraft der Weiterent-

Von Damen umschwärmt: Der 1400 B, der von 1956-58 verkauft wurde. Darunter ein 500 C von 1949 mit Rollverdeck. Der 500 C »Belvedere« von 1952 verfügte über eine praktische Hecktür, während der 1500 E (1949-1950) der letzte Vertreter des 1,5 Liter Reihen-Sechszylinders war, dessen Produktion noch vor dem Krieg begonnen hatte (ganz unten).

Giorgio de Chirico: Fiat 1400. Mit diesem Gemälde feierte der berühmte Maler das 50jährige Jubiläum des Hauses und das neue Modell.

wicklung und der Neukonstruktion der Modellpalette widmen. Im März dieses Jahres war dann auch endlich die erste Fiat-Nachkriegskonstruktion auf dem Genfer Automobil-Salon zu sehen: der 1400. Schon äußerlich war zu erkennen, daß dieses völlig neue Modell ein Kind der Nachkriegszeit war; die Ponton-Karosserie wirkte hochmodern und elegant. Und natürlich hatte man der 1275000 Lire teuren Limousine auch rasch ein fesches Kabriolett zur Seite gestellt, das nicht nur 90 Kilogramm schwerer war als die 1130-Kilogramm-Limousine, sondern auch mit 1675000 Lire beträchtlich teurer.

Unter der eleganten Hülle gab es reichlich Platz für vier Personen und deren Reisegepäck; und da der 1400 der erste Fiat war, der über eine Heizung und ein Gebläse serienmäßig verfügte, wurde auch das Innenraumklima im wahrsten Sinne des Wortes besser denn je. Für den Vortrieb sorgte ein völlig neuer Vierzylinder, der über die Jahre - in diversen Modifikationen - noch manch andere Baureihe antreiben sollte. Bohrung und Hub waren auf 82 und 66 Millimeter festgelegt worden. Daraus ergab sich ein Hubraum von 1395 ccm, und die Leistung wurde auf 44 PS bei 4400/min

Von dem 1400 Cabriolet (1950-1954) konnten nur wenige Exemplare verkauft werden - die Zeiten waren Luxuswagen dieser Art noch nicht gesonnen.

Die Limousine des 1400 war schon beliebter - über 77000 Exemplare sollten gebaut werden (unten).

festgelegt. Die Höchstgeschwindigkeit pegelte sich bei 120 km/h ein, und damit war ein Großteil des Publikums mehr als zufrieden.

Der Fortschritt war aber auch noch mehr in der Tiefe zu finden: Der Tipo 101 - so die werksinterne Bezeichnung - war der erste Fiat mit einer selbsttragenden Karosserie. Dante Giacosa schreibt dazu: »Der ›1400‹ bewies die Möglichkeit, auch ohne Fahrgestell ein geräuscharmes und robustes Auto in Serienproduktion billig herzustellen. Ich hatte die Kampagne für die selbsttragende Karosserie mit dem Projekt des ›700‹ im Jahr 1936 begonnen, als Lancia seine Modelle mit selbsttragender Karosserie schon seit einigen Jahren herstellte - und uns gelang es erst 1950, sie in der Produktion zu sehen. So groß war bei Fiat der

Ein typischer Entwurf für das Haus Fiat von Mario Sironi.

Ein Ausschnitt aus der Ausstellung »Futorismo et Futurismi«, die 1986 im Palazzo Grassi stattfand (rechts).

hartnäckige Respekt vor der Tradition und die Angst, einen Fehler zu machen, bei denen, welche die ihnen von der Verantwortung für die Produktion übertragene Macht innehatten.«

Der 1400 wurde in Italien aber auch noch aus anderen Aspekten ein Meilenstein: Nur wenige Monate vor dem Erscheinen dieses Wagens hatte Fiat sein 50jähriges Firmenjubiläum gefeiert. So ergab es sich, daß der 1400 den Zunamen »Compleano per 50 anni«, »Der 50. Geburtstag« bekam. Zu seiner Berühmtheit trugen auch zwei Gemälde des bekannten Malers Giorgio de Chirico bei, die dieser im Auftrag des Unternehmens 1949 und 1950 gemalt hatte. Das eine Bild zeigt sechs nackte Gestalten, die in einem Fabrikgebäude gemeinsam ein Schwert schmieden - der Name lautet: »Fucina di Vulcano« oder: Die Schmiede des Vulkans. Und das andere Gemälde zeigt im Vordergrund einen neuen 1400, über dem der geflügelte Pegasus mit einem Fiat $3\frac{1}{2}$ h. p. aus dem Jahre 1899 thront. Dieses Bild bekam den Titel: »Fiat 1400«.

Es war dies nicht der erste Versuch, die Themen Kunst und Auto miteinander zu verknüpfen: Das Centro Storico in Turin besitzt eine Vielzahl von Gemälden, Zeichnungen und Grafiken aus den vergangenen neun Jahrzehnten, die - größtenteils vom Hause Fiat in Auftrag gegeben - einen bemerkenswerten Überblick über die Verknüpfung von Kunst und Technik in Italien bieten.

Nun waren die italienischen Futuristen ja in den ersten Jahren und Jahrzehnten unseres Jahrhunderts große Verehrer der Technik und speziell des Automobils; kein Wunder, daß Fiat 1986 im Palazzo Grassi in Venedig eine große Futuristen-Ausstellung gestaltete, wo die Werke eines Giacomo Balla oder eines Umberto Boccioni gezeigt wurden.

In den dreißiger Jahren waren es dann mehr die Werbegrafiken eines Marcello Dudovich oder eines Plinio Codognato, die den Zeitgeist trafen -, wenn man einmal von den heroischen Gestalten und neoklassizistischen Fabrikhallen und Ausstellungspavillons der Faschisten absieht, die natürlich auch bei Fiat mit Entwürfen und Plänen in Erscheinung traten. Aber solche Auswüchse waren schließlich typisch für diese Jahre und für den damaligen Zeitgeist.

War Giorgio De Chirico noch ein Künstler, der sich einer Auftragsarbeit zwar mit Souveränität, aber nicht allzuviel Inspiration näherte, so sollte Mario Sironi der Mann der fünfziger Jahre werden, der mit futuristischen Entwürfen das Selbstverständnis von Fiat perfekt treffen sollte.

Die Ansicht des Palazzo Grassi in Venedig, der von Fiat perfekt restauriert wurde.

Felice Casorati schuf 1955 anläßlich der Vorstellung des Fiat 600 dieses Gemälde mit dem Titel: »Torino di Notte - Turin bei Nacht« (rechts).

Sironi hatte bereits im Jahr 1939 Entwürfe für den 500 C - den Topolino - geliefert, die aber mit ihrer Progressivität in dieser Zeit noch nicht ankamen. Der bekannte Künstler, der sich auch als Illustrator, als Plakatentwerfer und Bühnenbildner sowie als Dekorateur einen Namen machte, sollte in den fünfziger Jahren einen signifikanten Part in der Geschichte des Hauses Fiat übernehmen. Sironi war in der Lage, aus perfekten Designer-Zeichnungen mit einigen wenigen Strichen jene Formen herauszuarbeiten, auf die es ankam. Er legte seiner Kreativität und seiner Gestaltungskunst keine Zügel an und verstand es vorzüglich, mit scharfen Kontrasten und meisterhaften Seitenansichten eine dramatische und überraschende Sicht der Realität zu vermitteln. Seine Tendenz, alles zu vereinfachen, sein Archaismus und seine Konzentration darauf, ein Maximum an Gefühl in wenigen Strichen auszudrücken, war die sichere Basis für ein Werk, das es in dieser Form bei keinem anderen Unternehmen gab. Sironis Phantasie scheint unerschöpflich - sogar die Fahrzeuge haben ihren eigenen Ausdruck, ihre eigene Architektur. Dies wird besonders bei seinen Entwürfen für den Fiat 1900 deutlich - von denen einige ob ihrer Phantasie und ihrer Technik besonders bemerkenswert sind.

Fiat war - und ist - immer eng mit Kunst und Künstlern verbunden. Das zeigen nicht nur die für ihre Zeit äußerst mutigen Entwürfe Sironis, das zeigen auch die Werke eines Felice Casorati, dessen Fiat-500-Werbung aus dem Jahr 1955, »Torino di Notte« - »Turin bei Nacht«, die Werke von George Segal aus den siebziger Jahren vorausahnte.

Und in den sechziger Jahren zeigte Nino Aimone jene plakative Optik, welche die Pop Art groß gemacht hatte - so sein »La Fiat 500« von 1968.

Wie sehr sich die Turiner mit der italienischen Kultur identifizierten, wurde 1984 klar, als das Unternehmen den »Palazzo Grassi« in Venedig kaufte, das morbide Gemäuer in einer aufsehenerregenden Rettungsaktion vor dem Verfall bewahrte und in seiner alten Schönheit als Kulturzentrum wiedererweckte.

1986 war es dann soweit: Im Palazzo Grassi, dessen Restaurierung perfekt gelungen war, fand die erste Ausstellung statt, die dem alten Palast seine frühere Bedeutung und Würde zurückgab. »Futurismo & Futurismi« war der Titel jener sensationellen Schau über die Futuristen, die zu Beginn dieses Jahrhunderts erkannt hatten, daß einer radikalen Neuerung die Zukunft gehören müsse.

Dieser international gerühmten Ausstellung sollten weitere Höhepunkte folgen: Eine große Arcimboldo-Retrospektive, eine Tinguely-Ausstellung, und 1988 die viel gerühmte Phönizier-Ausstellung, die dem berühmten, in vielem rätselhaften antiken Seefahrervolk gewidmet war. 1989 fand die bisher letzte Ausstellung »Arte Italiana 1900 - 1945« statt, die das künstlerische Schaffen der italienischen Nation durch die verschiedenen Gesellschaftsformen hindurch aufmerksam und kritisch verfolgte: das faszinierende Kaleidoskop eines Volkes, das sich weder durch wirtschaftliche noch politische Umstände davon abhalten ließ, seine künstlerische Tradition zu bewahren, die sich in Jahrhunderten gebildet hatte.

Mittlerweile bemüht sich das Haus Fiat, Kunst nicht nur an einem Ort wie Venedig - wo die Vermittlung leichtfällt - wirken zu lassen. Auf Betreiben des jüngeren Giovanni Agnelli und seiner Schwester Susanna wurde das alte Werk Lingotto in eine Kunsthalle verwandelt. Seit dem Auszug der Autoproduktion hatte alljährlich der Turiner Auto-Salon diese bereits historischen Hallen mit Leben erfüllt; nun brachte im Sommer 1989 die Ausstellung »Arte Russa e Sovietica« einen der Höhepunkte im kulturellen Leben Italiens und Europas. Die »Süddeutsche Zeitung« brachte eine Rezension des Kunstkritikers Laszlo Glozer: »Tatlins Turm - die Idee eines Denkmals für die III. Internationale -, dieses Modell einer großen Utopie steht vor dem Eingang in die Ausstellung ›Russische und sowjetische Kunst 1870-1930‹ in

F. CASORATI

Turin. Kein Blickfang im Freien, sondern von Scheinwerfern bestrahlt, gewissermaßen in der Tiefe des Raumes. Denn die Ausstellung historischer Kunst selbst ist in ihrer Gesamtheit eingebaut in eine übermächtige historische Baukulisse. Sie ist, im Gegensatz zu Tatlins Menschheitstraum, ein Zeugnis realer Geschichte. Das seit längerem schon leergeräumte Fiat-Werk Lingotto zeigt die vergangene Wirklichkeit moderner Zeiten: ein Koloß von rationalem Zuschnitt. Auf die Windungen von Tatlins Türmchen antworten die Kurven des befahrbaren Treppenhauses, die auf das Dach hoch über den Industrievorort zur Teststrecke hinaufführen.«

Und weiter schreibt Glozer: »Die Zukunft von Lingotto, mag sein, hat also mit der Einrichtung der Ausstellungsstätte begonnen. Premiere für die Russen. Gewiß hat Renzo Piano bereits 1983 hier eine genialische Calder-Ausstellung improvisiert. Doch nun wurde mit extremem Aufwand eine museumsgerechte Bespielung des abgezweigten Hallentraktes realisiert. Hineingezaubert wäre das treffende Wort für die bravouröse Lösung der selbstgebastelten Aufgabe. Denn dem Prinzip, Substanz und Charakter der ehemaligen Fertigungshallen weitgehendst unangetastet zu lassen, steht die ebenfalls zeitgemäße ästhetische Einsicht entgegen, daß Bilder die Ruhe der guten alten Pinakotheken brauchen: weite Hängeflächen in separaten Räumen, gute Beleuchtung, möglichst Oberlicht. Beides zusammen - das geht nicht.

Wirklich nicht? Lingotto zeigt, wie man mit Hightech und Trickkiste das Problem in den Griff kriegt. Da haben wir eine klassische Bilder-Ausstellung, deren musealer Bestand - 60 Jahre russisch-sowjetischer Kunst in einer Spitzenauswahl von 250 Werken - in etwa 20 Raumkompartimenten auf althergebracht-solide Weise zur Wirkung gebracht wird. Gleichzeitig aber bewegen wir uns auf Schritt und Tritt auf dem Boden der riesigen Fabrikationsstätte, und die dröhnende Klimaanlage ist die Musik dazu.« Das Resümee in der SZ: »So macht die Turiner Ausstellung, durch pointierte Hinweise der immer auch qualitätsbewußten historischen Auswahl, Zusammenhänge transparent. Und dem entspricht die Transparenz der künstlerischen Gesamtleistung: Beides zusammen eine Meisterleistung der Kunstvermittlung.«

Mit dieser »maßstabsetzenden Inszenierung im ehemaligen Fiatwerk in Turin« - so Laszlo Glozer - dürfte das technische Meisterwerk Lingotto nun einer neuen Blüte entgegengehen.

Ein Werk von Romano Gazzera: Das Werk Mirafiori aus der Luft - geschaffen im Jahre 1939.

Extravaganz und große Stückzahlen

In den fünfziger Jahren war Lingotto aber noch voll in Funktion; das Unternehmen beschäftigte nun über 70000 Angestellte und Arbeiter, und das Gesellschaftskapital war auf 57 Milliarden Lire angestiegen. Der Fiat G 80 ist das erste italienische Düsenflugzeug (1953), dem nur drei Jahre später der G 91 folgen sollte - der zu einem Erfolgsmodell wurde, aber dennoch das Ende der Fiat-Flugzeugproduktion einläutete; nach dem G 91, der von nahezu allen NATO-Verbündeten geflogen wurde, beschloß Fiat, die kostenintensive und aufwendige Produktion von Flugzeugen einzustellen.

Man hatte sich wieder mehr auf das Kerngeschäft besonnen - und die Liste der Kooperationen wurde immer länger: 1949 wurde in Argentinien die »Società Agromécanica« gegründet, die sich um Ackerschlepper zu kümmern hatte. 1950 wurden mit Fiat-Beteiligung in Spanien die »Seat«-Automobil-Werke gegründet, die bis vor wenigen Jahren etliche Fiat-Lizenz-Modelle unter dem Seat-Signet verkauften; mittlerweile wurde der Konzern von VW in Wolfsburg übernommen. 1951 war dann wieder eine Gründung in Argentinien fällig: die »Società Fidemotor« für die Konstruktion und den Bau von stationären Dieselmotoren und Schiffsdieseln. Nur ein Jahr später sollte in der Türkei der Bau von Traktoren in Fiat-Lizenz anlaufen.

Fiat fing endgültig an, sich die Welt zu erschließen, und es gab nur wenige Länder, in denen das Unternehmen nicht mit Tochtergesellschaften oder gar eigenen Werken oder Lizenznehmern vertreten

Ein Flugzeug, zerlegt in seine Einzelteile: Fiat G 91 (1956).

war. 1954 begann in Argentinien die Konstruktion und der Bau von Personenwagen, Nutzfahrzeugen, Ackerschleppern und Eisenbahnen unter dem Dach der neugegründeten »Fiat Concord«. In demselben Jahr entstand in Jugoslawien eine weitere Autofirma, an der Fiat beteiligt war und deren Name bis heute erhalten geblieben ist: Die »Zavodi Crvena Zastava« beginnt mit dem Bau von Personenwagen und Nutzfahrzeugen.

Parallel zu all den Aktivitäten auf dem PKW-, LKW- und Nutzfahrzeug-Sektor kümmert sich Fiat aber auch um andere Gebiete, die dem Turiner Unternehmen zukunftsträchtig erscheinen: So wird 1950 der Bau von Baumaschinen begonnen, 1957 wird die Produktion von elektronischen Bausteinen aufgenommen, und nur ein Jahr später beginnt auch im Piemont das Atom-Zeitalter: Fiat fängt an, sich mit der Kernenergie auseinanderzusetzen, und wird im Laufe der Jahre mitwirken, etliche Atomkraftwerke zu konstruieren, zu planen und in Betrieb zu bringen. 1960 wird dann die Herstellung von Gasturbinen folgen, und drei Jahre später begibt sich Fiat auch in das zukunftsträchtige Feld der Weltraumforschung, wo im Laufe der vergangenen Jahrzehnte etliche Sonden und Satelliten mit Teilen des Turiner Hauses ausgerüstet wurden.

Kehren wir aber zu den Automobilen zurück: Der bereits erwähnte Fiat 1400 war der erste Wagen mit selbsttragender Karosserie. Er hatte aber noch ein paar weitere Details, die ihn zu einem auch historisch wichtigen Fahrzeug werden ließen: So beispielsweise die Einzelradaufhängung mit Querlenkern und Schraubenfedern an der Vorderachse oder der neue Reihen-Vierzylinder, der mit einem Hub von nur 66 Millimeter als ausgesprochener »Kurz«-Huber für die Drehfreude sorgte, die die Fiat-Modelle seit jeher ausgezeichnet hatte. Der »1400«, der im Jahr 1953 auch eine Diesel-Version mit 1901 ccm Hubraum und 40 PS Leistung zur Seite gestellt bekommen sollte, war bis 1958 im Programm, wobei das Modell im Laufe seiner Produktionsjahre mehrfach überarbeitet wurde; so erhielten die Modelle von 1954 an einen neuen Kühlergrill und die Benziner etwas mehr Leistung (50 statt 44 PS). 1956 wurde dann die PS-Zahl nochmals angehoben: Der 1400 B leistete nun bei 4600/min 54 PS.

Kehren wir aber noch einmal kurz zu der Diesel-Variante zurück. Der 1,9-Liter-Reihen-Vierzylinder war, bevor er im 1400-Diesel zum Einsatz kam, in dem Nutzfahrzeug 615 N und in dem Geländewagen Campagnola montiert worden, wobei der Selbstzünder mit einem Vorkammerverfahren vom Typ Ricardo Comet mit indirekter Einspritzung arbeitete.

Der Campagnola, der 1951 auf dem Automobil-Salon von Bari erstmals präsentiert wurde, war Fiats Antwort auf den amerikanischen Jeep. Der Campagnola, der in immer weiterentwickelten Variationen bis heute im Fiat-Programm erhältlich ist, hatte natürlich einen Allrad-Antrieb – wie bei einem solchen Wagen nicht anders zu erwarten war –, wobei der Vorderradantrieb von Hand zuschaltbar war. In seiner ersten Form besaß der 1250 Kilogramm schwere Geländewagen einen

Ein Massentransport, wie er nur zu Kleinwagen-Zeiten möglich war: 18 Fahrzeuge vom Typ Fiat 500 C auf einen Streich – ein Bild aus Turin im Jahre 1949.

In den 50er Jahren versuchte sich Fiat auch an der Konstruktion von Hubschraubern.

Der erste Campagnola (1951–1955) hatte vollbeladen manche Testfahrt zu überstehen (unten).

Der Traum der 50er Jahre: Von dem 8 V wurden nur 114 Exemplare gefertigt - der 2 Liter Achtzylinder-Motor, der bis zu 127 PS leistete (unten).

1,9-Liter-Benzinmotor, der bei 3700/min 53 PS bereitstellte. Damit war eine Höchstgeschwindigkeit von 110 km/h gesichert, und da der Durchschnittsverbrauch sich bei etwa zwölf Liter Normal-Treibstoff auf 100 Kilometern einpendelte, kam man mit dem 58-Liter-Tank rund 500 Kilometer weit. Wie sehr sich der Campagnola auch in der rauhen Natur bewährte, stellten die Techniker dann auch sofort bei einer beeindruckenden Fernfahrt unter Beweis: Zum Jahreswechsel 1951/52 legte ein Wagen unter der Aufsicht von etlichen Automobil-Clubs die Strecke Kapstadt-Algier in elf Tagen, vier Stunden und 54 Minuten zurück - ein Weltrekord, der auch heute noch schwierig zu unterbieten sein dürfte.

Kein Wunder, daß sich das italienische Militär sofort für diesen Wagen zu interessieren begann - und daß der Campagnola, der mittlerweile in der dritten Generation auf dem Markt ist, noch immer zu den Standardfahrzeugen des Heeres gehört. Der Wagen wird auch in etlichen Entwicklungsländern angeboten; nach Deutschland kam er eigentlich nie, wobei die Gründe hauptsächlich bei dem doch recht hohen Preis von 1600000 Lire zu suchen waren, für den man knapp zwei Fiat 1100 erwerben konnte. Und außerdem gab es natürlich für ein so spezielles Modell auch nur einen begrenzten Kundenkreis, der für das Fiat-Händlernetz zu klein gewesen wäre.

Die frühen fünfziger Jahre waren für das Turiner Unternehmen eine goldene Zeit: Dank der modernen Werke und eines geglückten Modellprogramms beherrschte Fiat den italienischen Markt in einer Art und Weise, die nicht voraussehbar gewesen war. Man beschäftigte sich mit neuen Technologien, gründete weltweit eine Tochtergesellschaft nach der anderen und beherrschte - ganz nach dem Willen des alten Senators - das Land, das Wasser und die Luft. So war 1951 der Ozeanriese »Giulio Cesare« mit Fiat-Dieselmotoren vom Stapel gelaufen, die die für damalige Zeiten gigantische Leistung von 40000 PS besaßen; von der G 80 und dem Nachfolger G 91, der 1956 beim Internationalen NATO-Wettbewerb für leichte taktische Jagd-Flugzeuge siegen sollte, haben wir ja bereits berichtet.

Nun sollte, nach dem Willen der Geschäftsführung, der Konzern auch wieder auf der Straße ein Zeichen setzen: Das Ergebnis war im März 1952

auf dem Genfer Automobil-Salon zu sehen – der »V8«. Die schlichte Typ-Bezeichnung sagte eigentlich alles: Unter der eleganten Motorhaube des aerodynamisch durchgeformten Coupés war der erste Achtzylinder-Motor der Fiat-Nachkriegsgeschichte montiert. Daß es auch der letzte bleiben sollte, war damals jedoch noch nicht abzusehen. Außerdem hatte der Zweisitzer – der mit einem Einstandspreis von 2850000 Lire außerhalb der Einkommensverhältnisse der meisten Italiener stand – noch eine unabhängige Radaufhängung an der Front- und an der Hinterachse.

Der 2-Liter-Achtzylinder war mit einer Bohrung von 72 Millimeter und einem Hub von 61,3 Millimeter relativ zierlich geraten – kein Wunder, daß er mühelos auch höhere Drehzahlen erreichen konnte, wie schon die Leistung von 115 PS bei immerhin 6000/min vermuten läßt. Diese Motor-Variante trug intern die Bezeichnung »type 104000«. Wer es aber gerne etwas schneller angehen lassen wollte, bestellte die Motorvariante »type 104003« – hier sorgten andere Vergaser, eine von 8,5:1 auf 8,75:1 erhöhte Verdichtung sowie ein anderer Zündverteiler für nunmehr 127 PS bei 6600/min. Damit war der nur 997 Kilogramm schwere V8 immerhin 190 km/h schnell. Und da die Konstrukteure diesem Prestigeobjekt nicht nur eine hochmoderne Radaufhängung, sondern auch eine Motorposition knapp hinter der Vorderachse gegeben hatten, war der V8 in den Händen von erfahrenen Piloten bei Langstreckenrennen immer für eine vordere Plazierung gut. Zuweilen gewann er auch, wie bei der sechsten Stella Alpina, beim 12-Stunden-Rennen von Pescara oder beim Monza-Cup auf der gleichnamigen Grand-Prix-Strecke.

Natürlich konnten von einem so teuren Wagen keine großen Stückzahlen verkauft werden; daß der V8 aber in den Jahren 1952 bis 1954 in nur 114 Exemplaren ausgeliefert wurde, war doch weniger, als man in Turin erhofft hatte. So blieb zum Abschied noch ein Wagen mit einer Kunststoffkarosserie übrig, der dann auch sofort dem Centro Storico zur Verfügung gestellt wurde. Alle anderen 113 Fahrzeuge waren aus einer Leichtmetallkarosserie montiert worden, die aus zwei übereinander angeordneten und zusammengeschweißten Schalen bestand, die mit dem Rohrrahmen verschweißt wurden.

Elio Zagato, einer der beiden Söhne des legendären Udo Zagato – der Gründer der gleichnamigen Karosserie-Firma – schreibt in seinem Vorwort zu dem Buch »Le Zagato – Fiat 8 VZ und Alfa 1900 SSZ« folgendes: »Manchmal frage ich mich, ob meine Karriere als Rennfahrer so erfolgreich gewesen wäre, wenn ich nicht den Fiat V8 zur Verfügung gehabt hätte. Dieser Wagen gab mir alles, und für mich ist es klar, daß von allen Zagatos der V8 Zagato der Schönste und der Beste war.«

Daraus schließen wir, daß sich die legendäre Firma auch um den V8 gekümmert hatte, und in der Tat wurden von den 113 Fahrzeugen, die in die Hand von Käufern gelangten, nicht weniger als 30 Fahrgestelle bei der Mailänder Firma mit einer neuen Karosserie versehen. Schon im Jahr 1952 gelangte der Prototyp mit der Fahrgestellnummer 002 nach Mailand und wurde innerhalb von nur 15 Tagen in einen Zagato verwandelt. In diesem Jahr sollten noch die Fahrgestellnummern 005 und 017 folgen, wobei aus der 007 ein Spider gefertigt wurde – von der 017 an wurden dann nur noch Coupés gefertigt. 1953 sollten die Fahrgestellnummern 025, 026, 057, 058, 059, 060, 061, 062, 063, 065, 068, 069, 070, 073, 074, 075, 076, 077, 078, 081, 082, 083, 084 und 088 folgen. Und im Jahr 1954, als die Produktion dieses sensationellen Sportwagens bereits am Auslaufen war – in diesem Jahr wurden nur noch die Fahrgestellnummern 089 bis 114 gefertigt –, waren dann noch drei V8-Zagatos fällig: der 090, 092 und 109. Für ein solch spezielles Modell war der Anteil an einer Spezialkarosserie eines fremden Karosserieproduzenten ungewöhnlich hoch; dennoch sind die 30 Zagato-V8-Modelle heute nahezu unbezahlbare Raritäten geworden, die auf dem Markt praktisch nicht mehr auftauchen. Denn wer heute einen solchen Wagen in seiner Garage stehen hat, gibt ihn eigentlich nicht mehr her.

War der V8 ein Exote, der zumindest in geringer Stückzahl noch an diejenigen ausgeliefert werden konnte, die über ausreichend Kleingeld verfügten, so war der »Turbina« ein Einzelstück, das 1954 herauskam – aber nie in den Besitz eines Sammlers gelangen sollte. Bereits 1948 hatte man sich in der Entwicklungsabteilung von Fiat Gedanken darüber gemacht, ob wohl eines Tages die Turbine eines Flugzeugs auch ein Automobil antreiben könnte. Bereits 1950 hatte die Planung das zur Vorbereitung der Konstruktion notwendige Stadium erreicht; dann sollte es allerdings noch drei Jahre dauern, bis auch die erste entsprechend modifizierte Turbine fertig wurde. Im Januar 1953 war

»FIAT – ANNO 50 – MIRAFIORI« – mit solch progressiver Werbung arbeitete Fiat 1950. Ein Entwurf von Mario Sironi.

Das Einzelstück: Die Fiat-»Turbina« von 1954 wurde von einer Hubschrauber-Turbine mit 300 PS Leistung angetrieben.

Unten eine Aufsicht und eine Seitenansicht des ungewöhnlichen Sportwagens, dem Dante Giacosa jedoch keine Zukunftsaussichten prophezeite - wie wir mittlerweile wissen, sollte der Ingenieur Recht behalten.

es dann soweit: nachdem nur ein Jahr zuvor die Fiat-Flugzeugmotor-Werke mit der Produktion von Düsentriebwerken begonnen hatten, wurde eine modifizierte zweistufige Turbine mit zweistufigem Turbokompressor nach Turin geliefert.

Es sollte dann allerdings noch 15 Monate dauern, bis die 300 PS starke Turbine in der Turbina das Laufen lernen würde, zu groß waren die Probleme, diese neue Triebwerksform für ein Automobil zu adaptieren. Schließlich lieferte die Turbine vom Typ »8001« ihre maximale Leistung bei einer für Automobile völlig ungewohnten Drehzahl: Wo gab es ein Getriebe, das 300 PS bei einer Drehzahl von 22000/min zu übertragen hatte? Nach dem turbinengetriebenen Rover T 1 war der Turbina der zweite Wagen mit dieser Antriebsform - später sollten sich dann noch General Motors, Renault und Chrysler mit dieser Antriebsform auseinandersetzen -, dennoch war relativ rasch klar, daß der Wagen, der am 14. April 1954 erstmals zum Laufen kam, nie in die Serie übernommen werden würde. Dante Giacosa, der Mann, der immer mehr in Turin die Entwicklung bestimmte, schrieb später in seinen Memoiren: »Die Turbine ist noch nicht - oder wird es auch nie sein - ein Motor, der sich für ein Privat-Auto eignet.«

Dennoch war der etwa 250 km/h schnelle Prototyp für das Haus Fiat ein brillantes Aushängeschild: Nur wenige Fahrzeuge der Nachkriegszeit dürften in der Presse mit so vielen Artikeln bedacht worden sein wie der Turbina. Für die beachtliche Höchstgeschwindigkeit war aber nicht

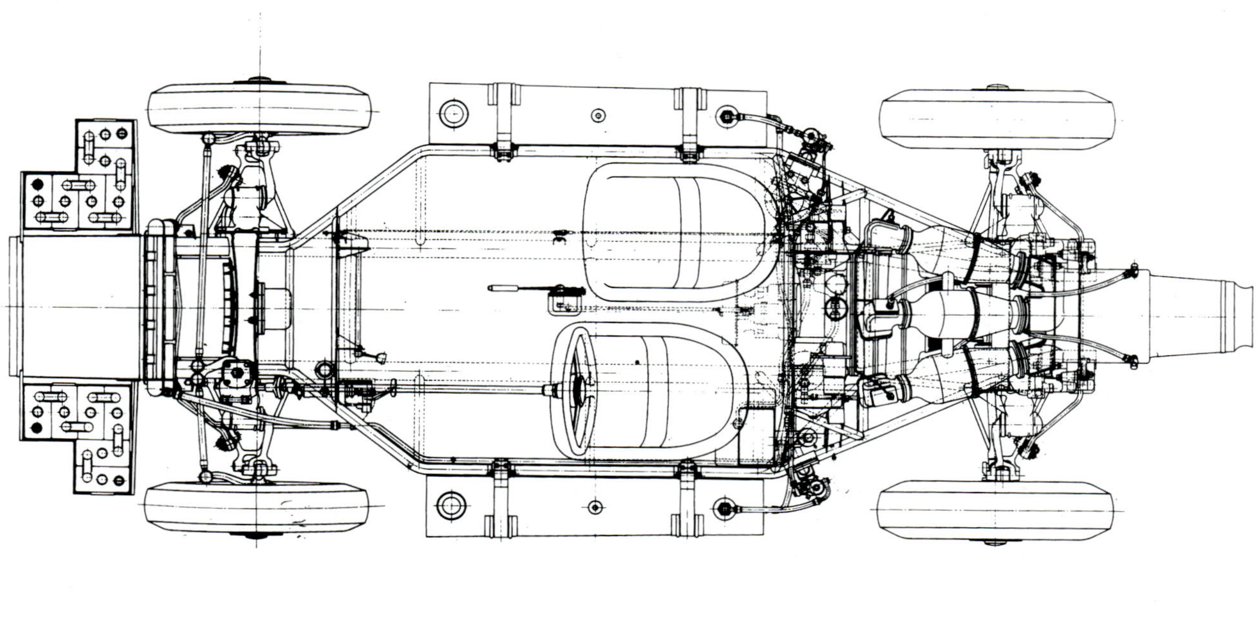

nur die Leistung von 300 PS verantwortlich gewesen, hierfür hatte auch die langwierige Arbeit der Aerodynamiker im Windkanal gesorgt, die dem Turbina in der Tat die Optik eines auf vier Räder gesetzten Flugzeugs vermittelt hatten. Und da der Turbina zudem mit einem recht geringen Gewicht von nur 1050 Kilogramm ausgestattet worden war, hatten es die Versuchsfahrer von Fiat natürlich relativ leicht, während der ersten offiziellen Vorstellung auf der Piste des Turiner Flughafens »Caselle« beim Turiner Automobil-Salon die Fahrleistungen zu erreichen, die den Turbina zu der Attraktion des Jahres 54 werden ließen. Wo gab es dies sonst schon? Fahrleistungen eines Formel-1-Rennwagens, von einer Flugzeugturbine bereitgestellt, in der Form eines attraktiven Sportwagens? Kein Wunder, daß Fragen nach dem Preis laut wurden.

Nachdem aber im Frühjahr '54 gerade die Produktion des V8 eingestellt worden war, gab es auch bei der Geschäftsführung in Turin keine Zweifel daran, daß die Zukunft des riesigen Fiat-Konzerns nicht auf den in kleinsten Stückzahlen limitierten Super-Sportwagen beruhen durfte, sondern daß nur vernünftige und bezahlbare Großserienprodukte die Zukunft sichern konnten. Und daß ein 250 km/h schneller Turbinen-Wagen unverkäuflich war, darüber gab es eigentlich keine Diskussion - der Turbina hatte aber durch die Tatsache, daß weltweit über ihn berichtet wurde, für jenes Maß an Publicity gesorgt, das seine Gestehungskosten mehr als rechtfertigte.

Wieder einmal wurde der Name Fiat um die ganze Welt getragen - und was wollte man mehr?

Das große Geld jedoch wurde von 1953 an mit dem »1100-103« verdient. Wieder einmal hatte im März '53 ein neuer Fiat auf dem Genfer Automobil-Salon das Licht der Welt erblickt. Der neue Fiat »1100« hatte zwar nahezu dieselben Dimensionen wie sein erfolgreicher Vorgänger, er war aber tatsächlich ein völlig neues Automobil mit einer völlig anderen Karosserie. Als er erstmals bei den Händlern zu sehen war, hatten die Interessenten die Wahl zwischen zwei verschiedenen Modellen: Während der Typ A für 945000 Lire nur in Schwarz mit lackierten Stoßstangen und zwei voneinander getrennten Vordersitzen lieferbar war, kostete der Typ B 975000 Lire. Für den Mehrpreis von 30000 Lire gab es hier mehrere Farben, eine durchgehende vordere Sitzbank sowie eine Heizung und ein Frischluft-Ventilationssystem, das

beim Typ A extra bezahlt werden mußte. Wer die beiden unterschiedlichen Typen aufmerksam betrachtet, wundert sich nicht darüber, daß der Typ B in so großen Stückzahlen bestellt und daß der Typ A rasch eingestellt wurde. Im Herbst des Jahres '53 - auf dem Pariser Automobil-Salon - wurde dann noch eine »103 TV«-Version vorgestellt, die statt der 36 PS des Basis-Modells 50 PS bei

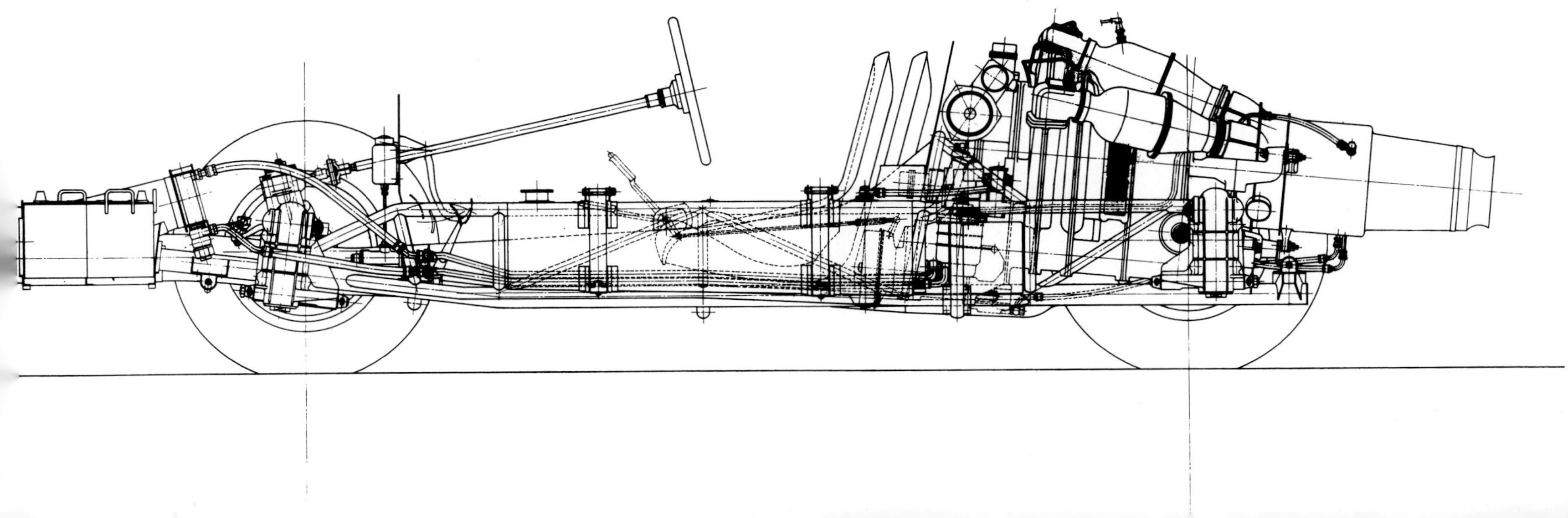

5400/min bereitstellte. Neben der höheren Leistung, die eine deutlich bessere Fahrleistung ermöglichte - so stieg die Höchstgeschwindigkeit von 116 auf 135 km/h -, gab es auch eine bessere Ausstattung, eine Zweitonlackierung sowie einen zusätzlichen Nebelscheinwerfer, der in der Mitte des Grills montiert wurde. Der »1100 - 103« bekam für diese Version die Bezeichnung »1100 - 103 TV« und sorgte bis zu seinem Produktionsende im Jahre 1956 für die sportliche Komponente im Fiat-Programm.

1954 wurde dann noch der 103-Kombi angekündigt, der für 1 200 000 Lire eine interessante Mischung aus Limousinen-Komfort mit entsprechenden Fahrleistungen - die 36 PS bei 4400/min sorgten immerhin für eine Höchstgeschwindigkeit von 115 km/h - und einem reichlich bemessenen Kofferraum bot.

Vielleicht sollte auch noch kurz in einem Nebensatz der »103 TV Convertible« angesprochen werden, der von 1955 an in nur 571 Exemplaren ausgeliefert wurde. Dieses Modell gilt bis heute als eines der rarsten Fiat-Nachkriegsmodelle, das, wie nur wenige andere Fahrzeuge, den Stil der fünfziger Jahre in Perfektion vertritt. Wenn man den Einstandspreis von 1 250 000 Lire betrachtet, ahnt man auch, warum dieser strikte Zweisitzer trotz einer Höchstgeschwindigkeit von 143 km/h nur in einer solch limitierten Stückzahl die Werkshallen verließ. Dennoch bleibt der 103 Convertible einer der großen Klassiker der Nachkriegszeit.

Das Basis-Modell dieses Cabrios, der 1100, wird von seinem Erscheinen im Jahre 1953 an eine wichtige Rolle in der italienischen Automobilgeschichte spielen; bis zu seiner Produktionseinstellung 15 Jahre später wird der 1100 eine der Stützen des Geschäfts sein. Hunderttausende von diesen Modellen werden - natürlich in immer weiter entwickelten Variationen - die europäischen Märkte überfluten. Und alle werden ihren Besitzern klarmachen, daß die Ingenieure in Turin ökonomische Modelle anbieten können, die aber vor allem Fahrfreude vermitteln. Als 1969 die Produktion der 1100-Modelle eingestellt wird, ist zwar eine Ära zu Ende, aber andere Modelle werden diese Markt-Nischen noch besser ausnützen.

Gehen wir in das Jahr 1955: Das erste Motor-Schiff mit dem Namen »Giovanni Agnelli« wird vom Stapel gelassen. Der 16 000 Tonnen schwere

Ein weiterer Entwurf von Sironi: Eine Werbung für den 1100/103 aus dem Jahr 1953.

Frachter wird natürlich mit einer Motorgruppe des Hauses ausgestattet; sie trägt die Bezeichnung »Typ 757« und leistet 5500 PS. Das Werk Mirafiori wird durch den Bau von Mirafiori-Süd um eine Fläche von 330 000 Quadratmetern erweitert - dadurch kann die Tagesproduktion auf 1000 Fahrzeuge angehoben werden. Parallel dazu steigt die Produktion von Nutzfahrzeugen, Schiffsmotoren und Eisenbahnen. Besonders bei den Eisenbahnen ist eine beachtliche Produktionserweiterung gegeben: Mittlerweile werden diese Verkehrsmittel auch nach Spanien und Portugal geliefert.

Der Star des Jahres aber ist wieder einmal auf dem Genfer Automobil-Salon zu sehen - im März '55 feiert der »600« seine Weltpremiere. Der Typ »100 000« - wie der Nachfolger des Topolino

Und so sah der Wagen in Wirklichkeit aus: Der 1100/103, der von 1953-1956 gebaut wurde (unten).

Ein Klassiker der 50er Jahre: Der Fiat 1100/103 TV »Trasformabile« - (1953-1956).

intern bezeichnet wurde, hatte bereits von 1951 an auf den Zeichentischen Gestalt angenommen. Kehren wir noch einmal zu den Memoiren von Dante Giacosa zurück: »Auf die Frage des Vorstandsvorsitzenden, wo der Nachfolger seinen Motor besitzen sollte, hatte ich geantwortet, daß es nur mit einem Vorderradantrieb oder mit Heckmotor möglich wäre, vier Personen auf einigermaßen annehmbare Weise in einem Wagen von gleichen oder kleineren Maßen als denen des Topolino unterzubringen. Unter dieser Bedingung könnten das Gewicht und die Kosten des Wagens bei höheren Leistungen unter denen des 500 liegen.«

Das war die Werbung, die in den 50er Jahren Begeisterung hervorrief: Ein kleiner Wagen, der sich die Welt eroberte - der 600 im Jahre 1955.

Und weiter heißt es in dem Protokoll, in dem die Entwicklung des »600« beschlossen wurde: »Auto 100 - Die Direktion der Technischen Büros für Kraftfahrzeuge erhält die Genehmigung, ihre diesbezüglichen Studien bei freier Wahl der Lage des Motors vorzunehmen. Die Geschwindigkeit darf nicht unter 85 km/h liegen, und das Gewicht soll ungefähr 450 Kilogramm betragen, von denen 250 Kilogramm für die Karosserie und 200 Kilogramm für die Mechanik angesetzt werden sollen. Der Wagen soll vier Personen Platz bieten, und zwar mit einem Platzangebot, das dem der Modellskizzen und des Gipsentwurfes, die die Anwesenden geprüft haben, entspricht. Die Direktion der Technischen Büros für Kraftfahrzeuge wird aufgefordert, die Ausführung dieser Studien aufs höchste zu beschleunigen, da der Wagen mit einem so geringen Zeitabstand zum ›103‹ - dem Typ ›1100‹ - wie nur möglich produziert werden soll.«

Dante Giacosa war Profi genug, um zu wissen, daß manche Forderungen illusorisch waren; aber er wußte, daß die nun getroffene Entscheidung seine Arbeit erleichtern würde: »Diese näheren Bestimmungen störten mich nicht. Ich wußte mich einzurichten. Das Gewicht von 450 Kilogramm war eine Illusion, aber ich hütete mich wohl, darüber zu diskutieren. Mir genügte es im Moment, freie Wahl bei der Lage des Motors erhalten zu haben. Im zweiten Teil dieser berühmten Sitzung wurde diese Entscheidung bestätigt: ›Abschließende Entscheidung des Wagens Typ 100 - Bestätigung dessen, was im vorhergehenden Bericht festgelegt worden war - Viersitzer, 450 Kilogramm Gewicht - gesamter Motorblock entweder vorne oder hinten.‹ Jetzt war ich an der Reihe. Allein auf mich gestellt, hatte ich die ›Qual‹ der Wahl. Und diese war nicht einfach.«
In den nächsten Jahren wurde fieberhaft entwickelt - die Biographie von Dante Giacosa »Vierzig Jahre als Konstrukteur bei Fiat« zeigt über Seiten hinweg, wie jede Variante geprüft wurde, und wie schwer den Verantwortlichen die Entscheidung fiel. Letztlich dürfte der »600« dann in einer Vorstands-Sitzung beschlossen worden sein, bei der Giacosa sein Votum für eine Heckmotor-Variante folgendermaßen begründete:

	Typ »100« Viersitzer Kilogramm	Sechssitzer Kilogramm
Motorgetriebeblock hinten	515	660
Motorgetriebeblock vorne	545	als Sechssitzer nicht
klassisch	570	ausführbar

Da man bei Fiat von Anfang an auch über eine sechssitzige Variante nachgedacht hatte, fiel die Entscheidung, wenn auch erst nach langen Diskussionen, für die Heckmotor-Variante. So sollte der Fiat 600 der erste Wagen aus Turin mit einem im Heck montierten Motorgetriebeblock werden. Als der 600 dann bei der Präsentation immerhin 585 Kilogramm auf die Waage brachte, war dies für die Chef-Etage auch kein Thema mehr: Denn der 633 ccm große Reihen-Vierzylinder leistete bei 4600/min immerhin 22 PS, die für eine Höchstgeschwindigkeit von 100 km/h zuständig waren – und das war mehr, als die Direktion ursprünglich gefordert hatte. Zudem hatten die Techniker dem 600 mit einer Einzelradaufhängung an allen vier Rädern und Bremstrommeln von beachtlicher Größe die Basis für viel Fahrfreude mit auf den Weg gegeben. Kein Wunder, daß sich dieser kostengünstige Viersitzer rasch in größten Stückzahlen verkaufte: für die Basis-Version wurden nur 590 000 Lire verlangt; wer ein Stoff-Schiebedach wollte, hatte 45 000 Lire mehr zu bezahlen. Bis 1960 mit dem 600 D die erste größere Modellpflege auf den Markt kam, waren bereits über 950 000 Fahrzeuge ausgeliefert worden.

Der Typ 100 000 – besser als der 600 bekannt – wurde zu einem niedrigeren Preis als der populäre Topolino angeboten, kein Wunder, daß sich dieses Modell, das dem Topolino in nahezu allen Details überlegen war, auf Anhieb sensationell verkaufen mußte. Schade war nur, daß den phantasievollen Italienern zu diesem Modell kein ähnlich liebevoller Kosename wie »Topolino« einfiel – der 600 war von Anfang an eben nur der »600«.

Nur ein Jahr nach der Vorstellung des 600 kam dann der »600 Multipla« auf den Markt, der von Fiat von Anfang an geplante Sechssitzer. Der Multipla unterschied sich zwar in etlichen Details vom »normalen« 600, er hatte beispielsweise die Vorderachse des 1100 und andere Getriebeübersetzungen; er war aber dennoch vom Motor her identisch und sollte deshalb auch als legale Variante des 600 gelten. Der Multipla war in drei verschiedenen Variationen zu haben: Als 4–5-Sitzer mit großem Stauraum (730000 Lire), als 6-Sitzer (743000 Lire) und als geräumige Taxi-Variante (835000 Lire). Daß man in Turin den Markt für einen derartigen Wagen, der viel Raum auf geringer Grundfläche bot, richtig eingeschätzt hatte, zeigen die Verkaufszahlen, die von 1956 bis 1960 die beachtliche Zahl von 76871 Exemplaren ausweisen.

Insgesamt gesehen sollte der 600 über die Jahre hinweg eines der erfolgreichsten Modelle der Turiner werden: Von 1955 bis zur Produktionseinstellung 1969 sollten von allen Varianten 2612000 Exemplare ausgeliefert werden, zu denen dann noch 1422000 Fahrzeuge hinzukommen sollten, die in Lizenz in den verschiedensten anderen Ländern gefertigt wurden.

Mitte der fünfziger Jahre war die Modellpolitik des Hauses Fiat nicht einfach zu verstehen: Einerseits war der Topolino kurz vor seinem Ende, andererseits hatte der Typ 600 damit begonnen, sein Erbe anzutreten. Weiter oben gab es dann den erfolgreichen neuen 1100 – während für die Wohlhabenden im Lande nur mit dem 1400 und dem daraus entwickelten 1900 zwei Modelle im Angebot waren, die allerdings nicht auf große Resonanz stießen. So ist es auch kein Wunder, daß das Mailänder Haus Alfa Romeo gerade in diesen Jahren sich eine Reputation als Produzent sportlicher und größerer Limousinen und Sportwagen verschaffen konnte, von dem die Mailänder über viele Jahre profitierten. Und vielleicht wurde auch in diesen Jahren der Anschein erweckt, daß Fiat der in großen Stückzahlen verkaufte Kleinwagen wichtiger sei als das eine oder andere Highlight, das weniger für die Kasse, aber mehr für die Reputation auf Band gelegt wurde.

Nur zwei Jahre nach dem Typ 600 kam noch ein weiterer Kleinwagen heraus, der all diese Thesen noch unterstützen sollte: Der »neue« 500 – in den Augen des Managements der eigentliche Nachfolger des Topolino. Um den mittlerweile bestens etablierten 600 noch zu unterbieten, hatten sich Giacosa und seine Ingenieure manches einfallen lassen müssen. Gehen wir noch einmal kurz in seine Erinnerungen: »Während sich der 600 noch im Versuchsstadium befand, hatten wir das Studium

Der Fiat 600 in verschiedenen Variationen – unten als sechssitziger »Multipla«, der von der Raumaufteilung her seiner Zeit weit voraus war.

Der 1900 A war in den 50er Jahren das Prestige-Fahrzeug der Turiner (unten rechts).

der Kleinstautos wieder aufgenommen, das noch kleiner und sparsamer werden sollte. Der Italiener wollte ein Auto und hätte sich auch mit dem kleinsten Raum zufriedengegeben, wenn dieser sich nur auf vier Rädern befand: mochte es auch noch so klein sein, ein Auto würde immer noch bequemer sein als ein Motorroller, besonders im Winter und an Regentagen.«

Die Entwicklungsgeschichte selber beansprucht in den Memoiren von Giacosa nicht weniger als 17 Seiten – kein Wunder, daß wir uns hier auf einige wenige Details beschränken müssen: »Aus Deutschland kamen Nachrichten über Kleinstautos, die ein Mittelding aus Auto und Motorrad waren. Die ›Deutsche Fiat‹ verfügte über ein Montagewerk in Heilbronn und über ein Werk zum Bau von Karosserien im nahen Weinsberg. Hier arbeitete ein Techniker namens Bauhof, der eine blühende Vorstellungskraft und einen immer wachen Unternehmungsgeist besaß. Schüchtern und bescheiden, aber einfallsreich, hartnäckig und eifrig, war es ihm irgendwie gelungen, einige seiner Ideen in die Tat umzusetzen. Commendatore Bonelli hatte ihm die Erlaubnis gegeben, ein Kleinauto zu entwerfen – und er hatte mir seine Entwurfszeichnungen geschickt.«

Weiter schreibt Giacosa: »Mir gefiel dieser Bauhof, der, um seinen Ideen Ausdruck zu verleihen, sich sogar in Italienisch ausdrücken konnte. 1953 hatte der Deutsche einen Prototyp konstruiert und ihn nach Turin geschickt. Ich fand ihn interessant wegen seiner äußeren Einfachheit, aber von den verschiedenen Direktionen wurde er als zu ungenau und unzureichend als Automobil betrachtet.« Dennoch sollte der spätere »500« eine erstaunliche Ähnlichkeit mit diesem 1:1-Prototyp aus Deutschland besitzen.

Am 18. Oktober 1954 wurde in der Sitzung des Vorstands über das Thema »Bericht über neue Typen« die Technik des neuen Wagens definiert: »Es wurde folgendes festgesetzt: die Leistung sollte 13 PS, der Hubraum 480 ccm bei obengesteuerten und etwas mehr bei stehenden Ventilen, die Geschwindigkeit 85 km/h, der Verbrauch 4,5 l/100 km und das Gewicht 370 Kilogramm betragen.«

Nun gab es intern lange Diskussionen darüber, wie der Motor beschaffen sein sollte – man dachte über einen kleinen Reihen-Vierzylinder genauso wie über einen Zwei-Zylinder-Boxermotor oder einen Zwei-Zylinder-Reihenmotor nach. Nur eines war klar: Die von Bauhof vorgeschlagenen Ein-Zylinder-Zweitakt-Motoren wurden nicht einmal diskutiert, nachdem sich Giacosa in Deutschland einen entsprechenden Ilo-Motor besorgt hatte und er von der Geräuschentwicklung dieses 250-ccm-Motors entsetzt war.

Obwohl die Generaldirektion noch immer von der Idee eines Zwei-Zylinder-Boxermotors angetan war, hatte Giacosa längst seine Lösung gefunden – den Zwei-Zylinder-Reihenmotor. Und einmal mehr setzte sich Giacosa durch: »Die Tatsache, daß ich den Kostenunterschied zwischen dem Motor mit gegenläufig angeordneten Zylindern und dem äußerst einfachen Motor des »500«, der noch

1954 machte Fiat mit diesem Plakat von Mario Sironi Werbung für den 1900 A, der mit 70 PS Leistung bis 1956 produziert werden sollte.

Die ganze Welt hatte auf den Fiat 500 gewartet – mit diesem Plakat wurde der spannende Moment des ersten Auftritts gefeiert. Ein Plakat von F. Aimone aus dem Jahr 1957.

heute mit nur wenigen Verbesserungen für den »126« verwendet wird, eingespart habe, ist für mich ein Grund zur Befriedigung.«
Nachdem auch diese Entscheidung gefallen war, konnte die Entwicklung des 500 erfolgreich zum Abschluß gebracht werden. Der neue Wagen war technisch auf dem Stand der Zeit: an allen Rädern gab es eine Einzelradaufhängung, und die Karosserie wurde auf den modernsten Montagebändern zusammengebaut. Der luftgekühlte Zweizylinder war der erste Motor dieser Art, den Fiat jemals gebaut hatte. Wer sich die technischen Daten betrachtet, kann leicht feststellen, wie viele der Forderungen, die am 18. Oktober'54 definiert worden waren, von der Entwicklungsabteilung erfüllt werden konnten. Der 479 ccm große Zweizylinder – Bohrung × Hub 66 × 70 Millimeter – leistete bei 4000/min exakt die geforderten 13 PS. Und auch die Höchstgeschwindigkeit von 85 km/h wurde problemlos erreicht – genauso wie auch der geforderte Benzin-Verbrauch von 4,5 Liter auf 100 Kilometer realistisch war. Nur mit dem geforderten Gewicht von 370 Kilogramm konnte nicht gedient werden – der »neue« 500 wog leer 470 Kilogramm. Aber die Gewichtsvorstellungen des Vorstands waren ja bereits beim 600 nicht erfüllbar gewesen.

Erstaunlicherweise war der neue 500 nicht von Anfang an der große Star, so wie man es sich bei Fiat erhofft hatte – dazu Giacosa: »Das Pressebüro, das unter der Leitung des Vorstandes und der Generaldirektion stand und dessen Direktor Gino Pestelli war, forderte mich auf, bei der Vorbereitung der Werbekampagne mitzuarbeiten. Das Vorstandskomitee beschloß, dem »110« den Namen »Nuova 500« zu geben, im Anklang an den so gefeierten Topolino. »Zwanzig Jahre nach der Schaffung des ersten »500« – hieß es – tritt mit gleichem Erfolg der »Nuova 500« in seine Fußstapfen, ein vollkommen neues, modernes, billigeres, sparsameres Auto, das würdig ist, dem ersten Gebrauchswagen der Welt, der von der Turiner Automobilfabrik hergestellt wurde, nachzufolgen.« Es wurde der Werbeslogan »kleines, großes Auto« verwendet – aber die Leute nannten in kurz »500«. Die Werbekampagne erfolgte in großem Stil. Das Fernsehen stellte seine Kameras in der Fabrikhalle von Mirafiori auf. Es war ein heißer Juli-Abend. Auch ich wurde zu einem Live-Interview gerufen, das ich am Montageband gab.«

Bis zum Jahr 1975 sollte der 500 im Programm des Turiner Unternehmens bleiben, und nach den ersten Marketing-Problemen verkaufte sich der neue Zwerg hervorragend; nicht weniger als 3 678 000 Exemplare sollten ausgeliefert werden. Natürlich hatte der 500 im Laufe der Jahre manche Modifikation über sich ergehen zu lassen – die erste bereits nach wenigen Monaten, als die Leistung für die fahrbegeisterten Italiener von 13 auf 15 PS angehoben wurde. So wuchs auch die Höchstgeschwindigkeit auf 90 km/h. 1958 gab es dann das »500 Sport«-Modell, dessen 21,5 PS für knapp über 110 km/h reichten. In der Werkshistorie wird auch sogleich stolz vermerkt, daß diese Sport-Variante beim 12-Stunden-Rennen auf dem Hockenheimring in seiner Kategorie die ersten vier Plätze belegte. Um die Mehr-Leistung zu erzielen, hatten die Techniker die Bohrung von 66,0 auf 67,4 Milli-

Der »neue« Fiat 500 in malerischer Umgebung - mit dieser Werbung schaffte es Fiat, typisch mediterane Stimmung einzufangen.

Die »Ur«-Form des Fiat 600 - von dieser Holzform wurden die exakten Maße und Formen abgenommen. Die Form befindet sich heute im Centro Storico in Turin.

Um die Qualität zu demonstrieren, griff man bei Fiat auf jeden PR-Einfall zurück - hier ein »Nuova 500«, der unter die Steilwandfahrer gekommen war.

Diese elegante Coupé-Variante des 500 wurde in Deutschland in Weinsberg gefertigt (ganz unten).

meter vergrößert; daraus resultierte ein auf 499,5 ccm angewachsener Hubraum, der in Verbindung mit einer entsprechend veränderten Hinterachsübersetzung für die bereits erwähnten 110 km/h verantwortlich war.

1960 folgte ein »500 Station Wagon«, der sich durch einen um zehn Zentimeter verlängerten Radstand und durch eine große Hecktüre von der normalen Version unterschied. Um diese Variante zu ermöglichen, wurde der Zweizylinder »flach« gelegt. Später wurde diese Version dann unter dem Namen der ebenfalls zum Konzern gehörenden Firma »Autobianchi« weitergebaut. In diesem Jahr bekam dann auch die Basisversion den 499,5 ccm großen Motor des 500 Sport, der sich allerdings mit 17,5 PS bei 4400/min begnügen mußte.

Erst fünf Jahre später gab es die nächste wichtige Modellpflege: Beim 500 F wurden die Türen nun endlich vorne angeschlagen, während unter der Heckklappe nun der altbewährte Zweizylinder mit 22 PS bei 4400/min arbeitete, der für die völlig ausreichende Höchstgeschwindigkeit von 95 km/h und niedrigste Verbrauchswerte sorgte.

1968 sollte dann noch der »500 de luxe« folgen, der sich durch ein neues Armaturenbrett und durch aufwendige Stoßstangen von seinen Vorgängern unterschied. Der letzte seiner Reihe war 1972 der 500 R, dessen R für das Wort »Revised« stand. Hier wurde nun eine Motorvariante mit 594 ccm Hubraum und 18 PS Leistung montiert, die später beim Typ 126 verwendet wurde. Die Höchstgeschwindigkeit dieses letzten 500 pendelte sich nun bei 100 km/h ein.

Der 500 verkaufte sich in allen Variationen dann über viermillionenmal - wobei die Differenz zwischen den 3,7 Millionen und den über 4 Millionen daraus resultiert, daß sich die Statistiker nicht ganz darüber im klaren sind, ob der 500 R, dessen Triebwerk dem vom 126 entspricht, ein »echter« 500 ist oder nicht.

Auf alle Fälle prägte dieser Kleinwagen die sechziger Jahre wie kaum ein anderes Auto, und noch heute begegnen einem diese Wagen in Italien an jeder Ecke. Sie sind damit echte Automobile im Sinne des alten Giovanni Agnelli - »Volks«-Wagen im wahrsten Sinne des Wortes, die ihren Besitzern zu geringsten Unterhaltskosten alle Möglichkeiten der Mobilität bieten.

»Die direkte Verbindung zwischen Arbeit und Freizeit« - ob man dieses Plakat von 1957 so interpretieren darf?

Auf dem Weg zu europäischen Dimensionen

Im Frühling 1953 hatte die Entscheidung über die Produktion des »600« zu fallen, doch der Vorstandsvorsitzende Prof. Valletta wollte diese wichtige Entscheidung vom gesamten Vorstandskomitee absegnen lassen. Also lud er den Advokaten Agnelli, den Grafen Camerana, Ingenieur Bruschi, Grand'Ufficiale Genero, Ingenieur Bono, Commendatore Gajal, Buchhalter Ghiglione, Commendatore Fiorelli und Dr. De Regibus zur Plenarsitzung ein.

Diese Sitzung fand am 15. Juli 1953 statt, und wir verdanken den Aufzeichnungen von Dante Giacosa, der als Projektleiter dieses Wagens verantwortlich zeichnete und als einziges Nicht-Vorstandsmitglied dabei war, die ersten Aussagen des »jungen« Giovanni Agnelli in einer Vorstandssitzung: »Agnelli erklärte kurz und bündig, daß nach seiner Ansicht der Wagen ausgezeichnet sei, vielleicht aber etwas zu schnell.«

Zum ersten Mal seit dem Tod von Senator Agnelli im Jahr 1945 taucht eben dieser Name wieder im Firmengeschehen auf - der mittlerweile 32jährige Jurist Agnelli war 1953 zum Präsidenten der RIV ernannt worden, einer 1906 von seinem Großvater gegründeten Gesellschaft für die Herstellung von Kugel- und Rollenlagern, mit der sich der Senator

von ausländischen Importeuren unabhängig gemacht hatte. In dieser Position konnte sich der Enkel - dessen Vater 1935 bei einem Flugzeugabsturz ums Leben gekommen war - als Mann mit Führungsqualitäten beweisen und zugleich das Riesenunternehmen von der Pike auf kennenlernen.

Natürlich war allen Beteiligten klar, daß der Advokat Agnelli eines Tages der Herrscher des Hauses Fiat sein würde - dementsprechend war das Büro des RIV-Präsidenten neben dem Sitzungssaal des Verwaltungsrates eingerichtet worden, schließlich sollte der »junge« Agnelli an allen Entscheidungen beteiligt sein.

Dennoch ließ es der Rechtsanwalt Agnelli langsam angehen: Erst 1963 wurde der enge Mitarbeiter Vallettas, von dessen Führungsstil er viel übernehmen sollte, zum Geschäftsführer ernannt. Und erst drei Jahre später sollte Agnelli mit dem Amt des Vorstandsvorsitzenden die volle Verantwortung für die Fiat-Gruppe übernehmen, als Valletta 1966 aus Altersgründen aus dem Amt schied. Wobei gesagt werden sollte, daß Valletta eigentlich gehofft hatte, Agnelli würde ihn trotz seiner 83 Jahre weiter im Amt lassen.

Zweimal Giovanni Agnelli - einmal in seinem kleinen Bugatti (l.) im Jahr 1927, und einmal als Chef des Hauses Fiat.

Aber schon gegen Ende der fünfziger Jahre ist Agnelli natürlich eine dominierende Kraft im Machtgefüge am Corso Dante in Turin: So unterstützt er Valletta entscheidend bei dessen Plänen, die vergleichsweise große Abhängigkeit des Hauses von Zulieferern zu beenden. Bis dahin war es dem Unternehmen nur recht gewesen, wenn sich eine große Anzahl von Spezialfirmen um die Produktionsstätten herum angesiedelt hatte, die die Fließbänder direkt mit den Bauteilen belieferten. Nun hatte sich jedoch eine gefährliche Abhängigkeit herauskristallisiert, über 40 Prozent der Ausgaben flossen direkt aus dem Unternehmen zu den Zulieferern. Parallel dazu hatten sich seit 1948 die Produktionszeiten selbst um 72 Prozent verringert, und dementsprechend waren auch die Produktionskosten gesunken.

Da Fiat diese Vorteile direkt an die Kunden weitergeben wollte, mußten die Lieferanten immer schärfer kalkulieren und parallel dazu immer kompliziertere Teile immer präziser liefern. Kein Wunder, daß manchen der finanzielle Atem auszugehen drohte - die wenigsten hatten das finanzielle Kapital, hier mitzuziehen. Vallettas Plan war ganz einfach: alle Zulieferer so schnell wie möglich in die Firma zu integrieren. Daß Fiat hier auf Widerstände stoßen würde, war klar - doch man hatte keine andere Wahl, wenn man in dem europäischen Markt, der ja 1956 begann, Formen anzunehmen, bestehen wollte. Vittorio Valletta gelang es schließlich, das Werks-Umfeld umzugestalten, bis zum Ende der fünfziger Jahre waren die wichtigsten Tochtergesellschaften hinzuerworben und in das Firmennetz eingefügt worden. Anschließend hatte Valletta dann noch die Organisationsstrukturen den neuen Erfordernissen angepaßt, parallel dazu das Händlernetz vergrößert und qualitativ auf Vordermann gebracht. Und was ihm die Techniker besonders hoch anrechneten: Er hatte die Forschungsabteilungen und Labors personell und finanziell so ausgestattet, daß Fiat von 1959 mit einer Offensive von neuen Modellen den Markt beeindrucken konnte.

1959 war auch das Jahr, in dem die Geschäftsführung erklärte, daß man bis zum Jahr 1963 die Automobilproduktion verdoppeln wolle - in nur fünf Jahren eine Verdoppelung? Fiat schaffte die Herausforderung, und Agnelli dürfte mit seiner Weitsicht nicht unerheblich daran beteiligt gewesen sein; er war wie sein Großvater fest davon überzeugt, daß die Zukunft nur den großen Weltmärkten und ihren dazugehörigen riesigen Stückzahlen gehören konnte.

Betrachten wir uns einmal das Modell-Programm des Jahres 1958: Mit dem 500 und dem 600 in all seinen Variationen hatte Fiat auf dem Kleinwagensektor die besten Karten. Beide Modelle waren wirtschaftlich vernünftige Massentransportmittel, die zu konkurrenzlos niedrigen Preisen angeboten werden konnten. Kleine Fahrzeuge zu geringen Preisen können aber zwangsläufig keine sehr hohen Gewinne einbringen; hier brachte nur die Masse Geld in die Kassen. Der 1100 hatte mittlerweile etliche Modellpflegemaßnahmen hinter sich; er basierte aber auf einem Modell, das seit 1953 auf dem Markt war. Und um der immer stärker werdenden Konkurrenz wenigstens etwas Neues entgegensetzen zu können, war auf dem Turiner Automobil-Salon 1957 der »1200 Granluce« vorgestellt worden - eine etwas elegantere Variante mit einem auf 1221 ccm Hubraum vergrößerten Vierzylinder, der nun bei 5300/min 55 PS bereitstellte. Die zwölf Mehr-PS konnten den Verkauf

Ein sechssitziger Spider? Mit derartigen Fahrzeugen auf Multipla-Basis wurden 1960 die Besucher bei Werksbesichtigungen herumgefahren.

Die hohe Zeit des Chroms - Frontpartie des Fiat 2100.

Von März 1959 an lieferbar: Der Fiat 1800/1900 war die erste Sechszylinder-Neukonstruktion nach dem Krieg (unten).

noch etwas verbessern, bis 1960 sollten 400 000 Exemplare ausgeliefert werden. Aber es war allen Beteiligten klar, daß solche Stückzahlen für die Zukunft nicht ausreichend waren. Nur eine kleine Randbemerkung: Die Cabrio-Variante des Granluce konnte zwar den Verkauf auch nicht steigern, ist aber als letztes klassisches Fiat-Cabrio im Stil der Chrom-50er-Jahre ein bemerkenswertes Sammlerstück geworden.

Das hubraumgrößte Modell war - nachdem der veraltete 1,9-Liter-Vierzylinder bereits 1956 vom Montageband genommen worden war - nun der 1400; ebenfalls ein Reihen-Vierzylinder, der seine Karriere bereits 1950 begonnen hatte - und mittlerweile entsprechend veraltet wirkte. Dazu kam dann noch der Geländewagen Campagnola - der jedoch nur in kleinsten Stückzahlen in die Hände von Privatkunden gelangte, da er für den Einsatz im täglichen Alltagsverkehr nur bedingt geeignet war. Valletta hatte die Probleme des Unternehmens rechtzeitig erkannt und mit den neuen Modellen, die von 1959 an auf dem Markt erscheinen sollten, eine solide Basis geschaffen.

Im März 1959 hatten zum ersten Mal seit dem Produktionsende des 1500E im Jahr 1950 die Händler wieder einen Sechszylinder im Programm: der 1800 und 2100 war zum ersten Mal auf dem Genfer Automobil-Salon zu sehen - und überzeugte die Kritiker durch sein modernes Styling und den modernen Reihen-Sechszylinder, dessen hängende Ventile zwar durch eine untenliegende Nockenwelle gesteuert wurden, dessen Verbrennungsraum jedoch durch eine aufwendige Formgestaltung - man gab ihr den Namen »polysphärisch« - viel Leistung bei günstigen Verbrauchswerten bereitstellte.

Beide Varianten waren äußerlich nicht zu unterscheiden; der Hubraum betrug 1795 ccm (mit 75 PS Leistung bei 5500/min) und 2054 ccm (mit 82 PS Leistung bei derselben Nenndrehzahl). Der

erste Sechszylinder der Nachkriegszeit wurde neben der Limousine auch in einer Kombi-Variante angeboten, die sich aber in Beschleunigung und Höchstgeschwindigkeit (140-150 km/h) nur unwesentlich voneinander unterschieden. Natürlich war man sich in Turin klar, daß dieses große Modell nicht die Stückzahlen eines Fiat 500 würde erreichen können; tatsächlich wurden aber bis zur ersten Modellpflege im Jahr 1961 schon über 30000 Fahrzeuge ausgeliefert, zu denen dann noch 1174 Exemplare des »2100 Special« gezählt werden müssen, der mit einem längeren Radsand und einer wesentlich luxuriöseren Ausstattung für die Direktoren und Spitzen-Beamten des Staats ausgeliefert wurde.

Der neue Sechszylinder trug in all seinen Variationen entscheidend dazu bei, Fiat rasch von dem Ruf zu befreien, über eine veraltete Modellpalette zu verfügen; daß er zudem noch für Geld in der Kasse sorgte, war ein angenehmer Nebeneffekt.

Doch die Fiat-Offensive sollte weitergehen: Nachdem 1960 das 15000 und 1600 S-Cabriolet mit 80 bzw. 90 PS das Herz aller Sportwagenfreunde höher schlagen ließ - und zugleich die Reputation als Produzent ästhetischer Sportwagen in der klassischen italienischen Tradition wieder auffrischte -, kam dann gegen Ende April 1961 mit den 1300- und 1500-Modellen der erste neue Mittelklassewagen seit knapp einem Jahrzehnt auf den Markt.

Der Wagen war komplett neu konstruiert, das Design orientierte sich leicht an dem erfolgreichen Bruder aus der Sechszylinderklasse, und die Technik hatte sich vor der Serienfreigabe Belastungstests zu unterziehen, wie es bis dato bei Fiat noch nie geschehen war. So wurde beispielsweise das Getriebe Erprobungen unterworfen, die einigen hunderttausend Kilometern Fahrstrecke entsprachen, und es wurde über Zehntausende von Kilometern mit einem Drehmoment belastet, das 40 Prozent über dem maximalen Drehmoment des Motors lag. Vom 1300/1500 wurden insgesamt 19 Prototypen gebaut - eine Zahl, die heute weit überschritten wird, damals aber völlig unüblich war -, von denen jeder 60000 bis 120000 Kilometer zurückzulegen hatte. Eine Broschüre aus der damaligen Zeit vermeldet dazu stolz: »Schon vor der ersten Auslieferung hat der Wagen über 1500000 Kilometer zurückgelegt«.

Interessant ist auch, daß man bei Fiat hier erstmals auf die anderen Unternehmen im Hause und

Den neuen 1800/2100 gab es auch als Kombi - er trug die Bezeichnung »Familiale« (links oben).

Elegante Frau mit elegantem Wagen: Das 1600 S-Cabrio wurde von 1963-1965 gebaut - der Preis: 1 750 000 Lire (links unten).

Natürlich mit Weißwandreifen: Der neue Fiat 1300 feierte 1961 Premiere (unten).

Und auch vom 1300/1500 gab es einen »Familiale« (rechts unten).

deren Entwicklungskapazität zurückgriff - dazu nochmals die Werbebroschüre: »Fiat hat aus seiner Abteilung für Flugzeugbau die modernsten Mittel eingesetzt, um sämtliche Vibrationen und Schwingungen der Karosserie eindeutig zu lokalisieren. Wer die in der Luftfahrttechnik vorherrschende Präzision und Prüfmethoden kennt, kann sich die Bedeutung ähnlicher Maßnahmen bei der Entwicklung und Konstruktion eines Automobils vorstellen. In der Tat wurden hierbei äußerst interessante Ergebnisse erzielt, die in einigen Fällen sogar gewisse Kenntnisse und Maximen der Blechverarbeitung - die man zu beherrschen glaubte - über den Haufen warfen.«

Mit dem 1300 und 1500 wurde die Lücke zwischen dem 1100 und dem 1800 geschlossen, und der 1300 Granluce wurde aus dem Programm genommen. Als dann im November'61 auf dem Turiner Salon noch die Kombi-Variante erschien, hatte Fiat in der Mittelklasse ein hochmodernes Angebot parat. Noch kurz die wichtigsten Daten: Die beiden Reihen-Vierzylinder hatten 1295 bzw. 1481 ccm Hubraum und leisteten bei 5200/min 65 bzw. 72 PS. Damit erreichte der nur 960 Kilogramm schwere Wagen bis zu 150 km/h. Und der 45-Liter-Tank bot eine Reichweite von 500 bis 600 Kilometern.

1964 wurde der 1500 dann überarbeitet und trug von da an die Bezeichnung »1500 C« - mit nunmehr 83 PS bei 5400/min erreichte diese stärkste Variante 155 km/h. Wie erfolgreich dieses neue Modell war, zeigen die Verkaufsziffern: Bis zur Produktionseinstellung im Jahr 1967 wurden über 600 000 Fahrzeuge ausgeliefert.

Nur zwei Jahre nach ihrer Einführung hatten die Sechszylinder bereits deutliche Modifikationen erhalten - der Grund dafür lag hauptsächlich darin, daß die Kundschaft der teureren 2,1-Liter-Variante sich deutlicher von dem 1,8-Liter-Modell abheben wollte. Also wurden die Bohrung und der Hub von 77 und 73,5 Millimetern auf 78 und 79,5 Millimeter angehoben - das Ergebnis war nun ein Hubraum von 2279 ccm. Damit standen auch bei 5300/min 105 DIN-PS parat, die den Wagen, der nun die Bezeichnung »2300« trug, 160 km/h schnell machten. Natürlich gab es auch hier wieder eine »Special«-Variante, bei dem der Radstand von 2650 Millimeter auf 2730 Millimeter verlängert wurde, damit der Fußraum vor der Rücksitzbank vergrößert werden konnte. Äußerlich unterschied sich der 2300 von der preisgünstigeren 1800-Variante hauptsächlich durch die Doppelscheinwerfer; intern gab es neben dem stärkeren Motor nun auch eine Automatik und ein handgeschaltetes Getriebe mit Overdrive gegen Aufpreis. Die vier Scheibenbremsen waren serienmäßig.

Aus dem »kleineren« 1800 war der 1800 B geworden, der durch viel Feinarbeit am Motor nun statt der bisher lieferbaren 75 PS seinem Käufer 86 PS bei 5300/min liefern konnte. Der 1800 B erreichte nun 145 km/h bei einem Verbrauch von zehn bis zwölf Litern auf 100 Kilometer. Wie bei dem 2300 waren auch hier die vier Scheibenbremsen serienmäßig, und auch hier konnte gegen Aufpreis ein Automatikgetriebe erworben werden.

Interessant bleibt die Entscheidung der Direktion, daß beide Motorisierungsvarianten auch weiterhin

als »Station Wagon« - wie der Kombi offiziell hieß - lieferbar waren. Man stelle sich diese Situation heute vor: Das Topmodell eines Hauses wird von Metzgermeister und Fabrikbesitzer gleichermaßen gefahren.

Im Herbst 1960 hatte das berühmte Haus Ghia den Prototyp eines Coupés auf der Basis des 2100 gezeigt. Nur ein Jahr später sollte dieses bildschöne Coupé dann als »2300 S«-Coupé in den Verkauf gehen. Um die Fahrleistungen deutlich von denen der Limousine abzuheben, war der Motor gründlich überarbeitet worden: er leistete nun bei 5600/min 136 DIN-PS, die das knapp 1,3 Tonnen schwere Coupé auf knapp über 190 km/h beschleunigen konnten. Mit einem Preis von 2600000 Lire war dieser elegante Wagen zwar deutlich teurer als die Basis-Version - die 2300-Limousine kostete 1650000 Lire -, dennoch verkaufte sich das Coupé bis zur Produktionseinstellung im Jahr 1968 in interessanten Stückzahlen. Außerdem war ein solcher Wagen natürlich ein Imageträger ersten Ranges.

Insgesamt verkaufte Fiat von allen Sechszylinder-Varianten über 155 000 Exemplare - eine in dieser Höhe nicht erwartete stolze Zahl.

1962 durfte dann die Karosserie der Sechszylinder erstmals auch mit einem Vierzylinder ins Angebot kommen: Ursprünglich nur als Taxi gedacht, hatte der »1500 L« den längeren Radstand und bot mit seinem 1481 ccm großen Triebwerk, das - dank zweier obenliegenden Nockenwellen - sehr sportlich ausgelegt war, mit 72 PS und 130 km/h

Einer der großen Reisesportwagen der 60er Jahre: Mit dem 2300 S-Coupé konnten auch lange Strecken mühelos überbrückt werden.

Höchstgeschwindigkeit Fahrleistungen, wie sie bis dahin im Taxi-Gewerbe nicht üblich gewesen waren.

Rasch tauchte aber dann der Wunsch auf, den 1500 L auch in das normale Verkaufsprogramm aufzunehmen. Um diesen Kunden etwas mehr Fahrfreude zu vermitteln, wurde der Motor auf 75 PS Leistung gebracht, die - zusammen mit ei-

ner geänderten Hinterachs-Übersetzung - für 140 km/h Höchstgeschwindigkeit sorgten. Und um völlig korrekt zu sein, sollte noch erwähnt werden, daß von 1964 bis zur Produktionseinstellung im Jahr'68 die Leistung um weitere zwei PS angehoben wurde. Von all diesen Varianten wurden über 88000 Fahrzeuge verkauft.

Der Plan Vallettas, die Struktur des Hauses völlig zu verändern, war aufgegangen; die nahezu konkurrenzlosen Kleinwagen hatten mit ihren Erträgen die Konstruktion teurerer Mittel- und Oberklassewagen ermöglicht, die ihrerseits wieder für eine bessere Reputation sorgten und - dank der höheren Erlöse pro verkauftem Wagen - die Kassen füllten. Man hatte sich auch wieder Märkte zurückerobert, die seit den frühen fünfziger Jahren Alfa Romeo, Lancia und den Importeuren überlassen worden waren.

Valletta hatte aber auch mit der Neuorganisation neue Perspektiven eröffnet. Und so entwickelte sich das Haus tatsächlich in der geplanten Weise: Es wurde immer realistischer, daß man die Verdoppelung der Produktion bis 1963 erreichen konnte. 1962 hatte Fiat in Italien einen Markt-Anteil von nahezu 90 Prozent, und über 300000 Fahrzeuge gingen in den Export. Und im Jahr darauf bauten erstmals über 120000 Menschen über eine Million Automobile.

Mit diesem Background konnte Fiat nun in andere industrielle Unternehmen einsteigen - und sich damit noch mehr vom Automobil unabhängig machen. Diversifikation - so würde man heute diesen Unternehmensschritt beschreiben. Fiat übernahm Werkzeugmaschinenhersteller und ist heute in der Lage, praktisch alle Werkzeuge für die Produktion selbst herzustellen. Fiat kaufte Reisebüros und Reiseveranstalter - kein Wunder, daß es in Turin eine Agentur gibt, die sich nur um die Organisation von Veranstaltungen intern bemüht. Baumaschinen und Ackerschlepper werden ebenso wie Lastwagen und Omnibusse montiert, es gibt ein eigenes Stahlwerk, eigene Gießereien und Schmieden. Fiat begann sehr früh auch damit, sich beim Bau von Kernkraftwerken zu beteiligen. Man stellt in einem Werk in Neapel seine eigenen Schmierstoffe her, man baut seine eigenen Vergaser und Einspritzanlagen - so gehört beispielsweise der berühmte Vergaser-Hersteller Weber zu Fiat, und man ist mit 50,5 Prozent an Magneti Marelli beteiligt, dem italienischen Gegenstück zu dem deutschen Unternehmen Bosch.

Der 1500 war bis 1967 eine der Stützen des Geschäfts.

Auf die Beteiligungen an Flugzeugwerken ist bereits öfter hingewiesen worden - hier wurde in den sechziger Jahren nach der Produktionseinstellung der G91 die Montage der Lookheed »Starfighter« für die italienische Luftwaffe übernommen. Dazu gibt es Werke, die Turbinen und Triebwerke entwickeln und liefern. Man beschäftigte sich auch lange mit dem Bau von Hubschraubern; heute wird in diesem Bereich mehr die Wartung der verschiedensten Typen für mehrere Fluggesellschaften und Chartergesellschaften betrieben. Im Laufe der Jahre sollte sich Fiat dann aber noch in ganz anderen Bereichen etablieren: So sind die Turiner heute beispielsweise einer der größten Produzenten medizinisch-technischer Geräte und die Nummer Eins unter den italienischen Herzschrittmacher-Herstellern.

Man lästert in Italien gerne, daß man die stetig wechselnden Regierungen doch an die Luft setzen - und dafür das Fiat-Management mit ihrer bekannten Effektivität einsetzen solle, schließlich würde wenigstens Fiat schwarze Zahlen schreiben. Man hört dies in Turin zwar ganz gerne, hat jedoch zugleich auch Bedenken, daß damit Emotionen geschürt werden könnten, die dem Unternehmen zuviel Macht zugestehen - die man in der Realität dann doch nicht hat. Tatsache ist jedoch, daß Fiat dank der klugen und vorausschauenden Politik von Valletta und Agnelli sich zu dem Unternehmen entwickelt hat, das Italien heute in aller Welt repräsentiert. Und daß man bis heute bereit ist, durch weitere Zukäufe und die Übernahme von bankrottgefährdeten Unternehmen dieses Bild zu verfeinern, zeigt, daß man keineswegs gewillt ist, bei der bisher erfolgten Expansion einen Schlußstrich zu ziehen.

Obwohl man sich gerade nach dem Erwerb der großen Firmen Lancia und Alfa Romeo und durch den Besitz von mittlerweile 90 Prozent der Aktien des Juwels Ferrari fragen kann, was im Auto-Bereich denn noch hinzu kommen könne - vielleicht noch Maserati, und dann?

1964 bot für das Unternehmen wieder neue Höhepunkte: Neben der Auslieferung des 100. Starfighters an die italienische Luftwaffe und der Eröffnung des Gran-St.-Bernardo-Tunnels - dessen Projektierung und Bauleitung durch Fiat-Ingenieure erfolgte - sorgte der neue »850« für die meisten Schlagzeilen.

Auch wenn der 850 eigentlich nur die Lücke zwischen dem 600 und dem 1100 füllen sollte, so wurde der kleine Vierzylinder doch das Synonym für eine völlig neue eigenständige Klasse: Ein Kleinwagen, der einerseits kostengünstig und platzsparend überall seinen Weg fand - der aber andererseits einen ernsten Versuch unternahm, den Komfort und die Fahrleistungen eines deutlich größeren Wagens zu bieten.

Dafür wurde der wassergekühlte Reihen-Vierzylinder deutlich überarbeitet - der 843 ccm große Motor leistete, je nach Ausführung, zwischen 34 und 52 PS, wobei diese stärkste Variante nur in dem zweisitzigen Coupé und in dem von Bertone gezeichneten und gebauten Spider zum Einsatz kam. Leer wog der 850 nur 670 Kilogramm - und da man den Wagen auch aufwendig im Windkanal getestet hatte, erreichte der neue Star des Modellprogramms bis zu 125 km/h. Spider und Coupé waren sogar 145 km/h schnell. Die Arbeit im Windkanal hatte aber nicht nur für Höchstgeschwindigkeit, sondern auch für Sparsamkeit gesorgt: mehr als sechs Liter Benzin wurden auf 100 Kilometer nur selten erreicht.

Die Außenabmessungen des 850 waren ungefähr mit denjenigen des 600 identisch. Durch viel Entwicklungsarbeit war es den Ingenieuren jedoch gelungen, den Passagieren und ihrem Gepäck deutlich mehr Raum zur Verfügung zu stellen - kein Wunder, daß der 850, der bis 1974 in Italien gebaut wurde (die Produktion von Coupé und Spider wurde bereits 1972 eingestellt), über 2,2 Millionen Mal verkauft wurde. Und natürlich wurde auch rasch ein sechssitziger Kasten- und Lieferwagen angeboten.

Der »Multipla« des 850er-Zeitalters - diese sechssitzige Variante trug den Namen »850 Familiale« und wurde von 1965 bis 1976 gebaut.

Interessant ist auch, daß der 850 das erste Automobil war, bei dem Fiat dem Problem der Sicherheit besondere Aufmerksamkeit schenkte; mit aufwendigen Crash-Versuchen wurde die Steifigkeit der Karosserie optimiert, das Aufspringen der Türen beim Aufprall unterbunden und die sicherste Lage des Kraftstofftanks gefunden. Heute ist die Konstruktion von Sicherheit eine Selbstverständlichkeit - in den frühen sechziger Jahren waren solche Bemühungen aber noch die Ausnahme.

In der Festschrift »Linea Fiat«, die anläßlich des 100. Geburtstages von Giovanni Agnelli herausgegeben wurde, steht über den 850 folgendes: »Der 850 wurde zum ›zeitgemäßen‹ Wagen erklärt - ein Wagen, der nicht unbedingt revolutionär, aber dafür sicher, erprobt und robust ist. Die äußere Form ist gefällig und originell; Originalität ohne unnützes Zierrat, sichtbar vor allem bei den großen Scheinwerfern oder am kurz abgeschnittenen Stufenheck. Kurz: Technik und Optik ergänzen sich so, daß das Fahren viel Freude bereitet.«

1966 war ein wichtiges Jahr für Fiat: Am 13. August kehrte zum 100. Mal der Geburtstag von Giovanni Agnelli wieder - mit entsprechenden Feiern wurde dieses Tages gedacht. In diesem Jahr übernahm auch der Enkel, Advokat Giovanni Agnelli, die Macht - Agnelli wurd zum Aufsichtsratsvorsitzenden und Präsidenten gewählt. Zugleich wurde auch die »Agnelli-Stiftung« ins Leben gerufen.

Mit einem wichtigen internationalen Abkommen fand Fiat ebenfalls weltweit Beachtung: Zusammen mit der UdSSR wurde ein Vertrag geschlossen, der die Errichtung eines Automobilwerks in Togliatti an der Wolga zum Inhalt hat. Mehr als 600 000 Fahrzeuge sollten hier eines Tages von den Montagebändern laufen. Parallel dazu wurde die Zusammenarbeit mit anderen osteuropäischen Staaten vertieft. Agnelli war mehr denn je davon überzeugt, daß sich die Zukunftsperspektiven nur beim Handel über die Grenzen hinweg ergeben.

Das Jahr sollte aber auch ein völlig neues Modell bringen, das erstmals eine Abkehr von der Hubraumgröße als Typenbezeichnung bot: Der neue Typ hieß einfach »124« - und nicht »1200«, wie er dank seines 1197 ccm großen Vierzylinders eigentlich hätte heißen müssen. Dank der 60 PS, die die ersten Modelle hatten, war der 124 mit über 140 km/h für einen 1,2-Liter-Wagen recht temperamentvoll. Später sollte es noch eine 70-PS-Variante, den 124 Special, und einen Doppelnockenwellen-Motor mit 80 PS geben, der im 124 Special T zum Einsatz kam. Die »Special«-Varianten, deren Hubraum auf 1438 ccm angehoben worden war, fanden dann in einem Coupé und in einem Spider ihren Höhepunkt. Der Spider sollte auch der letzte Überlebende dieser Baureihe werden, denn seine Produktion - mit nun mehr 2 Liter Hubraum und 105 PS Leistung - wurde erst Mitte der achtziger Jahre eingestellt.

Im Mai 1964 plazierte Fiat den 850 am Markt - ein Millionenseller über viele Jahre hinweg. Oben die Limousine, unten das vom Fiat Styling Center entworfene kleine Coupé.

Daß der Spider - mit einem festverschweißten Hardtop - von 1973 bis 1975 auch als erfolgreicher Rallye-Wagen zum Einsatz kommen sollte, hatten sich seine Väter 1966 bestimmt auch nicht gedacht. Als Fiat Abarth Rally beherrschte er kurz die Rallyeszene, hatte allerdings in seiner Rennversion mit einem Vierventilkopf und knapp 205 PS deutlich mehr Leistung als der »Straßen«Abarth, der in kleinen Stückzahlen mit 128 PS Leistung zur Homologation an Interessenten verkauft wurde. Dann kam der Lancia Stratos in die Rennszene, der seiner Konkurrenz so überlegen war, daß man im Haus - Lancia war ja mittlerweile im Besitz von Fiat - rasch einsah, daß es Unfug sei, zwei verschiedene und so kostenintensive Teams gegeneinander antreten zu lassen.

Der 125 selbst war auf Anhieb ein Erfolg: Während der achtjährigen Bauzeit wurden in Italien 1920000 Exemplare montiert, dazu kamen knapp eine Million Lizenzbauten. Außerdem wurden noch in der UdSSR bis 1980 rund fünf Millionen Einheiten des Lada produziert, der den 124 in vielen Details zum Vorbild hatte.

1966 war aber noch aus einem weiteren Grund ein bemerkenswertes Jahr: In diesem Herbst wurde der Grundstein der Zusammenarbeit zwischen Fiat und Ferrari gelegt. Heute ist diese Sportwagen-Schmiede ja eine der berühmtesten Firmen der Erde - damals hatte der Commendatore Enzo Ferrari jedoch große Schwierigkeiten, da die vergleichsweise kleine Zahl von etwa 1000 Fahrzeugen, die alljährlich in die Hände von wohlhabenden Kunden gingen, nicht den Erlös bringen konnten, den die teure Renn-Abteilung kostete. Henry Ford persönlich hatte bereits die ersten Gespräche für eine Übernahme geführt; sie scheiterten jedoch bereits in der ersten Phase daran, daß die kostenorientierten Amerikaner Enzo Ferrari bei der Führung seiner Rennabteilung - die ihn stets mehr als die Sportwagen interessierte, die unter seinem Namen verkauft wurden - finanziell unter Druck setzen wollten. Ein Amerikaner sollte jeden Scheck und jeden Vertrag gegenzeichnen, den Ferrari unterzeichnet hatte. Ferrari schäumte vor Wut, aber er benötigte Kapital.

Giovanni Agnelli, der selbst bereits etliche der Zwölfzylinder aus Maranello besessen hatte, fuhr in den kleinen Vorort von Modena und hatte ein langes Gespräch mit der »Legende«. Man einigte sich auf einer Basis, die allen Beteiligten zum Vorteil gereichte: Von 1969 an sollte Fiat 50 Prozent der Ferrari-Anteile übernehmen und sich zugleich um die Entwicklung, Produktion und Vermarktung der Straßenfahrzeuge kümmern. Enzo Ferrari erhielt die restlichen 50 Prozent, von denen er zehn Prozent an seinen Sohn Piero Lardi-Ferrari weiterreichte. Ferrari sollte bis zu seinem letzten Tag der uneingeschränkte Chef der Rennabteilung bleiben, und Fiat hatte ihm die Summen zur Verfügung zu stellen, die Ferrari für seine Renn-Aktivitäten benötigte. Ferrari war so seine Geldprobleme los und konnte sich voll um seine geliebten Rennwagen kümmern - und Fiat hatte die Kontrolle über eine der renommiertesten Firmen gewonnen. Und da Fiat auch die Vorkaufsrechte auf die 40 Prozent von Enzo Ferrari besaß, ist man nun - seit dem Tode des Commendatore im August '88 - der Großaktionär des berühmten Hauses.

Enzo Ferrari benötigte aber bereits im Jahr 1966 Geld, und diese Tatsache war die Ausgangsbasis für eines der ambitioniertesten Projekte: dem berühmten Sechszylinder »Dino«-Motor. Die Ausgangsbasis war das Rennsport-Reglement, das von 1966 an für die Fahrzeuge der Formel 2 einen Motorblock vorschrieb, der in zwölf aufeinanderfolgenden Monaten in mindestens 5000 Exemplaren gefertigt werden mußte. Ein Reglement, das Ferrari nie hätte erfüllen können, denn so viele Autos baut Ferrari bis heute nicht - 1989 waren es knapp über 4200 Automobile, die die Hallen verließen.

Agnelli sprang ein und erklärte, daß man einen Sportwagen ins Programm nehmen würde, der sich über die Fiat-Organisation in den gewünsch-

Ein eleganter Wagen: Das 124 Sport-Coupé, das 1967 erstmals angeboten wurde.

Die 124 Berlina-Limousine in ihrer ersten Grundform - ein Werbebild aus dem Jahr 1966.

Enzo Ferrari - mit dem legendären Commendatore vereinbarte Fiat 1966 die gemeinsame Entwicklung eines Sechszylinders für die Formel 2. Dieser Motor sollte alle Dino-Modelle antreiben (unten).

ten Stückzahlen verkaufen ließe. Dies war die Geburtsstunde des Dino-Spiders und des ein Jahr später lieferbaren Dino-Coupés. Beide verfügten über den V-Sechszylinder mit 1987 ccm Hubraum, der - konzipiert für den Rennsport - natürlich die aufwendigste Technik besaß: Vier obenliegende Nockenwellen und drei Weber-Doppelvergaser sorgten schon in der Straßenversion für 160 PS bei 7200/min; es ist also nicht verwunderlich, daß Ferrari mit dem entsprechenden Renn-Motor jahrelang vorne mit fuhr und einmal auch die Formel-2-Europameisterschaft gewann.
Der Dino-Sechszylinder kam aber auch in anderen Fahrzeugen des Konzerns zum Einsatz. Ferrari selbst baute den 206 GT, dessen Kürzel für 2,0 Liter Hubraum und 6 Zylinder steht, und öffnete sich damals erstmals für eine Käufer-Klientel, die keinen großen Grand-Tourismo-Wagen besitzen, sondern einen kleinen und agilen Sportwagen in der Garage stehen haben wollten. Man griff sozusagen erstmals nach dem typischen Porsche-Kunden - nachträglich weiß man, daß diese Entscheidung Ferrari das Überleben gesichert hat, auch wenn vom 206 GT nur 152 Exemplare gebaut und ausgeliefert wurden.

Dann kam der 246 GT und seine Spider-Version, der 246 GTS. Wie die Bezeichnung schon andeutet, wurde der Motor nun auf 2,4 Liter Hubraum vergrößert und leistete jetzt 195 PS. Insgesamt wurden allein von den Ferrari-»Dino«-Varianten exakt 2761 Fahrzeuge ausgeliefert. Der 2,4-Liter-Motor kam aber auch bei Fiat zum Einsatz; hier leistete der Sechszylinder 180 PS, die für eine Höchstgeschwindigkeit von 210 km/h sorgten. Die Stückzahlen, die der Fiat Dino erreichte, waren erstaunlich hoch: 1163 Spider mit 2,0-Liter-Motor und 420 Spider mit dem größeren Triebwerk; dazu kamen 3641 Coupés mit dem kleinen und 2362 Exemplare mit dem großen Motor. Über 7500 Dinos kamen also aus Lingotto. Der Sechszylinder durfte sich aber auch noch in einer anderen automobilen Legende bewähren - im Lancia Stratos, dem Mittelmotor-Keil, der über Jahre hinweg alle Läufe zur Rallye-Weltmeisterschaft dominierte. Und da im Rallye-Reglement eine Mindeststückzahl von 500 gebauten Fahrzeugen vorgesehen war, kam der Motor - in rund 550 gebauten Fahrzeugen - nochmals zum Einsatz. Und hier zeigte der Sechszylinder von 1973 bis 1981 mit drei gewonnenen Weltmeisterschaften und zwei Europa-Titeln mehr Rallyewagen die Heckleuchten, als dies je ein anderes Modell getan hatte.

Die Investition, die Giovanni Agnelli im Gespräch von Mann zu Mann per Handschlag mit dem Commendatore eingegangen war, hatte sich zum glänzenden Geschäft für beide entwickelt. Und daß Fiat außerdem für die eingesetzten Millionen Werbung auf den roten Formel-1-Fahrzeugen aus Maranello machen durfte, war ebenfalls unbezahlbar - so wurde der Name des Hauses einem millionenfachen Publikum noch vertrauter.

Das Programm war immer moderner geworden: Der 500 und 600 verkauften sich wie eh und je, der 124 hatte sich in der 1,2-Liter-Klasse durchgesetzt, mit dem 1,8- und 2,3-Liter standen bewährte Sechszylinder zur Verfügung, und der Dino brachte einen Hauch von Rennstrecke auf die Straße. Nun mußte nur noch die Lücke zwischen dem 124 und dem 1,8-Liter-Sechszylinder geschlossen werden, der sich auch nicht mehr gut verkaufte.

Im Mai 1967 feierte der »125« seine Weltpremiere: Er hatte zwar optisch noch eine Ähnlichkeit mit dem 124 - unter der Motorhaube zeigte sich jedoch, daß die Entwicklung für den Rennsport durchaus auch ihre Früchte für die Serie tragen kann, denn der 1608 ccm große Reihen-Vierzylinder hatte zwei obenliegende Nockenwellen, die ihre Herkunft vom Dino-Motor nicht leugnen mochten. Mit dieser Technologie waren bei 5600/min problemlos 90 PS lieferbar, die den exakt 1000 Kilogramm schweren 125 immerhin 160 km/h schnell machten. Und damit die Leistung, die beim 125 »Special« noch auf 100 PS erhöht wurde, auch auf die Straße gebracht werden konnte, hatte man die Hinterachse des Fiat Dino montiert. Von 1969 an war dann auch ein Automatikgetriebe lieferbar, das bis zur Produktionseinstellung im Jahre 1972 angeboten wurde. Es bleibt nur die Frage, warum der 125 als eines der wenigen Modelle, nicht auch als »Station-Wagon« gebaut wurde - der Prototyp zumindest war 1970 fertig.

Die sechziger Jahre waren für Fiat immens wichtig: Mit den Sechszylinder-Modellen begann man wieder den Kampf um die Marktanteile bei den teureren Wagen; mit dem 850 glückte der Balanceakt zwischen Klein- und Mittelklassewagen, mit dem 124 und dem 125 eroberte man sich die Mittelklasse zurück, und mit dem Dino erwarb man Prestige. 1967 hatte man innerhalb der gesamten Automobilproduktion des gemeinsamen Marktes einen Anteil von 21 Prozent erreicht; Fiats Anteil am Weltmarkt betrug nun sechs Prozent. 1968 wurden bereits 1500000 Fahrzeuge gebaut, von denen 542000 in den Export gingen - und 1970 nahm das Werk in Togliatti an der Wolga in der UdSSR die Produktion auf.

Kein Zweifel, man hatte sich gut auf die siebziger Jahre vorbereitet; doch 1969 sollten noch ein paar Ereignisse stattfinden, die die Zukunft von Fiat mitgeprägt haben:

Der Fiat Dino-Spider wurde von 1972 bis 1976 gebaut - er gehört heute zu den gesuchtesten Sammlerwagen überhaupt.

Mit Holzlenkrad und großen Rundinstrumenten: so sah der Arbeitsplatz eines Dino-Spiders aus.

Das Lancia-Kapital ging komplett in die Hände von Fiat über, die ersten 50 Prozent von Ferrari wurden übergeben, und mit dem Typ »128« und »130« bereitete sich Fiat auf neue Taten vor.

Der 128 war der langerwartete Nachfolger des mittlerweile doch etwas antiquierten 1100 - und der 130 sollte die fast ein Jahrzehnt alten 2300-Modelle ablösen.

Der 128, der als Zwei- und Viertürer sowie als Kombi angeboten wurde, war eine völlige Neukonstruktion: Er hatte auch erstmals seinen 1116 cm großen Vierzylinder quer unter der Motorhaube montiert, eine Technik, die mittlerweile in den meisten Modellen selbstverständlich ist. Diese Einbaulage brachte im Zusammenwirken mit dem Frontantrieb in den nur 3,85 Meter langen Wagen erstaunlich viel Innenraum. Im Laufe der Jahre wuchs die Motorleistung von 55 PS auf bis zu 75 PS, ein Coupé wurde ebenfalls vorgestellt - und allen gemeinsam waren erfreuliche Fahrleistungen, die in einer Höchstgeschwindigkeit von 143 bis 162 km/h mündeten. Und da sich die Verbrauchswerte zwischen acht und zehn Litern einpendelten, stand hier einem weiteren Verkaufserfolg nichts im Wege: Der 128 sollte bis zum Ende dieses Jahrzehnts in der Gunst des Publikums nicht nachlassen. Wie sehr die Konzeption des Wagens auch von der Fachwelt akzeptiert wurde, zeigte auch die Wahl des 128 zum »Auto des Jahres«. Der Wagen siegte mit 235 Punkten vor dem Autobianchi A 112, der auf 96 Punkte kam. Nach dem 124, der 1967 mit 144 Punkten vor dem BMW 1600 gesiegt hatte (69 Punkte), war dies der zweite Titel »Auto des Jahres«, der nach Turin gehen sollte. Ihm sollten bis 1989 noch drei weitere Titel folgen: 1972 siegte der Fiat 127 vor dem VW K 70 und dem Citroën SM. 1984 sollte dann der »Uno« auf Rang eins kommen, und 1989 gewann der »Tipo« vor dem Opel Vectra und dem VW Passat. Dem Konzern fiel allerdings 1980 noch ein weiterer Titel zu, als der Lancia Delta vor dem Opel Kadett siegte.

Der 130 sollte es etwas schwieriger haben: Nachdem sich der Verkauf der Sechszylinder-Modelle in den sechziger Jahren so gut angelassen hatte, wollte es Fiat noch einmal wissen: Mit dem neuen 2,9-Liter-Topmodell sollte der Anschluß an die europäische Spitzenklasse geschafft werden. Die Voraussetzungen waren gut: Der V 6-Motor leiste-

te bei 5600/min 140 PS, die die elegante und luxuriös ausgestattete Limousinen 180 km/h schnell machten. Das Unglück dieser gediegenen Limousine war aber mehr das konservative Design, das die wohlhabenderen Käufer eher abschreckte. Daß Fiat dieses Modell problemlos bei den Behörden »unterbringen« konnte, war von Anfang an klar gewesen; die »normale« Klientel war aber bei den Bestellungen sehr zurückhaltend.

Fiat hatte dieses Modell bewußt mit allem erdenklichen Komfort ausgestattet. Selbst das Automatik-Getriebe war selbstverständlich; wer von Hand schalten wollte, mußte dies auf dem Bestellschein extra vermerken. Daß man dann zwei Jahre später den Hubraum deutlich vergrößerte - durch die Vergrößerung der Bohrung von 96 auf 102 Millimeter wuchs der Hubraum von 2866 auf 3235 cm -, änderte an der Grundeinstellung gegenüber dem 130 nicht mehr viel. Immerhin war die Leistung nun auf 165 PS gewachsen, und die Höchstgeschwindigkeit hatte sich bei 190 km/h eingependelt - selbst die Auto-Tester waren zufrieden. Man sollte vielleicht noch kurz auf das 130-Coupé eingehen, dessen Karosserie von Pininfarina gezeichnet wurde. Dem italienischen Meister war mit diesem Coupé ein Werk gelungen, dessen unterkühlte Eleganz auch heute noch beeindruckt. Nicht umsonst wurde das 130-Coupé in allen Designstudios der Erde in seine Elemente zerlegt, und manches Detail sollte anschließend wieder an anderen Automobilen auftauchen. Natürlich konnte dieses Coupé nicht den Ruf des 130 retten, aber es demonstriert bis heute, wozu die Turiner auch in der Top-Klasse fähig wären, wenn man noch einmal den Angriff wagen würde.
Doch dies sind alles Spekulationen, denn durch den Erwerb von Lancia und Alfa Romeo hat man mittlerweile die Konkurrenten von einst im Firmenverbund und sie können mit ihren Namen in der Top-Klasse wesentlich leichter reussieren, als dies mit dem Namen Fiat möglich wäre.

Die kurze Bildunterschrift des Originalphotos: »Das Fiat Sportwagen-Programm 1967«. Doch welche Auswahl - 850 Coupé und Spider, 124 Coupé und Spider, Dino Coupé und Spider und im Hintergrund ein 2300 S Coupé.

Ein neuer Millionenseller: Der 128 – hier die Basis-Limousine.

Der letzte Versuch von Fiat, in der Oberklasse anzutreten: Der 130 als Limousine – hier eine 2,8 Liter-Version aus dem Jahr 1969 mit 140 PS Leistung – und das Pininfarina-Coupé mit 3,2 Liter Hubraum und 165 PS (unten).

FIAT
Tipo
HN-C 2730

In die achtziger Jahre

Das Management bei Fiat hatte schon immer ein Gespür für die Dinge, die sich am Horizont abzeichneten - ob der »127« aber, der im April 1971 das Licht der Welt erblickte, in weiser Voraussicht auf die kommende Energiekrise entwickelt worden war, darf man bezweifeln. Zu lange müssen Fahrzeuge angedacht werden, als daß sie dann in wenigen Monaten aus dem Hut gezaubert und auf den Markt gebracht werden können.

Der 127 war als Ersatz für den 850 entworfen worden, der dann 1974 aus dem Programm genommen wurde. Die Aufhängung, die Bremsen und die Lenkung waren in der Basis vom 850 übernommen und auf den neuesten technischen Stand gebracht worden; der Motor mit seinen 903 ccm Hubraum stammte aus dem 850-Coupé und dem Spider - allerdings war die Leistung für den harten Alltagseinsatz auf 47 PS bei 6200/min reduziert worden. Rasch sollte eine Version mit einer großen Heckklappe folgen, deren Auslieferung im Sommer 1972 begann.

Ein würdiger Ersatz: Der Fiat 127 wurde als Nachfolger des 850 konzipiert.

Der 127, dessen Frontantrieb und dessen allgemein gelobtes Fahrwerk für viel Fahrfreude sorgten, war eines der Fahrzeuge, mit dessen Hilfe Fiat die Probleme der Jahre '72 und '73 bewältigte. Mit Verbrauchswerten, die sich zwischen sechs und neun Liter - für den 162 km/h schnellen 127 »Sport« mit 70 PS Leistung - einpegelten, war dieses neue Modell für eine Zeit prädestiniert, in der Ökonomie mehr denn je gefragt war. Im Laufe der Jahre sollten über fünf Millionen Exemplare dieses Wagens ausgeliefert werden - womit der 127 eines der erfolgreichsten Fiat-Modelle aller Zeiten werden sollte.

Fiat hatte wieder einmal zur richtigen Zeit das richtige Modell im Programm, denn die erste Ölkrise sollte manchen Konkurrenten in ernste Schwierigkeiten bringen: 1974 sank die Nachfrage nach neuen Automobilen in den westlichen Ländern um nicht weniger als 40 Prozent.

Als diese Schwierigkeiten dann ausgestanden waren, entwickelte sich schlagartig eine nicht zu erwartende Nachfrage, und in der zweiten Hälfte der siebziger Jahre war es dann klar, daß die Ölkrise weniger das Ende eines vollständigen Industriezweiges, sondern mehr den Beginn einer Weiterentwicklung darstellte, der das Automobil einen großen Schritt in eine vernünftige Zukunft geführt hatte. Die Kundschaft verlangte plötzlich nach haltbareren und ökonomischeren Fahrzeugen, die zudem auch noch sicherer und umweltfreundlicher sein sollten. Dazu kam, daß genau zu diesem Zeitpunkt die europäischen Wettbewerber intensiver denn je versuchten, die Marktanteile zu gewinnen, die das Überleben in der Zukunft leichter machen würden, und alle waren sich im klaren, daß diese Marktanteile nur mit Innovationen bei der Produktion erreicht werden konnten.

Fiat erkannte das Problem relativ früh, und nachdem man eine schwierige und kostenintensive Phase der Neuorganisation der Produktionsabläufe bis zum Ende der siebziger Jahre durchgestanden hatte, präsentierte sich das Unternehmen aufs neue als einer der Vorreiter neuer Produktionstechniken. Fiat hatte rechtzeitig eine der Tochtergesellschaften - die Firma COMAU - darauf angesetzt, neue Techniken zu entwickeln. Und COMAU bewältigte die Aufgabe: Gegen Ende der siebziger Jahre besaß Fiat die Produktionsmethoden und Industrieroboter, die den Bau der Modelle in einer Perfektion ermöglichten, wie es bis heute nur wenige Konkurrenten vermögen. Heute darf man Fiat zweifellos zu den führenden Unternehmen in diesem Bereich überhaupt zählen.

In den frühen siebziger Jahren begann Fiat damit, sich in ungewöhnlichem Maß für die Weiterentwicklung des italienischen Südens einzusetzen: Zwischen 1970 und 1973 erreichten die Investitionen des Hauses ein Volumen von 250 Milliarden Lire - wobei die Summen hauptsächlich für einen Industriekomplex in Bari und für den Bau der Anlagen in Cassino, Termoli, Sulmona, Lecce und Nardò ausgegeben wurden. Heute ist in Cassino eine der modernsten Produktionsanlagen überhaupt entstanden, und die ganzjährig verwendbare Versuchsstrecke in Nardò hat in den vergangenen knapp zwei Jahrzehnten eine Vielzahl von Rekordfahrten gesehen, die den Namen dieses apulischen Dorfes in alle Welt getragen haben. Hier war eine kreisförmige Rundstrecke entstanden, die mit einer Länge von knapp 12 Kilometer Durchschnittsgeschwindigkeiten von über 400 km/h ermöglicht, wie die Turbo-Diesel-Weltrekordfahrten des Mercedes-Benz C III-III gezeigt haben.

1972 entstand auch im Rahmen der Dezentralisierung und der Entwicklung jener Zweige, die außerhalb des Tätigkeitsbereiches auf dem Gebiet der Automobilherstellung liegen, die »Costruzioni e Impianti Fiat Engineering S.p.A.«, die sich dem Industriebauwesen und anderen großen Bauvorhaben widmete.

Natürlich gab es 1972 auch neue Modelle im Angebot: Der »132« ähnelt in seiner Mechanik dem 125, den er im April '72 ablöst - Wolfgang Schmarbeck schreibt zu diesem Modell: »Tatsächlich tritt er mit einem fast identischen 1,6-Liter-Triebwerk und mit einem 1,8-Liter-Motor auf. Fahrwerk und Karosserie sind neu, letztere zunächst mit einer hoch angesetzten Gürtellinie. Im Januar 1974 erhält die Baureihe eine endgültige, gestrecktere Linienführung mit größeren Fensterflächen, dazu ein modifiziertes Fahrwerk, das für verbessertes Fahrverhalten sorgt. Der kleinere der beiden Motoren wird im November des folgenden

Fiat's Kleinster: Der 126 kam 1972 auf den Markt - und ist noch heute im Angebot (rechts oben).

Premiere auf dem Turiner Autosalon 1968: Das City-Taxi mit Fiat 850-Technik - und automatischem Getriebe - blieb ein Einzelstück (rechts Mitte).

Mit dem 131 Mirafiori hatten die Turiner von 1974 an einen neuen Mittelklassewagen im Angebot (rechts unten).

In den 70er Jahren begann Fiat mit der Entwicklung von Robotern für den Pkw-Bau - heute sind diese Systeme perfektioniert. Links die Produktion des neuesten Tipo.

Jahres durch ein ähnliches ersetzt (anderes Verhältnis von Bohrung und Hub), und danach gibt es diese Version noch für den Betrieb mit Normal-Treibstoff. Als der Typ 2000 auf dem Genfer Salon 1977 auftritt, sind ihm weichere Federn und straffere Stoßdämpfer vorn mitgegeben, außerdem haben von jetzt an alle Wagen hinten Trommelbremsen. Der 2000i mit Einspritzmotor verfügt über eine Leistung und Ausstattung, die ihn in die Nähe des noch nicht vergessenen Top-Modells 130 bringen«.

War der 132 ursprünglich mit einem 1,6-Liter-Vierzylinder mit zwei obenliegenden Nockenwellen und 98 PS bei 6000/min ausgestattet, so wuchs die Leistung über die Jahre bis zu 122 PS, die der 2000i von 1979 an bei 5300/min bereitstellen sollte. Diese äußerst luxuriös ausgestattete Variante erreichte mit dem 2-Liter-Einpritzmotor dann auch 175 km/h Höchstgeschwindigkeit.

1972 erschien aber auch ein weiterer Sportwagen: der »X 1/9«, der bis heute unter dem Namen seines Designers Bertone verkauft wird. Der X 1/9 war in gewisser Hinsicht ein Nachfolger des 850-Coupés, wenn er auch mit dem Triebwerk des 128-Coupés in der 1,3-Liter-Variante deutlich besser motorisiert war. Dazu kam, daß der 75 PS starke Vierzylinder vor der Hinterachse montiert wurde. Der X 1/9 war also ein reinrassiger Mittelmotorwagen, der einerseits nicht mehr über das Platzangebot des 850-Coupés verfügte, der aber andererseits - in den Händen eines erfahrenen Fahrers - deutlich mehr Fahrfreude bieten konnte. Im Lauf der Jahre sollte der X 1/9 immer mehr Hubraum und mehr Leistung erhalten, die den kleinen Zweisitzer noch agiler werden ließen. Heute hat der Wagen bei seinen Liebhabern einen geradezu legendären Ruf, der durch nichts zu erschüttern ist.

Die wichtigste Vorstellung dieses Jahres war aber eindeutig der »126«, der die schwierige Aufgabe hatte, dem 500 ein würdiger Nachfolger zu werden. Bei der Entwicklung waren sich die Ingenieure rasch klar geworden, daß die neuen Verkehrsverhältnisse auch mehr Leistung erforderten. Der 126 hatte also einen auf 594 ccm vergrößerten Zweizylinder erhalten, der nun bei 4800/min 23 PS leistete. Damit war der nur 900 Kilogramm schwere 126 mit einer Höchstgeschwindigkeit von über 105 km/h ein vergleichsweise temperamentvolles Bürschchen geworden. Parallel dazu sprach aber die völlig neue Karosserie, die modernsten Sicherheitsanforderungen genügte, auch eine Kundschaft an, die von einem neuen Auto mehr als nur geringe Anschaffungs- und Unterhaltskosten erwartete. Und so wurde der 126, dessen Verbrauchswerte sich, je nach Fahrweise, zwischen fünf und sieben Liter auf 100 Kilometer einpegelten, zum neuen Basis-Transportmittel, das - neu interpretiert - die Gedanken von Senator Agnelli darstellte. Wer sich aber noch nicht mit der schlichten aber praktischen Form des 126 abfinden mochte, konnte noch ein letztes Mal zum 500 greifen, der als 500 R bis 1975 im Programm blieb.

In diesem Jahr zeigte Fiat auf dem Turiner Automobil-Salon aber auch, daß man sich sehr wohl mit Zukunftsprojekten auseinandersetzte: Der City-Car war ein zweisitziger Prototyp, der mit einer Gesamtlänge von nur 2642 Millimeter auch heute noch reussieren könnte - zumal auch die Optik bemerkenswert war.

Es sollte bis zum Jahr 1974 dauern, bis der Konzern neue Modelle auf den Markt brachte. Nach dem Jahr '73, in dem noch 1555000 Fahrzeuge ausgeliefert wurden (von denen 595000 in den Export gingen), begann sich die Ölkrise auch auf die Stückzahlen auszuwirken: Autobianchi und Fiat stellten nur noch 1296704 Fahrzeuge her, zu denen 39657 Lancias kamen. Fiat hatte bereits beim Ausbruch dieser Krise den Kontakt zu den Gewerkschaften gesucht, mit denen man vereinbarte, bei regelmäßigen Zusammenkünften den Versuch zu unternehmen, eine gemeinsame Strategie zu entwickeln, um »die Krise zu steuern« - so die Werks-Biographie. Die mächtigen Gewerkschaften hatten sich dabei auch bereit erklärt, je nach Lage der Situation einer Kurzarbeit zuzustimmen.

Fiat hatte damit in mehrfacher Weise auf die Krise reagiert: Einerseits hatte man mit den Gewerkschaften eine Art Burgfrieden erreicht, andererseits wurden die diversifizierten Bereiche verstärkt, die eine Alternative zum Automobil darstellten und wertmäßig rund 40 Prozent des Gesamtumsatzes ausmachten. Dazu wurden dann auch noch neue Modelle vorgestellt, die den Verkauf beleben sollten: Das wichtigste Modell war zweifellos der »131 Mirafiori«, der als 1,3- und als 1,6-Liter den 124 ersetzen sollte. Fiat griff mit diesem Modell voll an: Nicht weniger als elf verschiedene Variationen kamen in kürzester Zeit auf den Markt - der 131 war als Zwei- und als Viertürer zu haben. Es gab ihn mit 1,3 Liter Hubraum und 55 PS Leistung und als 1,6 Liter mit 75 PS. Dazu kam eine Kombi-Variante, die anfänglich nur mit 1,3 Liter Hubraum lieferbar war - wobei man nach nur wenigen Monaten dieses Triebwerk auch mit 65 PS Leistung bestellen konnte. Kein Wunder, daß der Mirafiori sich schon nach kürzester Zeit durchsetzte. Im Lauf der Jahre sollten dann noch etliche Varianten folgen: Der Super-Mirafiori, der mit 1,3 Liter Hubraum nun 78 PS und als 1,6 Liter 96 PS Leistung bereitstellen sollte. Oder der 131 Sport, dessen 2-Liter-Vierzylinder, der - wie die Super-Mirafiori-Modelle mit zwei obenliegenden Nockenwellen ausgestattet - mit 115 PS für knapp 180 km/h sorgen sollte. Von 1978 gab es dann auch Diesel-Modelle - erst mit 2 Liter Hubraum und 60 PS Leistung, später sollten dann 2,5-Liter-

Der Entwurf eines Sicherheitswagens auf der Basis eines Fiat 500, wie er 1972 auf der 3. Welt-Sicherheits-Konferenz in Washington gezeigt wurde. Der Name des Wagens: E. S. V.

Varianten mit 72 PS folgen, die natürlich auch in den Kombi eingebaut wurden.

Von 1981 gab es dann auch noch 1,4-Liter-Modelle, die zwischen 70 und 75 PS Leistung besaßen - wobei die 75-PS-Variante durch ihre Bezeichnung TC (Twin Camshaft) klar zum Ausdruck brachte, daß hier zwei obenliegende Nockenwellen für die Ventilsteuerung sorgten.

Vielleicht sollte hier noch kurz auf den Fiat Abarth Rally eingegangen werden: Die Turiner hatten ja bereits in diesen Tagen enge Verbindungen zu Carlo Abarth, der sich seit den fünfziger Jahren intensiv mit dem Tuning von Fiat-Modellen beschäftigt hatte, später sollte das Unternehmen dann in die Fiat-Gruppe eingegliedert werden. Abarth bekam nun den Auftrag, zusammen mit der Rallye-Abteilung aus dem 131 einen Sieger-Wagen zu entwickeln. Und da das Reglement vorschrieb, daß mindestens 500 Fahrzeuge zur Homologation zu bauen waren, mußte eine Variante gebaut werden, die sich noch an Enthusiasten verkaufen ließ, und eine zweite Variante, die bei den Läufen zur Rallye-Weltmeisterschaft konkurrenzfähig war. Das Ergebnis war der 131 Abarth Rally, der in seiner Straßenversion 140 PS bei 6400/min bereitstellte, die für 190 km/h Höchstgeschwindigkeit sorgten - und der in der Einsatz-Version bis zu 215 PS leistete. Mit diesen Automobilen fuhr ein Walter Röhrl der gesamten Konkurrenz so davon, daß er die Rallye-Weltmeisterschaft gewann - kein Wunder, daß ihn die Italiener bis heute dafür lieben.

So sieht ein Rallye-Weltmeister aus: Der 131 Abarth Rally in voller Kriegsbemalung (oben).

Der »Pendolino« - ein Design-Entwurf aus dem Centro Style.

All diese Entwicklungen hatten 1974 begonnen, in dem Jahr, in dem die Krise Turin ernsthaft bedrohte. Agnelli wollte aber - wie immer - das Unternehmen für bessere Zeiten präparieren. Und dahinter verbarg sich der Wunsch nach mehr übergreifenden Kooperationen. Eine der wichtigsten Entscheidungen dieses Jahres war der Beginn der Zusammenarbeit mit Klöckner-Humboldt-Deutz, der zur Gründung der IVECO (Industrial Vehicles Corporation) führte. Aus dieser Holding - mit Werken in Italien, Frankreich und der Bundesrepublik Deutschland - sollte sich eines der größten Nutzfahrzeug-Unternehmen weltweit herauskristallisieren, das heute zu den drei größten gehört.

1975 war die große Krise noch nicht beendet: Der italienische Markt muß in allen Bereichen einen spürbaren Rückgang verzeichnen, dennoch ist bei Fiat die Beschäftigungslage gesichert. Vor allem für Süditalien ist sogar die Neueinstellung von 2500 Mitarbeitern garantiert. 1269400 Pkw und Transporter werden verkauft, von denen etwa 35 Prozent in den Export gehen. Dazu kommen noch 95416 Nutzfahrzeuge von IVECO, 70833 Ackerschlepper, 12971 Baumaschinen und 5190 Gabelstapler.

Fiat profitiert gerade zu diesen Zeiten davon, daß man sich rechtzeitig daran gemacht hatte, zu diversifizieren - die Abhängigkeit vom Automobil ist nicht mehr so groß. Und dennoch gibt gerade diese Unabhängigkeit dem Haus die Möglichkeit, das Stammgeschäft - die Automobile - so weiterzuentwickeln, daß man schneller denn je wieder mit aktuellen Modellen parat steht.

1976 stellt sich bei Fiat wieder die altgewohnte Betriebsamkeit ein: Neben dem 131 Mirafiori, der nun vollautomatisch gefertigt wird, hat das neue Spitzenmodell der Gruppe, der Lancia »Gamma«, in Genf seine Weltpremiere. In Dänemark nimmt die »Fiat Lastbiler AS« als nordische Tochter die Arbeit auf. Am 12. Mai wird mit Rumänien ein Abkommen über eine zehnjährige Zusammenarbeit mit Schwerpunkt auf den Gebieten des Maschinenbaus und der Eisen- und Stahlindustrie unterzeichnet. Am 21. Juli wird ein entsprechendes Abkommen mit Hristo Hristov, dem ersten Vize-Minister für den Außenhandel der Volksrepublik Bulgarien unterzeichnet. Durch die Umwandlung der schon bestehenden Gesellschaft »Piemontese Sviluppo Industriale S.p.A.« wird dann die FIDIS gegründet, bei der der Wertpapierbesitz und die

Natürlich werden bei Fiat auch Transporter gebaut: Hier ein »Ducato«.

Kombis haben Tradition - diese Variante auf »Regata«-Basis trägt ebenfalls den Namen »Familiale«.

finanziellen Beteiligungen von Fiat zusammengefaßt sind. Dann übernimmt Fiat eine Mehrheitsbeteiligung an der »Nebiolo S.p.A.«, einem Unternehmen, das Druckmaschinen und Schrifttypen herstellt. Am 9. Juli wird das neue Fiat-Werk »Automóveis« in Betim (Belo Horizonte) im brasilianischen Staat Minas Gerais eingeweiht, das auf eine Jahreskapazität von 200000 Pkw und 150000 Motoren ausgelegt ist. Am 19. September stellt Fiat einen neuen Autobus, den »Fiat 370«, vor, der in vier verschiedenen Versionen gebaut wird. Am 1. Oktober wird die »Fiat Aviazione S. p. A.« gegründet, die Fiat im Rahmen des Energiebereiches auf dem Gebiet der Luftfahrt unterstützen soll. An demselben Tag kommen dann auch Fiat und Crvena Zastava überein, ein neues Pkw-Modell zu entwickeln und zu bauen.

Es ist der Zastava 102, die jugoslawische Ausführung des 128. Auf dem Turiner Automobil-Salon Anfang November '76 präsentiert Fiat dann den Kleintransporter 900 T, den 126 »Bambino« und das neue Lancia Coupé 1300, das an die Stelle der Fulvia tritt. Am 11. November unterzeichnen Giovanni Agnelli und der russische Minister Gvishiani ein Abkommen, das die Zusammenarbeit zwischen Fiat und dem sowjetischen Komitee für Wissenschaft und Technik für weitere fünf Jahre verländert. Am 18. November wird in Libyen ein Vertrag über die Errichtung eines Werkes für den Bau und die Montage von Nutzfahrzeugen in Tajura nahe bei Tripolis unterzeichnet - in das Werk werden 50 Millionen Dollar investiert. Fiat ist dafür mit 25 Prozent an der »Libyan Trucks Co.« beteiligt. Später in diesem Jahr kündigt Giovanni Agnelli dann noch an, daß sich die »Libyan Arab Foreign Bank« an einer Erhöhung des Grundkapitals von 150 auf 165 Milliarden Lire beteilige - wofür Fiat ein Darlehen von etwa 104 Millionen Dollar einräume. Diese Entscheidung, die am 18. Januar 1977 auf der außerordentlichen Hauptversammlung die Zustimmung der Aktionäre findet, sollte dann später wieder aufgelöst werden. Heute hat die libysche Regierung keine Anteile mehr an der Fiat SPA.

Wenn man sich nur diese - keineswegs vollständige - Liste betrachtet, beginnt man zu ahnen, wie weitgespannt die Aktivitäten eines so riesigen Konzerns sind.

Aber dennoch stellt sich Fiat noch heute vielen Betrachtern hauptsächlich als Auto-Produzent dar: Bis zu den späten siebziger Jahren wurden hauptsächlich die existierenden Modelle in immer neuen Variationen angeboten - aus dem 128 wurde 1976 der »nuovo 128«, der sich durch eine neue Frontpartie, neue Scheinwerfer und ein neues Armaturenbrett von seinem Vorgänger unterschied. Unter der Motorhaube arbeiteten nun Motoren, die - entsprechend den neuesten EWG-Gesetzen - abgasärmer ausgelegt worden waren. Der bereits erwähnte »900 T«-Bus war eine Art Mini-Transporter, der bis 1980 in nicht weniger als 500000 Exemplaren ausgeliefert wurde. 1977 wurde dann die 127-Baureihe überarbeitet - die 50 PS starke »Cl 1050«-Version erreichte immerhin 140 km/h.

1978 kam dann für den 131 eine Diesel-Variante, die mit 2 Liter Hubraum (60 PS) und 2,5 Liter (72 PS) als Limousine und als Kombi lieferbar war - und 1978 sollte die Premiere eines völlig neuen Modells sehen, des »Ritmo«.

Der Ritmo leitete nicht nur eine völlig neue Ära ein, in der die Fiat-Modelle nun wieder richtige Namen tragen durften. Der Ritmo demonstrierte auch, daß man in der Design-Abteilung zu einem völlig eigenständigen Aussehen gefunden hatte, das in dieser Form nur in Italien möglich war. Mit einer hochgezogenen Stoßstange, die die Scheinwerfer von unten umfaßt - mit einer asymetrisch montierten Luft-Hutze und einem adäquaten Heck, demonstrierte der neue Wagen eine eigene Linie. Zu diesem unverwechselbaren Flair trugen auch die Türgriffe und die Stahlfelgen bei, die in dieser Form von einem deutschen Vorstand wohl nie genehmigt worden wären.

Der Ritmo, der im Lauf der Jahre in etlichen Mutationen erscheinen sollte - eine der geglücktesten war zweifellos das von Bertone gebaute Cabrio -, hatte ursprünglich Triebwerke zwischen 1,1 und 1,5 Liter Hubraum.

Als die Produktion 1987 eingestellt werden sollte, hatte sich der Hubraum auf 2,0 Liter, bei den Diesel-Varianten auch auf 1,9 Liter ausgeweitet, wobei die »105 TC«-Modelle mit 1,6 Liter Hubraum und 105 PS sowie der »125 TC« und der auch als »Ritmo Abarth« angebotene 130 TC, der mit bis zu 130 PS und über 190 km/h Höchstgeschwindigkeit in den Jahren '81 bis '84 den Höhepunkt darstellen dürften. Und wer es gerne etwas bequemer hatte, durfte auch zum »Strada 60-70 Automatic« greifen, der mit einer Viergangautomatik reichlich Komfort bot.

Der Ritmo war zweifellos einer der Wagen, der den Italienern durch sein erfrischendes Design viel Renommee einbrachte. Er war auch einer der ersten Wagen, der in einer Art Baukastensystem beinahe jedem Kunden seine speziellen Wünsche erfüllen konnte: Wer gerne ökonomisch unterwegs war, griff zur 1,1-Liter-Variante - oder gleich zum Diesel. Wer gerne etwas temperamentvoller fahren wollte, hatte mit der 1,5-Liter-Version oder dem »großen« Diesel die richtige Wahl getroffen. Und wer mit reichlich Leistung kokettierte, konnte auch mit 105 bis 130 PS bedient werden - bleibt last, but not least das Cabrio, das innerhalb einiger Augenblicke den Sonnenschein nicht nur ins Herz, sondern auch auf den Körper scheinen ließ.

Bevor wir uns aber endgültig in die achtziger Jahre begeben, sollte noch ein Blick auf den 127 »Rustica« geworfen werden - ein martialisch aussehender Zweitürer, dem man mit Hilfe von Schutzgittern vor den Schweinwerfern und einer robusten Innenausstattung das Aussehen eines Savannenerprobten Geländewagens gegeben hatte. In der Tat wurde auch die Karosserie verstärkt - das Gewicht nahm zumindest um 45 Kilogramm zu -, an dem 55 PS starken Motor wurde jedoch nichts verändert. Wozu die Rustica-Version gut war, ist heute nicht mehr zu eruieren; sie bleibt aber dennoch bemerkenswert, wurden die wenigen Exemplare, die von 1979 bis Juni 1981 montiert wurden, doch in den Hallen des Sportwagenherstellers Lamborghini zusammengeschraubt, der in jenen Tagen für jeden Fremdauftrag dankbar war, der die Belegschaft mit Arbeit versorgte. So gibt es auch ein Fiat-Modell, das mit Recht von sich sagen darf: »Made by Lamborghini«.

Bevor aber die achtziger Jahre mit dem »Panda« eingeleitet wurden, der von Frühjahr 1980 an in verschiedenen Motorvarianten von 652 bis 903 ccm Hubraum - und mit Leistungen zwischen 30 und 45 PS - der legitime Nachfolger des alten 500 werden sollte, hatte Fiat gegen Ende der siebziger Jahre nochmals intern einige Probleme zu bewältigen.

Der Konflikt entzündete sich an Zwistigkeiten mit den Gewerkschaften, die ja von jeher in Italien eine besondere Machtposition besitzen. Das Management von Fiat, das sich mehr denn je darüber im klaren war, daß der sich immer weiter aus-

Der einzige Fiat, der je bei Lamborghini gebaut wurde - der 127 »Rustico« wurde von 1979 bis 1981 neben den edlen Zwölfzylindern montiert.

weitende Markt innerhalb der Europäischen Wirtschaftsgemeinschaft eine große Chance - aber auch eine große Aufgabe - für Fiat darstellen würde, war wieder einmal mit den Gewerkschaften in Konflikt geraten. Man war einfach nicht länger bereit, Produktionsausfälle und beträchtliche Einnahmeverluste hinzunehmen, die auf Grund von »wilden« Streiks einiger kleiner Gruppen ausgelöst worden waren.

Zuerst hatte sich noch ein größerer Teil der Arbeiter, die in Italien ja von jeher eher links orientiert waren, in die Streiks einbinden lassen. Als jedoch die ultralinken Gewerkschaftsführer auch mit bewußter Fehlinformation und Sabotage den Versuch unternahmen, eine Stimmung zu erzeugen, die das gesamte Unternehmen an den Rand des Abgrunds führen sollte, begann sich der Großteil der Arbeiter von den Ultralinken zu distanzieren. Die Geschäftsführung hatte nun Gesprächspartner, die auch bereit waren, ein gemeinsames Konzept zu suchen und zu verabschieden, das es Fiat ermöglichte, den Schritt zu noch moderneren Produktionsmethoden zu unternehmen.

Die Computer- und Elektronikindustrie, in die Fiat seit den sechziger Jahren viel Kapital gesteckt hatte - zu einem Zeitpunkt also, zu dem noch die wenigsten ahnten, zu welcher Schlüsselindustrie sich diese Bereiche entwickeln würden -, erwiesen sich nun als die entscheidenden Stützen für die Zukunft. Nur sie konnten die Voraussetzungen schaffen, unter denen Maschinen nahezu alle Aufgaben auf eine intelligente Art und Weise bewältigen würden - wenn man bei Robotern überhaupt von »Intelligenz« sprechen darf. Fiat hat in diesem Bereich bis heute eine Vorrangstellung behalten, da es nur wenige andere Automobilproduzenten gibt, die ihre Roboter selbst entwickeln und herstellen - und natürlich auch an andere Interessenten verkaufen.

Die Konstrukteure dieser Produktionseinrichtungen haben alle dasselbe Problem: Sie schaffen Einrichtungen, die über einen langen Zeitraum hinweg so effizient wie möglich produzieren müssen, um die immensen Kosten dieser Anlagen zu amortisieren. Andererseits schreitet die Entwicklung neuer Techniken mit einer so unglaublichen Geschwindigkeit voran, daß die Anlagen eigentlich schon veraltet sind, wenn sie ihren Betrieb aufnehmen. Dementsprechend bewirkt die Weiterent-

Auf Versuchsfahrt: Verkleidete »Erl«-Könige haben sich in jedem Klima zu bewähren (oben).

Das »Ritmo«-Cabrio wurde bei Bertone gebaut (rechts).

wicklung eines bestehenden Produkts nur, daß dieses für den Kunden als technisch überholt gilt. Für den Kaufmann wäre also die beste Lösung, ein Produkt über viele Jahre unverändert auf den Markt bringen zu können, das die Maschinen perfekt auslastet und den Kunden zufriedenstellt. Dann sollte ein völlig neu entwickeltes Produkt wieder einen neuen übersehbaren und geordneten Zyklus einleiten, der dem Marketing, der Werbung und den Händlern über viele Jahre hinweg keine Probleme mehr bereitet.

Nun zwingt aber der Markt und die technische Entwicklung dem Produzenten permanente Modellpflege und den ständigen Einsatz neuester Technik auf. Man kann kein Auto zehn Jahre lang verkaufen, wenn die Konkurrenz in dieser Zeit zwei neue - und bessere - Modellgenerationen anbietet. Die Lösung dieses Problems kann nur die jeweils neueste Technologie bringen. Durch den Einsatz von Computern im Design - und damit ist Technik und Optik gemeint - kann erheblich Zeit gespart werden; Zeit, die das entscheidende Quentchen an Aktualität bringen kann. Und durch den Einsatz von Computern in den Werkhallen ergibt sich die Möglichkeit, die Umstellung beim Produktionsablauf durch eine einfache Umprogrammierung der Roboter drastisch zu verkürzen. Der Weg zwischen Design und Bau läßt sich also nur durch die Verknüpfung der Elektronik abkürzen. Und man kann den Turinern ohne größere Diskussion zugestehen, daß sie mit die ersten waren, die diese Verknüpfungen erkannten - und ihre Schlußfolgerungen daraus zogen.

Im Lauf der Jahre wurden auch die Produktionsstätten konsequent umgerüstet oder neu erstellt. Eine der beeindruckendsten Firmen ist das »Termoli«-Werk, in dem die »Fire«-Motoren produziert werden. Diese mit einem besonders hohen Wirkungsgrad arbeitenden Triebwerke wurden zu einem großen Teil mit der Hilfe von Computern entwickelt, wobei diese Computer mit daraufhin programmiert waren, eine Konstruktion zu liefern, die dann auch »computergerecht« ausgelegt war. Unter »computergerecht« ist zu verstehen, daß die Computer in Termoli die Roboter, die zur Fertigung eingesetzt werden, selbstständig programmieren können und daß so bei einer Änderung am Layout keine aufwendigen Änderungen am Werkzeug vorgenommen werden müssen. Wer heute dieses Werk besucht, hat das Gefühl, in einer riesigen Automation zu stehen, die ihre Befehle von einem riesigen Computer entgegennimmt.

In diesen Firmen gibt es auch keine Arbeiter mehr wie früher. Jeder Mitarbeiter ist heute der speziell ausgebildete Kontrolleur einer Maschine, die ihm die Arbeit abnimmt: Arbeiter produzieren heute nicht mehr selber - sie kontrollieren die Roboter.

Und so, wie sich das Berufsbild des Arbeiters verändert hat, hat sich auch das der Ingenieure, Designer und Manager verändert. Durch neue Technologien und Möglichkeiten, die die Elektronik dem Menschen erschließt, beschleunigte sich die technische Evolution so, daß sich das Aufgabenfeld total verändert hat. Ideen, die bislang nur in der Luft lagen, lassen sich nun verwirklichen - das Ergebnis ist eine neue Technologie, die vor einigen Jahren noch undenkbar war. Und das Ergebnis sind auch Produkte, die einem angestrebten Ideal immer näher kommen: Ökonomie, Umweltschutz und Sicherheit sind heute bereits in einem Maße vereinigt, wie es vor zehn Jahren in einem Automobil noch nicht für möglich gehalten wurde. Und dabei stehen wir erst am Anfang einer unglaublichen Entwicklung.

Der Ritmo war ein erster vielversprechender Schritt: Der »Panda«, der im März 1980 auf dem Genfer Autosalon den Millionenseller 500 ablösen sollte, war das erste Großserienauto, das von einem außenstehenden Stylisten mitgestaltet wurde. Der berühmte Giorgio Giugiaro und seine Firma »Ital Design« waren Impulsgeber für die schmucklose, aber praktische und funktionale Außenform. Mit einer Länge von 3380 Millimeter, einer Breite von 1460 Millimeter und einer Höhe von 1445 Millimeter paßte der kleine Bär auch noch in die kleinsten Parklücken Mailands - und als dann 1983 auch noch eine Allrad-Variante vorgestellt wurde, war der Panda endgültig in der Lage, nahezu alle Hügel zu erklimmen. Für den Vortrieb sorgten zwei verschiedene Motoren - ein Zweizylinder mit 652 ccm Hubraum und 30 PS Leistung sowie ein 903 ccm großer Reihen-Vierzylinder, der bei 5600/min 45 PS bereitstellte. Mit diesen Triebwerken pendelte sich die Höchstgeschwindigkeit zwischen 115 und 140 km/h ein - beachtliche Geschwindigkeiten für einen solchen Kleinwagen. Daß parallel dazu Verbrauchswerte erreicht wurden, die zwischen sechs und acht Liter lagen, war ein weiterer Beweis für die These, daß den Ingenieuren immer mehr die Quadratur des Kreises gelang - sprich: das Automobil aus einem Bündel von einander sich widersprechenden Anforderungen und Auswirkungen zu einem Einklang von Kompromissen zu formen, mit denen viele hervorragend leben können.

Sequenzen aus einem Fiat-Kalender des Jahres 1984.

War der Panda »30« - also die schwächere Version - anfänglich nur in Italien erhältlich, wo für einen regulären Nachfolger des 500 ein immenses Bedürfnis bestand, so kam diese Version später auch in einige Exportländer, die ein ökonomisches Grundtransportmittel anbieten wollten. Ansonsten sorgte der Panda mit 45 PS für viel Begeisterung, die allerdings auch von einem witzigen Interieur mit praktischen Details - so einer durchgehenden Ablagefläche über die gesamte Breite unterhalb des Instrumententrägers - gestützt wurde. Dazu kam, daß der kleine Fronttriebler viel Fahrfreude liefern konnte und manch stärker motorisiertes Fahrzeug hinter sich ließ - sofern der Mann/die

Frau hinter dem Lenkrad damit umzugehen wußte.

1982 hatte der Panda »Super« auf dem Pariser Autosalon seine Weltpremiere. Diese Variante ist aus zweierlei Gründen bemerkenswert: Erstens war dies der erste Kleinwagen, der mit einem Fünfganggetriebe ins Angebot kam (entsprechend sanken auch die DIN-Verbrauchswerte unter die 5-Liter-Grenze) und zweitens kam hier erstmals das neue Fiat-Logo am Frontgrill zum Einsatz. Dieses Logo, das fünf parallel verlaufende Streifen leicht schräg geneigt darstellt, ist seitdem an jedem neuen Modell zu finden - und hat sich mittlerweile als Erkennungsmerkmal durchgesetzt.

Das nächste - und besonders wichtige - Modell erschien im Januar 1983 - der »Uno«. Wer in der Historie des Hauses bewandert ist, erkennt, daß man sich bei der Namensgebung an den 12-15 hp erinnern könnte, der als »Typ 1« im Jahre 1910 zu einem der ersten Großserienmodelle geworden war. Und der zugleich als Basis-Typ - es sollten ja noch die Typen 2, 3, 4, 5 und 6 folgen - entscheidend zum Ruf des Hauses beigetragen hatte. Interessant übrigens, was zu damaligen Zeiten unter »Groß«-Serien verstanden wurde: 2000 Fahrzeuge in zwei Jahren.

Von dem »neuen« Uno erwartete man da schon ganz andere Zahlen - die allerdings auch leicht erreicht wurden, da der Uno durch seine elegante Optik und sein überzeugendes Konzept rasch auf beachtliche Verkaufszahlen kam. Ursprüglich als der Nachfolger des »127« konzipiert - die erste Version kam mit einem 903 ccm großen Reihen-Vierzylinder und 45 PS Leistung auf den Markt - wurde die Modellpalette im Lauf der Zeit immer weiter ausgebaut. Zwar gab es eine Käuferschicht, die sich durchaus mit dem Motor des Panda 45 in der größeren Karosserie des Uno anfreunden konnte, aber es gab doch auch viele Interessenten, die den »55 S« oder den »70 S« kauften, die - ebenfalls von 1983 an lieferbar - mit 55 oder 70 PS bis zu 165 km/h schnell unterwegs sein wollten.

Der Uno »45 ES« war dann eine überarbeitete Version für die sparsamen Käufer - hier sorgten ein leicht modifizierter Motor und eine geänderte Hinterachsübersetzung für noch niedrigere Verbrauchswerte. Die Freunde des Selbstzünders konnten zum Uno Diesel greifen, der mit dem 1,3-Liter-Vierzylinder des »127 Diesel« ausgestattet wurde. Wer den Dieselmotor schätzte, hatte in dieser Variante 140 km/h Höchstgeschwindigkeit und Verbrauchswerte zwischen fünf und sieben Liter erworben. Im Herbst des Jahres sollte dann auch noch eine Automatik-Variante auf den Markt kommen, die den schönen Namen »Uno-matic« trug. Mit einer Höchstgeschwindigkeit von 160 km/h und einem Durchschnittsverbrauch von rund sieben Liter auf 100 Kilometer sollte diese Version, deren Automatikgetriebe auf den Patenten von DAF beruhte, das Überleben in den überfüllten Großstädten mit dem stetigen Stop-and-Go-Verkehr drastisch erleichtern.

Neben dieser Vielzahl von Klein- und Mittelklassewagen waren natürlich auch größere Modelle gefragt: der 1983 vorgestellte Argenta erfüllte die Wünsche derjenigen, die mit bis zu 2 Liter Hubraum unterwegs sein wollten. Um diese Hubraumbegrenzung besser zu verstehen, sollte man einen kurzen Einblick in die italienische Steuergesetzgebung wagen, die all diejenigen Käufer mit einem zusätzlichen Steuersatz von 33 Prozent bestraft, die einen Wagen mit mehr als 2 Liter Hubraum fahren wollen. Die Grundlage dieses eigenartigen Gesetzes ist die Auffassung, daß größere Motoren prinzipiell auch mehr Treibstoff verbrauchen und mehr Abgase ausstoßen.

Aus dieser Gesetzgebung resultieren natürlich technische Lösungen, die den Sinn eines solchen Gesetzes konterkarieren: Um die »Luxus«-Steuer zu sparen, wird der Hubraum knapp darunter definiert - und dann wird die Leistung mit jeder nur denkbaren Technologie nach oben getrieben. Das Ergebnis sind 2-Liter-Ferraris mit acht Zylindern und Turbolader, die bei 7000/min nicht weniger als 220 PS leisten - und auch die Vierventiler-Biturbos von Maserati sind ein schöner Beweis dafür, daß die willkürliche Festsetzung von solchen Steuergrenzen eine unsinnige Technologie fördert.

Das Resultat war - und ist - auf jeden Fall, daß sich die italienische Industrie in eine gefährliche Abhängigkeit von dieser ominösen 2-Liter-Grenze begeben mußte, die ihre Wettbewerbsfähigkeit auf dem europäischen Markt erschweren mußte. Aber noch immer war der italienische Markt der Hauptabnehmer der Produkte der Marke mit den fünf Streifen - und so war auch der »neue« Argenta nur mit maximal 2 Liter Hubraum zu haben. Da aber die Leistung der Spitzenversion bei 122 PS

Zwei »Panda's« an einem oberitalienischen See - der Kleinwagen ist sogar mit Allrad-Antrieb zu haben.

Ein »Uno« in großer Inszenierung aus einem Fiat-Kalender (rechts).

bei 5300/min lag, war eine angemessene Höchstgeschwindigkeit von 175 km/h garantiert. Die Verbrauchswerte lagen zwischen acht und elf Liter auf 100 Kilometer - wer es aber sparsamer haben wollte, konnte natürlich auch zu der Diesel-Variante greifen, die - und nur die Steuerbehörden verstehen diese Entscheidung - nicht unter die 2-Liter-»Luxus«-Hubraum-Grenze fiel. Wer mit einem Selbstzünder unterwegs ist, fährt ja - nach Meinung der italienischen Behörden - ein »sparsames« Auto und darf deshalb auch beruhigt mit 2,5 Liter Hubraum unterwegs sein. Dazu kommt, daß der Diesel-Treibstoff in Italien nur knapp die Hälfte des extrem teuren »normalen« Benzins kostet - insofern lohnt sich also der Erwerb eines 2,5-Liter-Diesel-Vierzylinders, der natürlich (die Italiener schätzen ja die etwas forschere Fahrweise) auch mit einem Turbolader auf die Leistung gebracht werden darf, die ein »normaler« Ottomotor ebenfalls erbringen könnte.

Auf jeden Fall gab es also rasch eine Turbo-Diesel-Variante des Argenta, die mit ihren 90 PS locker 160 km/h erreichte - und damit exakt in jenem Geschwindigkeitsbereich zu Hause war, bei dem die Carabinieri (nach der Einführung der Geschwindigkeitsbegrenzungen auf den »Autostradali«) noch ein Auge zudrückten.

Die völlig untypische Entwicklung der Produkte der italienischen Automobilindustrie ist auf jeden Fall darauf zurückzuführen, daß hier eine Regierung - aus welchen Gründen auch immer - mit einer völlig willkürlich festgesetzten Grenze für eine

»Luxus«-Steuer eine unsinnige Technikentwicklung in Gang gesetzt hat, die den Produkten auf dem Weltmarkt nur hinderlich sein kann.

Mit dieser Festsetzung wurde auch die Modellpolitik des Hauses Fiat für die nächsten Jahre klar definiert: Da der Großteil der Fiat-Modelle in Italien verkauft wurde, ergab sich kein Grund mehr dafür, für externe - kleine - Märkte Triebwerke zu entwickeln, die dem Renommee (und der Kalkulation) der entsprechenden Tochtergesellschaften oder den Importeuren gut angestanden hätten. Alles was über 2 Liter Hubraum angesiedelt war, konnte - dank eines verschlossenen italienischen Marktes - für den Massenhersteller Fiat weniger interessant sein. Damit hatte sich Fiat wieder mehr mit der Rolle eines Klein- und Mittelklassewagen-Produzenten abzugeben - aber wozu hatte man sich mit Lancia und (später) Alfa Romeo die zwei italienischen Prestige-Marken zugelegt, die - dank einer weltweiten Distribution - mit Motoren bis drei Liter Hubraum dienen können?

Fiat entpuppte sich in den achtziger Jahren als eine der großen europäischen Marken - mit einem Programm, das vom »126 Bis« bis zum »Croma« nahezu alle Wünsche abdecken kann. Und das mit seinem modernen und eleganten Design zusammen mit dem großen Konkurrenten aus Wolfsburg um den Rang der Nummer eins in Europa kämpft.

Gehen wir kurz durch das derzeitige Programm: Der »126 Bis« wird mittlerweile aus Polen geliefert - dennoch ist der seit 1972 im Programm befindliche Zweizylinder europaweit eines der wichtigsten Basisfahrzeuge geblieben. Man weiß, daß die 126-Produktionsanlagen aus Polen identische Automobile liefern, und mit mittlerweile 704 ccm Hubraum und 26 PS ist der 126 zu einem 116 km/h schnellen Viersitzer geworden, der dem alten Senator Agnelli bestimmt viel Freude bereitet hätte.

Der Panda ist mittlerweile auch schon knapp zehn Jahre alt - und aktueller denn je: Mit einem 770 ccm und einem 999 ccm großen Vierzylinder erreicht der pfiffige Kleinwagen, der - zumindest in Deutschland - seit Jahren mit äußerst pfiffigen Werbekampagnen auf sich aufmerksam macht, Fahrleistungen von bis zu 140 km/h Höchstgeschwindigkeit. Seit dem April '86 ist der Panda in Italien auch noch mit einem 1,3-Liter-Diesel-Vier-

Fiat's derzeit »Größter«: Der Croma wurde zusammen mit Lancia, Alfa-Romeo und Saab entwickelt.

Werbung, wie sie derzeit nur bei Fiat Deutschland möglich scheint: Der Panda 4 × 4 Sisley als Konkurrenz zur Wuppertaler Schwebebahn.

zylinder lieferbar, dessen 37 PS für immerhin 130 km/h sorgen – und das bei Verbrauchswerten, die sich um die 5-Liter-Grenze einpendeln. Und wen es gerne ins Gelände oder ins Gebirge zieht, der hat mit dem Panda 4 × 4 die wahrscheinlich billigste Möglichkeit, mit einem Allradantrieb zu fahren, gefunden. Hier hat der 1-Liter-Vierzylinder in manchen Ländern 50 PS Leistung, die dem – natürlich – schwereren Allradler aber noch zu 135 km/h verhelfen.

Und nach wie vor ist der Uno die Nummer eins im Angebot: Nach dem Debüt im Jahre '83 folgte rasch die Diesel-Ausführung – und im März 1985 dann die erste Katalysator-Variante. Im Juni '85 wurden dann die besonders sparsamen und »sauberen« – sprich: schadstoffreduzierten – Fire-Motoren vorgestellt, denen im April '86 ein 1,4-Liter-Turbo-Diesel mit 70 PS Leistung folgte. Wer allerdings der alten Erkenntnis folgen möchte, daß Hubraum durch nichts zu ersetzen ist, kann auch zu einem 1,7-Liter-Dieselmotor ohne Turbolader greifen, dessen 60 PS nur unwesentlich weniger Leistung und Fahrfreude bereitstellen: 155 statt 165 km/h Höchstgeschwindigkeit genügen heute doch auch allemal.

Wer es allerdings deutlich temperamentvoller haben möchte, kann mit dem Uno Turbo i. e. einen 1,3-Liter-Mittelklasse-Wagen erwerben, dessen 105 PS für knapp 200 km/h sorgen, und wer zum umweltfreundlichen Katalysator greift, erreicht auch über 190 km/h. Wie sehr die Elektronik mittlerweile auch in dieser Preiskategorie für fortschrittliche Technik sorgt, zeigt die Tatsache, daß der Turbo i. e. bereits mit einem Antiblockiersystem ausgerüstet ist.

Die letzte wichtige Neuerscheinung des Hauses Fiat ist allerdings der »Tipo«, der im Januar 1988 den Ritmo ablöste. Mit dem Tipo, der auch auf Anhieb »Auto des Jahres« wurde, glückte Fiat wieder ein großer Wurf: Mit einer interessanten und absolut eigenständigen Karosserie wurde der neue Wagen, der zunächst mit Motoren zwischen 1,1 und 1,6 Liter Hubraum angeboten wird, rasch zum Marktführer in Italien. Der Tipo setzte sich aber auch auf den anderen Märkten blendend durch – wenn auch die Experimentierfreude der Designer (und hier ist besonders das flache Digital-Armaturenbrett gemeint) in manchen Ländern auf keine so große Resonanz stieß. Aber für solche Fälle hatte Fiat in weiser Voraussicht auch ein

»konventionelles« Armaturenbrett bereitgestellt, das den weniger experimentierfreudigen Kunden besser entgegenkommt.

Die Ottomotoren liegen mit ihrem Hubraum zwischen 1,1 Liter (56 PS) und 1,6 Liter (90 PS), dazu kommt bald die 16-Ventil-Variante mit 2,0 Liter Hubraum und 150 PS Leistung. Wer in Italien lieber zum Selbstzünder greift, hat beim Tipo die Qual der Wahl zwischen einem 1,7-Liter-Diesel mit 58 PS Leistung und einem 2-Liter-Dieselmotor mit Turbolader, der bei 4100/min 92 PS leistet und diesen Tipo immerhin 175 km/h schnell werden läßt - und das bei akzeptablen Verbraucherwerten.

Der Tipo, der von den Turiner Strategen natürlich genau auf die Golf-Klasse angesetzt wurde, hat schon nach kurzer Zeit die Erwartungen seiner Designer und Konstrukteure erfüllt: Durch sein mutiges und emotionales Design hat sich der Tipo ein großes Publikum geschaffen, das Fiat bei dem Versuch, unangreifbar die Nummer eins in Europa zu werden, stark unterstützt. Der Tipo, der heute zweifellos eines der besten »Volks«-Autos auf dem Markt ist, hat zudem noch erfreulicherweise dafür gesorgt, daß ein nicht zu unterschätzender Teil der Klientel sich nun auch mit einem Design angefreundet hat, das bislang zumindest gewöhnungsbedürftig war.
Allein für diesen Schritt sollte man den Designern in Turin schon dankbar sein - und so könnte der Tipo dereinst auch als Vater einer neuen Design-Generationen in den Auto-Bibliographien der Zukunft auftauchen.

Vier Motive aus dem Fiat-Kalender 1987.

Bleiben noch die beiden oberen Mittelklasse-Modelle: Der »Regata«, der - technisch vom Ritmo abgeleitet - seit September 1983 als Stufenheck-Variante des Ritmo mit diversen Motorisierungsvarianten die etwas konservativere Klientel bedient. Und dessen Kombi-Version, der Regata »Weekend«, den Kofferraum parat stellt, den auch die großzügigste Stufenheck-Variante nie besitzen kann. Und natürlich gibt es auch beim Regata neben den diversen Ottomotoren, die mit Leistungen zwischen 65 und 100 PS nahezu jeden Wunsch erfüllen, auch Dieseltriebwerke, die - mit und ohne Turbolader - den Italienern entgegenkommen, die den besonders preiswerten Dieselkraftstoff (der bei unserem südlichen Nachbarn knapp die Hälfte des »normalen« Benzins kostet) tanken wollen. Und da hier die stärkste Variante, der 1,9-Liter-Turbo-Motor mit 80 PS und einer Höchstgeschwindigkeit von 170 km/h nur unwesentlich langsamer ist als der 100 PS starke Einspritz-»Benziner«, der 180 km/h erreicht, braucht man sich nicht über die Begeisterung der Italiener für die Erfindung von Rudolf Diesel zu wundern.

Im Dezember 1985 feierte das Spitzenmodell des Hauses seine Weltpremiere: der »Croma«. In der weisen Erkenntnis, daß die Italiener von Fiat kein Spitzenmodell der Extraklasse kaufen können, bot der Croma all die praktischen Features, die die Kundschaft der 1,6- und 2-Liter-Klasse erwartet: Frontantrieb, einen querliegenden Vierzylinder - der reichlich Raum für die Insassen bereitstellt -, eine Stufenheck-Karosserie, deren reichlich dimensionierter Kofferraum mit einer großen Heck-

klappe perfekt be- und entladen werden kann, sowie ein gefälliges Design. Hier waren die Optiker nicht ganz so mutig wie beim Tipo - wobei allerdings gesagt werden muß, daß die Vorstände aller großen Firmen immer dann zurückhaltend werden, wenn es darum geht, einem teuren Fahrzeug eine extravagante Optik zu verpassen. Hier herrscht noch immer die Meinung, daß der Kunde, der mehr Geld auszugeben bereit ist, zwangsläufig auch konservativer sein muß - aber vielleicht ändert sich ja auch hier in der Zukunft die Meinung etwas.

Der »Croma« war, genauso wie der Saab 9000, der Lancia Thema und der Alfa 164 von der technischen Basis her ein Kind aller Beteiligten; die vier Firmen hatten etliche Jahre zuvor den weisen Gedanken gehabt, daß man - bei den stetig wachsenden Entwicklungskosten - zumindestens versuchen sollte, Basis-Dinge wie Chassis und Motoren gemeinsam zu entwickeln. Daß letztendlich doch völlig unterschiedliche Fahrzeuge bei diesem Experiment herauskamen, stützt eigentlich nur die These, daß gemeinsame Basis-Entwicklungen keineswegs zu einheitlichen Automobilen führen müssen, daß Individualität auch dann möglich ist, wenn viele der Teile, die unter dem Blech verborgen sind, bauteilgleich mit anderen Modellen sind. Im Gegenteil: Diese Ähnlichkeit trägt entscheidend dazu bei, daß dem Kunden Entwicklungskosten erspart bleiben, die sich natürlich zwangsläufig auch auf den Kaufpreis und die Unterhaltskosten (Ersatzteilpreise) auswirken müssen.

Der Croma verfügt natürlich - als Top-Modell der Turiner - über eine Motor-Palette, die in keinem anderen Modell zu finden ist: Zwar sind die Basis-Varianten mit 1,6 Liter Hubraum (83 PS) und der 2-Liter-Vergaser-Motor (90 PS) auch beim Regata und beim Tipo zu finden - aber der 2-Liter-Einspritzmotor mit 120 PS und der 2-Liter-Turbomotor mit 150 PS sind nur beim Croma im Angebot -, und vor allem die letztere Variante (auch sie ein typisches Kind der italienischen Steuergesetzgebung - möglichst viel Leistung aus exakt 2 Liter Hubraum) überzeugt durch Fahrfreude und Temperament wie nur wenige andere Fahrzeuge. Wer lieber zu den Diesel-Variationen greift, hat die Wahl unter dem 1,9-Liter-Direkt-Einspritzer mit 92 PS Leistung und dem 2,5-Liter-Vierzylinder, der ohne Turbolader 75 PS bereitstellt und der mit Turbolader und 115 PS bei 3900/min zu den lebhaftesten Selbstzündern überhaupt gehören dürfte: Mit

190 km/h ist dieser Diesel-Croma jedenfalls stets vorne mit dabei.

Natürlich hat der Croma alles an Zubehör, was in dieser Preisklasse selbstverständlich ist: Eine Ausstattung, die kaum noch Wünsche offen läßt; eine Zubehörliste, die auch die ausgefallensten Wünsche erfüllt - und daß der geregelte Dreiwegekatalysator mitgeliefert wird, ist eigentlich mittlerweile keine Frage mehr.

Wo alles begann: Im Werk am Corso Dante ist heute das Centro Storico des Hauses Fiat untergebracht.

Der »Croma« in seiner elegantesten Form: Er wird mit einem Hubraum bis zu 2 Liter geliefert (unten).

Viel Innenraum bei günstigen Abmessungen - eine Schnittzeichnung durch einen »Tipo«.

Fiat agiert heute um die ganze Welt: In der Türkei wird eine Variante des 191 gebaut - in Brasilien gibt es den Uno, der hier auch als Stufenheck-Limousine und als Kombi ausgeliefert wird - und hinter dem »Duna« verbirgt sich eine Limousine und ein Kombi, der ebenfalls in Brasilien viel Erfolg hat.

Der »Campagnola«, Fiats Antwort auf den »Jeep«, wird ebenfalls noch hergestellt: Mittlerweile hat dieses Geländefahrzeug die nächste Modellpflege hinter sich gebracht; im November 1979 wurde die Karosserie geglättet, und die beiden Motoren (ein 2-Liter-Vierzylinder mit 80 PS Leistung und ein 2,4-Liter-Dieselmotor mit 72 PS Leistung) wurden auf den neuesten technischen Stand gebracht. Da der Wagen jedoch kaum in den Export geht und hauptsächlich für die italienische Armee montiert wird, ist und bleibt der Campagnola ein Fahrzeug für einige wenige Spezialisten.

Was ist Fiat heute?

Ein weltumspannender Konzern, der seinen Namen zwar dem Automobil verdankt - der heute sein Geld aber nur teilweise mit Automobilen und Nutzfahrzeugen verdient. Das Fiat-Emblem ist auf Lastwagen, Omnibussen und Traktoren zu entdekken - man findet es auf Baumaschinen, Zügen und Flugzeugtriebwerken. Fiat konstruiert und baut aber auch Staudämme und Kraftwerke, Trabantenstädte und Satelliten. Die Marke mit den fünf Streifen entwickelt Raketentriebwerke und forscht für die Entwicklung von Kernreaktoren und Herzschrittmachern. Glühbirnen und Lichtsysteme, elektronische Einspritzanlagen und Roboter, die Entwicklung bio-medizinischer Geräte und leise laufender Güterwagen, Gebietsnutzung und Umweltschutz, Planung und Nutzung von Bodenschätzen und Energiequellen, Gebietsplanung, angewandte Wirtschaft, Modelle für Infrastrukturen: dies alles sind Bereiche, bei denen Fiat involviert ist - das Thema »Umweltschutz« taucht übrigens bereits 1974 bei der Firma »Siteco« auf, die eine 100prozentige Tochter der Fiat S.p.A. ist.

Fiat baut Brücken und gräbt Tunnels - Fiat entwickelt Hubschrauber und Forschungs-U-Boote - Fiat kümmert sich um die maximale Nutzung von Computern auf dem Gebiet des Gesundheitswesens. Der Raum genügt nicht, all das darzustellen, was Fiat mittlerweile macht - dafür ist das Unternehmen mittlerweile zu groß, zu weltumspannend geworden. Bereits 1976 umfaßte die hausinterne Broschüre »Fiat in Ziffern« in der alle wichtigen Daten und Beteiligungen zusammengefaßt waren, nicht weniger als 104 Seiten. Heute sind es mehr als 200 Blatt.

Den meisten ist Fiat »nur« als Hersteller von Automobilen und Nutzfahrzeugen bekannt - wahrscheinlich war man in Turin gut beraten, den Unternehmungen zum Teil verschiedene Namen zu geben: Wenn all die Dinge, die uns weltweit als Produkte des Hauses begegnen, den Namen Fiat tragen würden, wäre die Konfusion wahrscheinlich zu groß.

So begegnet uns der Name Fiat nur auf der Straße - und versteckter - zu Wasser und in der Luft. Und damit hat sich auch der Gedanke eines Mannes mit visionärem Weitblick erfüllt, der andere dafür begeistern konnte, 1899 ein Unternehmen zu gründen, das zu Lande, zu Wasser und in der Luft Erfolg haben wollte - und Giovanni Agnelli hat diese Vorsätze realisieren können. Das Haus Fiat ist ein lebendiger Beweis dafür.

FIAT
Tipo.

Fiat heute

Automobile

Im Januar 1988 wurde der Tipo vorgestellt. Er war das Ergebnis eines ganz neuen Planungskonzeptes, bei dem, auf der Basis genau abgesteckter Marketing-Ziele, ein integriertes System technischer Evolution mit Verschmelzung von Planung und Produktion in einer fortschrittlichen technologischen Entwicklung verwirklicht wurde.
Der Tipo zeigte die Fähigkeit des Fiat-Konzerns, technische Eigenschaften wie Leistung und Zuverlässigkeit mit der Verwirklichung technologischer Automation zu verbinden. Daß diese Errungenschaften vom Markt akzeptiert werden, zeigen die vielen Auszeichnungen und Preise, die der Tipo entgegennehmen konnte.

Der neue Tipo wurde durch modernste Konstruktionstechniken, durch Simulierung und computerunterstützte Verfahren wie CAD und CAE möglich. Parallel hierzu wurden im Werk Cassino CAM- und CIM-Systeme eingeführt.

Die Entwicklung der Automatisierung in der Produktion, verbunden mit zweckmäßiger Planung, machten technisch extrem ausgeklügelte und umfassend eingesetzte automatische Kontrollsysteme möglich. Das Ergebnis ist ein Qualitätssprung bezüglich Zuverlässigkeit des gesamten Systems »Auto«, wodurch sich Fiat vor der Konkurrenz einen Vorsprung verschaffen konnte.

Beim Tipo nur von Produkteigenschaften zu sprechen wäre unzureichend. Betont werden muß auch

»Auto des Jahres 1989« mit dem »Tipo« hat Fiat in der Mittelklasse eine interessante Alternative geschaffen.

Fiat's »Größter« - der »Chroma« bietet Motoren mit bis zu 2 Liter Hubraum (rechts und unten).

ein weiterer Beitrag, der zum Erfolg führte: es sind dies die technisch verfeinerten Kontrollverfahren und die Weiterentwicklung der Automatisierung.

Cassino ist heute das modernste Fiat-Werk mit einem völlig automatisch arbeitenden Pressenzentrum. Ebenfalls hochmodern sind der Karosseriebau, die Lackiererei und die Endmontage. Es ist weltweit eines der führenden Werke, in dem die modernsten und fortschrittlichsten Montageverfahren für Automobilkomponenten auf systematische und rationelle Art eingesetzt werden.

Gesamtziel der Werksorganisation ist deshalb die Produktion eines besonders zuverlässigen Fahrzeugs, welches seine Qualität im Laufe der Zeit beibehält.

Die Zahlen

Insgesamt wurden vom Fiat-Konzern (Fiat, Alfa Romeo, Lancia) 2200000 Automobile verkauft, davon 1930000 in Europa, womit Fiat auf diesem Markt seine Spitzenposition bewahren konnte.

Fiat ist somit heute in der Lage, sich aufgrund der erreichten Bedeutung den Anforderungen nach Innovation und Wettbewerbsfähigkeit zu stellen, so wie sie von den internationalen Märkten immer drängender gefordert werden.

1988 konnte Fiat Auto den Marktanteil in Italien mit 59,95 Prozent (Lancia steht mit 9,64 Prozent auf Platz zwei) und in Europa mit 14,9 Prozent konsolidieren.

Beachtlich ist der Erfolg des Tipo. Er wurde zum »Auto des Jahres 1989« gewählt, und in nur elf Monaten wurden 217 000 Stück verkauft. Auf der Bestseller-Liste der in Italien am meisten verkauften Autos steht er nach dem Uno schon auf Platz zwei, der sich mit 375 000 verkauften Einheiten weiterhin auf seiner Spitzenposition behauptet.

Überdurchschnittlich ist auch die Entwicklung bei Lancia: der überarbeitete Thema kommt sehr gut an, und auch der Y10 verkauft sich weiterhin gut – über 200 000 Stück wurden neu zugelassen.

Auch Alfa kann für den italienischen Markt auf ein gutes Jahr zurückblicken. Insgesamt wurden 142 000 Fahrzeuge verkauft, das entspricht einem Anstieg von 21,6 Prozent gegenüber 1987. Sehr erfolgreich ist auch der Alfa 164, der mit den überarbeiteten Modellen Thema und Croma im entsprechenden Segment 66,6 Prozent Marktanteil erobern konnte.

Der Umsatz des Automobilbereichs betrug 1988 25 267 Milliarden Lire, es wurden 130 675 Mitarbeiter beschäftigt, und die Investitionen beliefen sich auf 1850 Milliarden Lire.

Nicki Lauda saß am Steuer dieses Ferrari-Formel 1-Rennwagens, als der Schriftzug »Fiat« erstmals auf einem der prestigeträchtigen Rennwagen aus Maranello auftauchen durfte.

Nutzfahrzeuge

Mit einer Produktions- und Organisationsstruktur europäischen Charakters ist Iveco eines der wenigen Unternehmen in Europa, das eine vollständige Produktpalette von Nutzfahrzeugen für unterschiedlichste Anwendungsbereiche anbieten kann. Von 3,5 Tonnen bis zu den von den einzelnen Ländern zugelassenen Höchstgewichten gibt es rund 600 Basismodelle in nahezu 1600 Versionen: leichte Fahrzeuge wie der Turbo Daily, der mit einem Turbo-Dieselmotor mit direkter Einspritzung ausgerüstet ist, die mittelschwere und leichte Palette mit dem Turbo Zeta, schwere Straßenfahrzeuge für den internationalen Fernverkehr wie der Turbostar, der besser als alle anderen Modelle ein Beweis für die Innovationsanstrengungen der letzten Jahre ist, Gruben-, Baustellen- und Feuerwehrfahrzeuge, Fahrzeuge für Verteidigung und Zivilschutz, Autobusse, Gabelstapler. Iveco ist weltweit aber auch einer der bedeutendsten Hersteller von Dieselmotoren.

1988 hat Iveco sein Investitionsprogramm weitergeführt und mehr als 700 Milliarden Lire in Forschung, Entwicklung und in die Modernisierung der Produktionsanlagen investiert.

Hervorzuheben ist in diesem Zusammenhang die Modernisierung des Werks in Bourbon Lancy in Frankreich. Drei FMS-Linien für die Produktion von Motoren wurden 1987 in Betrieb genommen, dabei werden jeweils drei Maschinen mit numerischer Steuerung und zentraler computerunterstützter Verwaltung eingesetzt.

Das gesamte Projekt, für das Investitionen in Höhe von fast 1000 Millionen Franc vorgesehen sind, wird noch 1989 abgeschlossen sein. Bourbon Lancy ist ein Teil des europäischen Unternehmens Iveco mit Werken in Frankreich, Deutschland, Großbritannien und Italien. In Großbritannien nimmt Iveco im Segment der Fahrzeuge über 3,5 Tonnen Bruttogesamtgewicht mit Iveco Ford Truck eine Spitzenposition ein.

Im Oktober 1988 wurden die Industrie- und Handelsabkommen ausgebaut, die Iveco seit über 10 Jahren mit dem jugoslawischen Unternehmen ZCZ verbinden: es wurde mit einer 30%igen Beteiligung von Iveco eine Körperschaft unter

Der TurboStar, Ivecos repräsentativstes Fahrzeug der Palette der schweren Fahrzeuge.

Der Turbo Daily Iveco, aus der Palette der leichten Fahrzeuge und das erste mit Turbodiesel-Motor und direkter Einspritzung (mit Leistungen zwischen 92 und 102 PS), konnte einen enormen Erfolg verbuchen.

»Gemeinschaftlicher Verwaltung« ZPV für die Produktion in Jugoslawien von mittelschweren und leichten Nutzfahrzeugen auf der Basis von IVECO-Technologie gegründet. Das Werk steht in Kragujevac. Es werden 4500 Mitarbeiter beschäftigt und über 8000 Fahrzeuge pro Jahr produziert und damit ein Jahresumsatz von ca. 170 Millarden Lire erwirtschaftet. Mit diesem Abkommen verstärkt Iveco weiter seine Positon auf dem jugoslawischen Markt, auf dem es heute einen Anteil von 48 Prozent für Nutzfahrzeuge mit einem Gesamtgewicht zwischen 3,5 und 12 Tonnen innehält.

Aber Iveco blickt auch über die europäischen Grenzen hinweg: mit dem Hinduja-Konzern wurde die Aktienmehrheit von Ashok Leyland Ltd., einem der wichtigsten Hersteller für Nutzfahrzeuge und Busse in Indien, und von Ennore Founderies Ltd. erworben, einem führenden Unternehmen für Gießereiprodukte.

Die Zahlen

Der Unternehmensbereich unterhält 18 Produktionseinheiten in Italien, Frankreich, der Bundesrepublik und Großbritannien. Er ist außerdem in 16 Ländern durch eigene Montage- und Produktionswerke oder die von Lizenznehmern sowie durch andere Arten industrieller Zusammenarbeit präsent.

Iveco ist der zweitgrößte Nutzfahrzeughersteller Europas und einer der bedeutendsten der Welt für die Produktion von Dieselmotoren von 45 bis 500 PS: 1988 wurden fast 290 000 hergestellt, zwei Drittel davon gingen an Gesellschaften des Fiat-Konzerns, der Rest an andere Unternehmen in der Welt. Ein spezielles Werk in Pregnana Milanese (Iveco Aifo) baut die Motoren für unterschiedlichste Anwendungsbereiche im industriellen Bereich und für die Marine um.

Auch für die Autobusse wird eine komplette Modellpalette angeboten: für Stadt-, Überland- und Touristikfahrten.

1988 konnte Iveco 129 300 Nutzfahrzeuge und Autobusse verkaufen. Die Zahl erhöht sich auf 141 000, wenn man die Lizenzproduktion hinzurechnet.

Auf dem europäischen Markt konnte der Marktanteil mit 20,2 Prozent konsolidiert werden. Es wurden außerdem 11 700 Gabelstapler verkauft.

Der Umsatz von Iveco betrug 7500 Milliarden Lire, die Investitionen 400 Milliarden Lire. Man beschäftigte 38 100 Mitarbeiter, 13 800 davon außerhalb Italiens.

Der seit Jahren bewährte Ducato ist seit September 1989 auch mit Allradantrieb lieferbar. Der 4 × 4 hat einen 2,5 Liter Dieselmotor mit 75 PS oder einen Turbodiesel mit 92 PS Leistung. Der zusätzliche Antrieb an die Hinterachse erfolgt über eine Viscokupplung.

Land- und Erdbewegungsmaschinen

1987 wurden die beiden Unternehmensbereiche Ackerschlepper und Baumaschinen zusammengelegt, um eine Kostensenkung für die Betriebsstrukturen zu erreichen. Aus den Gesellschaften Fiat Trattori, Laverda und Fiatallis Europe entstand am 1. Januar 1988 Fiat Geotech SpA.

Die Aufgabe der neuen Muttergesellschaft besteht in der Rationalisierung und dem Ausbau der beiden Bereiche, um damit die Position gegenüber den weltweit führenden Herstellern zu verstärken.

Seit langem steht Fiatagri auf Platz eins in Europa und auf Platz drei weltweit (auf Platz eins für Ackerschlepper mit Raupen und doppeltem Antrieb).

Auf internationaler Ebene ging Fiat zu 50 Prozent mit Hesston und Case eine Joint Venture für die Produktion von Erntemaschinen in den Hesston-Werken für den nordamerikanischen Markt ein. Ein Jahr nach der Gründung wurden bereits die hinsichtlich Produktentwicklung und Effizienz gesetzten Ziele erreicht.

Im letzten Oktober hat die Sparte Baumaschinen von Fiat Geotech ein Abkommen über die technologische und industrielle Zusammenarbeit mit Deere & Co. in Moline (Illinois) unterzeichnet, die die gemeinsame Entwicklung einer Baureihe von Frontbaggern definiert.

Seit Beginn 1987 arbeitet die neue Gesellschaft Fiat Hitachi Excavators SpA, eine Mehrheitsbeteiligung von Fiatallis, mit der japanischen Gesellschaft Hitachi Construction Machinery. Hergestellt werden im neuen Werk in San Mauro bei Turin Hydraulikbagger. Das 1986 unterzeichnete Abkommen läuft programmäßig: die ersten drei Modelle der neuen Reihe FH wurden auf den europäischen Märkten 1988 vorgestellt, andere folgten in den ersten Monaten des Jahres 1989.

Die Zahlen

Der Umsatz betrug 2855 Milliarden und die Investitionen 109 Milliarden Lire. Es werden 13 322 Mitarbeiter beschäftigt.

Der Ackerschlepper 180-90 DT.

Eisen- und Metallverarbeitung

Teksid, die Obergesellschaft des Unternehmensbereiches, ist auf die Herstellung verschiedener Komponenten für die Automobilindustrie, für Ackerschlepper, Nutzfahrzeuge und für die Luftfahrtindustrie spezialisiert.

Es werden hauptsächlich Gußteile aus Grauguß und Aluminium, und Teile aus warm- und kaltgepreßtem Stahl hergestellt.

Im Ausland ist Teksid mit eigenen Gesellschaften oder Vertretungen zum Beispiel in Amerika, Frankreich, Deutschland, Großbritannien und Spanien vertreten.

Neben den Gesellschaften des Fiat-Konzerns gehören die wichtigsten europäischen und amerikanischen Automobilhersteller zum Kundenkreis von Teksid. Mit diesen wurden 1988 34 Prozent des Gesamtumsatzes getätigt.

Teksid ist in drei Tätigkeitsbereiche unterteilt: Graugußgießereien, Aluminiumgießereien und Stahlkomponenten.

Die Produktionsanlagen von Teksid gehören zu den modernsten überhaupt. Damit hat Fiat vor der internationalen Konkurrenz einen beachtlichen Wettbewerbsvorteil.

Darüber hinaus hält Teksid die Aktienmehrheit der Fmb in Brasilien (hier werden Gußteile aus Grauguß und Aluminium für den nord- und südamerikanischen Markt und Produktionsanlagen für Gießereien hergestellt), der Taf in den USA (sie produziert Zylinderköpfe mittels Kokillenguß für General Motors), und der Getti Speciali (Teile aus Aluminium und Magnesiumlegierungen hauptsächlich für die Luftfahrtindustrie).

Die Zahlen

Der Umsatz von Teksid betrug 1988 1457 Milliarden Lire. 120 Milliarden Lire wurden investiert.

Für Teksid arbeiten 11 552 Betriebsangehörige.

Fahrzeug-Zulieferteile

Der 1987 gegründete Unternehmensbereich entstand aus einer Neuordnung des gesamten Komponentenbereiches des Konzerns. 1988 erfolgten hier ebenfalls bedeutende Lieferungen an die wichtigsten europäischen und amerikanischen Automobilhersteller.

Übergeordnete Gesellschaft ist Magneti Marelli, ein Unternehmen, das durch Ankäufe und Abkommen weltweit zu einem der größten Automobilzulieferer wurde.

Die Aktivitäten von Magneti Marelli sind in Systeme und Komponenten aufgeteilt, die Bereiche wie

Ein Muster für ein digitales Armaturenbrett.

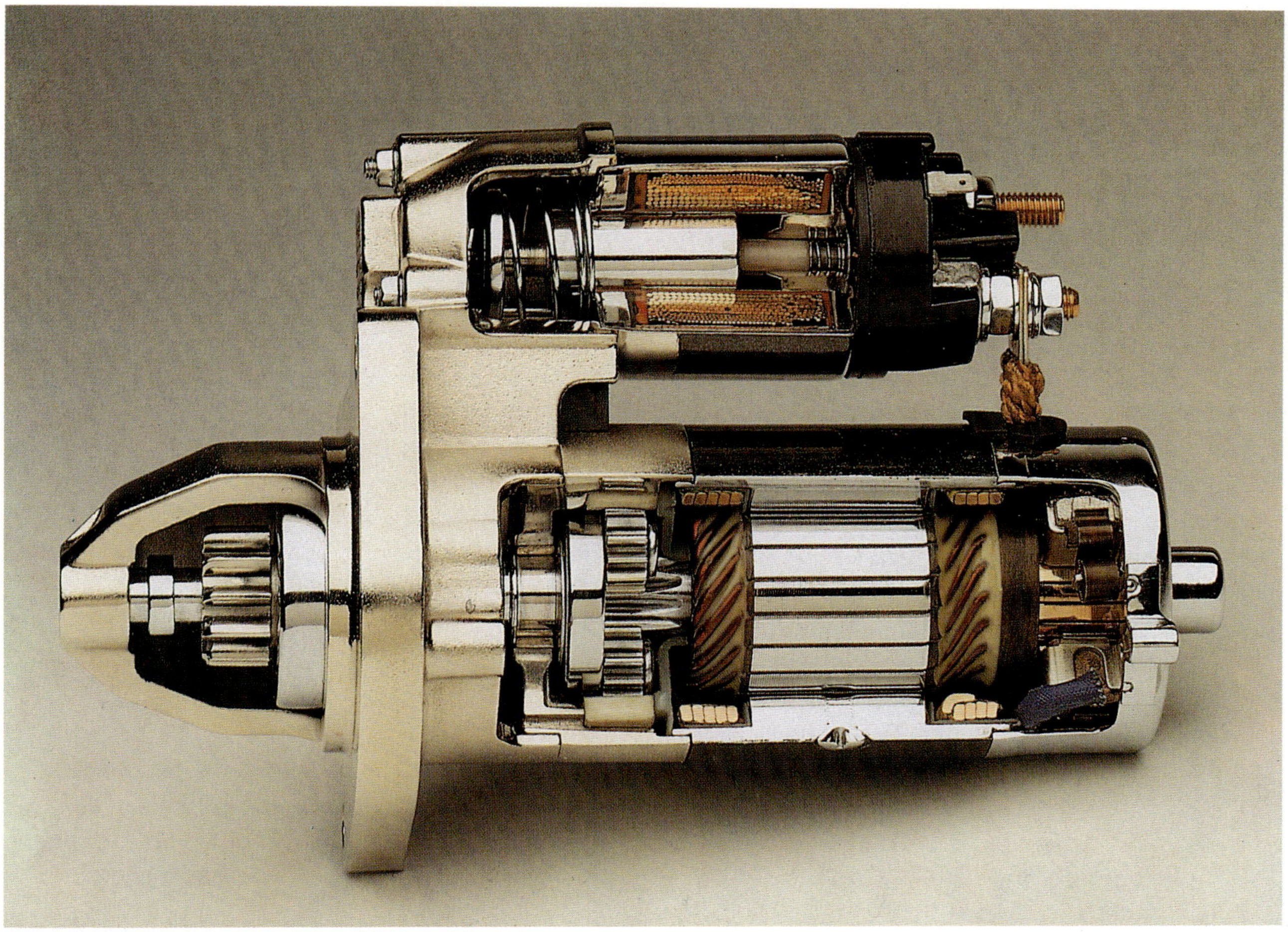

Der Anlaßmotor E70R mit epizyklischem Vorschaltwiderstand.

Elektronik, Elektromechanik, Kraftstoffversorgung des Motors, Bordinstrumente, Beleuchtung und Klimatisierung abdecken.

Wichtiges Element der Produktion ist der hohe elektronische Gehalt der Komponenten, der es erlaubt, hochentwickelte Subsysteme zu verwirklichen.

Die bedeutendsten europäischen Automobilhersteller verwenden die in den 51 Werken hergestellten Erzeugnisse von Magneti Marelli, die in den folgenden neun Ländern arbeiten: Italien, Frankreich, Spanien, Großbritannien, Portugal, USA, Mexiko, Brasilien und Argentinien.

Zu den wichtigsten Produkten gehören: Multipoint-Einspritzsysteme (Sparte Kraftstoffversorgung des Motors), auf die stilistische und optotechnische Entwicklung ausgerichtete Leuchtgruppen (Sparte Beleuchtung), kontaktlose Systeme mit niedrigem Leistungsverlust und neuartige statische Zündungen (Sparte Elektronik), neue Bordinstrumente (Sparte Bordinstrumente), Anlassermotoren und Lichtmaschinen (Sparte Elektromechanik) und Heizungs- und Belüftungsanlagen.

Die Sparte Beleuchtung konnte durch den Ankauf des restlichen 50%igen Aktienpakets der Carello Lighting Inc. weiter verstärkt werden. Carello Lighting Inc. vertreibt in den USA Scheinwerfer und Leuchtgruppen. Mit diesem Abkommen wurde der 1987 zwischen Magneti Marelli und Fausto Carello unterzeichnete Vertrag vervollständigt, nachdem auch schon Lucas Lighting übernommen worden war.

Die Zahlen

Der Umsatz beträgt 3400 Milliarden Lire. Im vergangenen Jahr wurden 278 Milliarden Lire investiert. Die Beschäftigtenzahl beträgt 31927.

Industrielle Zulieferteile

1988 war ein wichtiges Jahr für die Verwirklichung des Entwicklungs- und Rationalisierungsprogrammes der Produktpalette des Unternehmensbereichs Industriekomponenten; hierzu gehört auch die Eingliederung von Fiat Lubrificanti. Die Obergesellschaft des Bereichs ist Gilardini.

Zu den Umgruppierungen innerhalb des Konzerns kommen noch weitere bedeutende Initiativen. Es erfolgte eine strategische Auswahl des Produktportfeuilles, um Produktpalette und Marktpräsenzen von Firmen zu bereichern, die sich als ergänzende Elemente erweisen. Dazu gehören ebenfalls Rationalisierung, Optimierung und die Aufgabe unwirtschaftlich gewordener Unternehmungen. In diesen Rahmen ordnet sich auch der Ankauf von Vitaloni und Imos Sud ein, Hersteller von Rückspiegeln. Gilardini wird damit zu einem der bedeutendsten europäischen Hersteller in diesem speziellen Anwendungsbereich.

Aufgrund verschiedener Ankäufe und Abtretungen sieht die Produktstruktur von Gilardini im Jahre 1989 wie folgt aus: Automobilkomponenten zum Ersteinbau (30 Prozent), Ersatzteile für den Automobilmarkt (11 Prozent), Schmiermittel (und chemische Produkte für die Automobilindustrie) (29 Prozent), Produkte für die Verteidigung (17 Prozent), Komponenten für den Energiebereich und die Industrie (13 Prozent).

Die Zahlen

Der Unternehmensbereich Industriekomponenten erreichte 1988 einen Umsatz von 1340 Milliarden Lire, 107 Milliarden wurden investiert. Die Beschäftigtenzahl betrug 9024.

Anlagenbau

1988 konnte der Unternehmensbereich Anlagenbau seinen Exportanteil weiter ausbauen. Der Auftragsbestand wuchs auf 939 Milliarden Lire, wobei 44 Prozent der Aufträge aus dem europäischen Ausland kamen.

Fiat bemüht sich mehr denn je, möglichst viele Komponenten der Produkte - hier der Panda - in eigenen Firmen herzustellen.

Von Bedeutung sind ein Auftrag von Daimler Benz in Deutschland für eine Montagestraße, von Ford in Großbritannien für eine Montagestraße von Zylinderköpfen, von Fiat für Schweiß-, Montage- und Bearbeitungslinien. Ebenfalls erwähnenswert sind Aufträge für große Zentren zum Pressen von Blech und Kunststoff für insgesamt 100 Milliarden Lire, wobei auch hier ein Drittel der Aufträge aus dem Ausland stammt.

Beachtlich war auch der Beitrag des Unternehmensbereichs für die technologische Entwicklung innerhalb des Fiat-Konzerns. Nach Termoli, dem modernsten Motorenwerk der Welt, entstand Cassino, ein vollkommen automatisiertes Werk.

Im vergangenen Jahr wurde von Comau die 100%ige Kontrolle über Huron-Fräsmaschinen GmbH aus Leonberg in der Bundesrepublik und eine 40%ige Beteiligung an Italtech SpA aus Brescia erworben, ein Unternehmen, das auf die Produktion großer Pressen für Spritzguß aus Kunststoff spezialisiert ist.

Arbeiten für die Verlängerung der Linie B der römischen U-Bahn.

Die Zahlen

Der Umsatz erreichte 868 Milliarden Lire, 32,4 Milliarden wurden investiert. Insgesamt werden 4840 Personen beschäftigt.

Hoch- und Tiefbau

Durch den Ankauf verschiedener Gesellschaften und mittels einer umfassenden Umstrukturierung konnte sich Fiatimpresit, die Obergesellschaft des Unternehmensbereiches, auf Platz eins in Europa und auf Platz zehn weltweit katapultieren. Fiatimpresit agiert heute als europäischer General-Unternehmer, dem es durch eine perfekte Integration von Ingenieurwesen, Hoch- und Tiefbau und Dienstleistungsbetrieben möglich ist, immer komplexere Aufgaben zu übernehmen.

Die bedeutendsten Aufträge, die Impresit 1988 einholen konnte, waren: die erste Bauphase für eine Bewässerungsanlage in Nardò in der Provinz Lecce (Italien), über die beigeordnete Gesellschaft Hasa der Bau einer Autobahn in Andalusien, Bau der zweiten Brücke über den Bosporus in der Türkei (ausführendes Unternehmen war Impregilo zusammen mit einem internationalen Konsortium, die Einweihung war im Juli 1988); in Zusammenarbeit mit Impregilo Bau des Esna-Staudamms in Ägypten.

Im Bereich Ingenieurwesen erhielt Fiat Engineering unter anderem Aufträge für die Verwirklichung eines Netzes von Monitoranlagen der Gemeinde Neapel, für die Renovierung des OM-Werks in Brescia, für die Restaurierung und Renovierung des Gebäudes der Reggia di Caserta, des Archäologischen Museums in Florenz und der Stadtmauer von Lucca. Hierzu kommen noch eine Anlage für die Verarbeitung von Festabfällen in Sardinien und der Bau einer Meerwasserentsalzungsanlage im Senegal durch Castagnetti. Fiat Engineering beteiligt sich darüber hinaus am Bau eines Automobilwerks in Algerien.

Die Zahlen

Der Umsatz im Jahre 1988 betrug 709 Milliarden Lire, 13 Prozent mehr im Vergleich zum Vorjahr. Es werden 4020 Personen beschäftigt.

Schienengebundene Verkehrsmittel

Im Jahr 1988 konnte Fiat Ferroviaria weitere Aufträge von der italienischen Staatsbahn und für den Personentransport in Stadtgebieten einholen.

Ein bedeutendes Ereignis war auch die Inbetriebnahme des »Pendolino« auf der Strecke Rom-Mailand. Der neue Zug, der die Neigung des Zugkörpers den Kurvenradien und den gefahrenen Geschwindigkeiten anpaßt, legt die Strecke in vier Stunden zurück - und ist damit eine Stunde schneller als herkömmliche Züge.

Ebenfalls 1988 fand die Übergabe der Stadtbahn an die Turiner Stadtwerke statt, und gegen Ende des Jahres wurde die erste Straßenbahn mit besonders niedriger Trittfläche übergeben. Die Bodenfreiheit beträgt nur 35 Zentimeter, und da es keine Trittstufen mehr gibt, wird die Bahn auch für weniger bewegliche Personen bequem erreichbar; dadurch werden auch die Haltezeiten verkürzt.

Die Lieferungen an die italienischen Staatsbahnen umfassen 20 Schlafwagen, verschiedene Baugruppen (Fahrgestelle, Triebwagen usw.) und in Zusammenarbeit mit Breda-ABB-Ansaldo zwei Prototypen des ETR 500 (300 km/h) für insgesamt vier Lokomotiven und 20 Waggons.

Aufträge aus dem Ausland: zwei Prototypen für Fahrgestelle des Zuges, der unter dem Ärmelkanal verkehren soll, ein vorläufiger Auftrag für 84 Fahrgestelle für die indische Staatsbahn mittels Technologietransfer an ein in Indien errichtetes modernes Werk für die Produktion von rollendem Material, Zusage der Deutschen Bundesbahn für die Lieferung, in Zusammenarbeit mit den wichtigsten deutschen Unternehmen, von zehn Dieselloks einschließlich zwei Einheiten mit veränderlicher Wagenstellung (Pendolino).

Die Zahlen

Der Erlös im Jahre 1988 betrug 300 Milliarden Lire, 9 Milliarden Lire wurden für Investitionen ausgegeben. Insgesamt werden 1359 Personen beschäftigt.

Flugtechnik

Im Bereich Flugzeugmotoren für den Militäreinsatz gingen die Studien für den Motor des zukünftigen europäischen Jagdfliegers (EFA) 1988 weiter. Im Bereich Motoren für Zivilflugzeuge wurde die internationale Zusammenarbeit mit den namhaftesten Motorenherstellern weitergeführt. Ziel ist die Konstruktion und Entwicklung neuer Motoren mit geringem Treibstoffverbrauch.

Im Bereich Raumfahrt wurde eine erste Testreihe auf der Prüfbank mit dem Prototyp für eine Turbopumpe mit Flüssigsauerstoff abgeschlossen. Die Turbopumpe ist für die zweite Stufe des europäischen Vektors Ariane V bestimmt.

Aus Guatemala kam ein Auftrag für Gasturbinen für ein Kraftwerk, und auch Ansaldo bestellte eine Turbine vom Typ LM 2500.

Im Hubschrauberbau ging die gemeinsame Arbeit mit Aérospatiale für mechanische Kraftübertragungen, mit Pratt & Whitney, Kanada, für Sikorsky-Hubschraubermotoren weiter. Ebenfalls fort-

Die Endmontage des ETR 450-Zuges, der unter dem Namen »Pendolino« die Strecke Mailand-Rom befährt.

geführt wurde das gemeinsame Programm mit General Electric und Alfa Romeo Avio für die Entwicklung einer Turbowelle, die im neuen dreimotorigen italo-englischen Hubschrauber EH 101 zum Einsatz kommen soll.

Die Zahlen

1988 wurde ein Umsatz von 662 Milliarden Lire erreicht und 32 Milliarden für Investitionen ausgegeben. Es werden 4773 Personen beschäftigt.

Telekommunikation

Die ständige Suche nach technologisch und technisch anspruchsvollen modernen Produkten von höchster Qualität und Zuverlässigkeit verhalfen Telettra zu internationaler Anerkennung.
Telettra ist weltweit auch einer der wenigen Hersteller von Komponenten für Mikrowellen aus Galliumarsenid und entwickelte Technologien für den Einsatz von optischen Fasern für Telekommunikationssysteme.
Im Laufe des vergangenen Jahres konnte Telettra den Wettbewerbsvorsprung international weiter ausbauen: über 50 Prozent der Verkäufe werden im Exportgeschäft getätigt.

Der Motor Typ CF 6-80 C2 im Prüfraum des Werks Brindisi.

In Mexiko wurde eine Mehrheitsbeteiligung von Telettra Industrial erworben. In Argentinien ergaben sich aus einer fruchtvollen Zusammenarbeit mit Techint zahlreiche Aufträge für die argentinische wie auch für die italienische Gesellschaft.

Im Rahmen eines Programmes zur Geschäftsausweitung im europäischen Raum wurde die Zusammenarbeit mit Telefonica als Partner von Telettra Española weiter ausgebaut.

Mit dem im Februar 1988 unterzeichneten Vertrag konnte die Aktienbeteiligung in Telettra Española von 49 auf 90 Prozent aufgestockt werden, während Telefonica einen 10%igen Anteil von Telettra SpA hält.

Erwähnenswert ist auch der Vertrag zur Zusammenarbeit mit Matra Communication für Geräte des paneuropäisches Radiotelefonsystems, ein Markt, der in den nächsten Jahren stark wachsen wird. Auf der Basis dieses Vertrages konnten zwei bedeutende Projekte angekauft werden, die dazu dienen sollen, die Bereiche von London und Paris abzudecken.

Die Zahlen

Der Umsatz betrug 1988 1098 Milliarden Lire, die Ausgaben für Forschung und Entwicklung erreichten 88 Milliarden Lire. 8226 Personen werden beschäftigt, 5400 davon arbeiten in Italien.

Verlagswesen und Kommunikation

Der italienische Markt für Tageszeitungen stieg 1988 um ein Prozent. Gut ist auch die Anzeigen-Entwicklung; hier stiegen die Investitionen auf 6600 Milliarden Lire (+12,8 Prozent).

Verlagshaus La Stampa

Mit jährlichen 147 Millionen verkauften Exemplaren hat La Stampa den Tagesdurchschnitt von 428 000 Exemplaren überschritten.

Zu Beginn des Jahres 1988 lief das Programm zur Erneuerung der Zeitung (48 Seiten, Seitenbündelung, neues Format) aus. Auch ein neues Verlagshaus befindet sich im Bau. Alle Anlagen im neuen Werk werden dann über Computer gesteuert.

Publikompass

Mit bedrucktem Papier machte die Gesellschaft einen Umsatz von über 167 Milliarden Lire.

ECO-Pubblicità e Marketing

Die Gesellschaft hat Werbeausgaben von etwa 60 Milliarden Lire mit einem Umsatz in gleicher Höhe verwaltet.

ECO und LMC International der Cartier-Gruppe haben in den ersten Monaten 1988 die Gesellschaft FORMULA gegründet, die in den Bereichen Werbeprodukte und Imagepflege tätig ist.

Die Zahlen

Der Umsatz dieses Unternehmensbereiches erreichte 341 Milliarden Lire, es wurden 74 Milliarden Lire investiert. Die Anzahl der Mitarbeiter beträgt 1299.

Vorrichtung zur numerischen Kodefizierung und Entkodefizierung mit 34 M bit/s von Fernsehbildern.

Pilotanlage im Forschungszentrum für Chemie in Torviscosa (Udine), Friaul.

Die Gruppe SNIA BPD

Die Tätigkeiten der Gruppe SNIA BPD sind stark diversifiziert und in sechs Unternehmensbereiche unterteilt:

Verteidigung und Raumfahrt: Hier wurde an verschiedenen Fronten gearbeitet: das Ariane-Programm, für das ein Vertrag für die Planung und Entwicklung der Booster von 230 Tonnen für die Ariane V unterzeichnet wurde, läuft weiter. Mit der amerikanischen Gesellschaft LTV wurde des weiteren ein Abkommen für die Weiterentwicklung der Raumfähre Scout zum leistungsfähigeren Scout 2 unterzeichnet.

Weiterhin ist kürzlich an die Gesellschaft MBB-Erno die Raumfahrtplattform EUREKA geliefert worden, ausgerüstet mit einem Antriebssystem der SNIA BPD.

Fasern: Die Produktion chemischer Fasern war die Ausgangsbasis von SNIA und gehört auch heute noch zu den wichtigsten Aufgabenbereichen der Gruppe. Kürzlich hat SNIA FIBRE zusammen mit der Gesellschaft Separem die Produktion von Membranen für die Trennung von gasförmigen und flüssigen Stoffen aufgenommen und hat den Vertrieb und als einziges Unternehmen in Europa die Produktion von Fasern mit Ionenaustausch eingeleitet. Im traditionellen Bereich der Fasern für Textilien haben interessante Entwicklungen stattgefunden: es wurde eine neue Polyoxyamid-

Kontrolle und Studie von gekrümmten Fasern unter dem Elektronenmikroskop im SNIA-Versuchszentrum von Cesano Maderno.

Faser mit der Bezeichnung Vivrelle entwickelt, die sich ausgezeichnet für den gemischten Einsatz mit Natur-, künstlichen und Synthetikfasern eignet.

Chemie: Hier ist SNIA BPD folgendermaßen vertreten: durch Caffaro im Bereich Chemieprodukte für Industrie und Landwirtschaft, durch Snia Tecnopolimeri im Bereich Polymere für Filme, Leitfäden und Monoleitfäden, durch Chimica del Friuli für die Produktion von Zellulose, und für Kaprolaktame, Feinchemie und Soda-Chlor, durch die Gesellschaft CRC (Compagnia die Ricerca Chimica) in der Biotechnologie und durch Molding Systems, Miki, Cassoni und Texipreg im Bereich der Verbundwerkstoffe.

In letzterem Bereich wurde kürzlich das Zentrum für die Entwicklung und Anwendung von Verbundwerkstoffen eingeweiht. Dieses Zentrum befindet sich zwar in der Nähe der Gesellschaft Molding Systems, übernimmt aber die Forschungsaufgaben für alle neuen Materialien von SNIA BPD.

Textilindustrie: Dieser Bereich untersteht der Gesellschaft »Cotonificio Olcese Veneziano«, einer Mailänder Gesellschaft mit Werken in Cogno bei Brescia und Pordenone. Ihr untergeordnet sind Eurofilati aus Longarone bei Belluno, Novara Filati (Novara), FTA Filatura di Trieste e Altessano aus Triest, Filati Pettinati aus Fiume Veneto-Pordenone und Seal aus Varese, eine auf technische Gewebe spezialisierte Gesellschaft. Die Sparte ist auf die Produktion von Fasern und Gewebe spezialisiert und erreichte in den letzten Jahren eine Produktion von 28 000 Tonnen Fasern, die hauptsächlich für Bekleidungsindustrie-Stoffe mittlerer bis hoher Qualität eingesetzt wurden.

Bioingenieurwesen: Hauptgesellschaft ist Sorin Biomedica aus Saluggia. Hergestellt werden Diagnosegeräte, Radiopharmazeutika, Herzschrittmacher, künstliche Herzklappen und Produkte für die Hämodialyse. Speziell in diesem letzten Bereich wurde eine Joint Venture mit Bellco der Gruppe Enichem eingegangen, die zu einer starken Konzentration auf dem europäischen Markt führte. Ebenfalls wurde ein Konsortium für Biotechnologien und die Gesellschaft Immunogen gegründet. Ziel ist der Aufbau eines Forschungsinstituts und die Produktion von Diagnosegeräten in Süditalien.

Sonstige Aktivitäten: Unter dieser Bezeichnung werden die Finanzaktivitäten der Gruppe SNIA BPD und die Tätigkeiten im Ingenieurwesen zusammengefaßt. Erwähnenswert ist ein kürzlich mit der UdSSR abgeschlossener Vertrag über die Lieferung einer Anlage für die Produktion von Druckerschwärze für die Prawda. Hierzu kommen noch zahlreiche andere Aufträge aus Osteuropa, Asien und Lateinamerika.

Die Zahlen

Der Umsatz erreichte 1988 2331 Milliarden Lire, 134 Milliarden wurden investiert. Der Unternehmensbereich beschäftigt 13 545 Personen.

Finanzierungs- und Immobiliengesellschaften

Im Rahmen eines integrierten Unternehmenssystems ist für den Fiat-Konzern eine konzentrierte Anwesenheit im Finanzgeschäft von strategischer Bedeutung. Dadurch wird gleichzeitig eine Hilfsfunktion für die Vertriebsbereiche der Produktion erreicht.

1987 wurde folglich der Unternehmensbereich Finanzierungs- und Immobiliengesellschaften gegründet. Dachunternehmen ist FIDIS, eine schon im Finanzbereich tätige und an der Börse gehandelte Gesellschaft, die jetzt die Koordinierung und Kontrolle der in Italien und im Ausland durchgeführten Tätigkeiten übernimmt.

Das Finanz- und Immobiliengeschäft ist in drei Bereiche unterteilt:

- das Kreditgeschäft
- das Sparkassengeschäft
- das Immobiliengeschäft

Das Kreditgeschäft

In Italien ist FIATSAVA in diesem Bereich tätig, eine Gesellschaft, die direkt oder über kontrollierte Gesellschaften das Raten-, Leasing- und Factoringgeschäft abwickelt.

Das Vetriebsnetz von FIATSAVA ist mit 16 Direktionen oder Regionalvertretungen und anderen Büros über ganz Italien verteilt.

Ebenfalls in Italien beschäftigt sich der Unternehmensbereich in Verbindung mit einigen Gesellschaften der PRIME-Gruppe mit Kundenkrediten, mit dem Leasing- und Factoringgeschäft, wobei FIDIS die paritätische Verwaltung mit der Gruppe Monte dei Paschi di Siena durchführt.

Das Gesamtgeschäftsvolumen der Aktivitäten in Italien betrug im Jahre 1988 12400 Milliarden Lire.

Im Ausland arbeitet FIDIS über die kontrollierte FIAT CREDIT INTERNATIONAL, der die insgesamt 23 europäischen und außereuropäischen Finanzgesellschaften unterstehen.

In einigen europäischen Ländern stützt sich FIAT CREDIT INTERNATIONAL auf die Partnerschaft von bedeutenden, in den entsprechenden Ländern ansässigen Banken oder Finanzgesellschaften. Das Finanzgeschäft auf den europäischen Märkten erreichte 1988 ein Volumen von ca. 11000 Milliarden Lire.

Das Sparkassengeschäft

In diesem Bereich ist FIDIS mit den PRIME-Gesellschaften vertreten, unter paritätischer Mitbeteiligung des Monte dei Paschi di Siena.

Es existieren bereits zehn Investmentfonds auf Aktien- oder Obligationen- oder auf gemischter Basis; ein Geschäft, das kürzlich durch ausländische Papiere (aus dem europäischen, amerikanischen und pazifischen Raum) angereichert wurde und zwar in Zusammenarbeit mit Merrill Lynch, einem weltweit führenden Unternehmen.

Das gegenwärtige Netz stützt sich über ganz Italien verteilt auf 900 Berater von Prime Consult und 800 Schalter der Monte dei Paschi di Siena-Gruppe. Das verwaltete Vermögen beläuft sich auf ca. 6000 Milliarden Lire, und damit steht PRIME vom Volumen her in Italien an zweiter Stelle.

Die Präsenz von FIDIS im Bereich der Finanzdienstleistungen wird durch MITO INTERMEDIAZIONI vervollständigt. Es handelt sich hier um einen Effektivkommissionär, der sowohl für institutionelle als auch für private Kunden arbeitet.

Finanzdienstleistungen

Im Rahmen der Finanzdienstleistungen operiert FIDIS durch die Gesellschaft FIVI im Bereich der Vermögensverwaltung des Fiat-Konzerns und durch ATTIVITA' IMMOBILIARI, eine börsennotierte Gesellschaft für Bewertungen und Vermögensinvestitionen.

Eine Reise in die Zukunft

International wettbewerbsfähig sein und bleiben bedeutet für die Industrieländer, auf der Basis einer kontinuierlichen Forschung ständig neue Technologien zu entwickeln und anzuwenden.

Mit dieser Zielsetzung arbeitet auch der Fiat-Konzern durch sein Forschungssystem, welches von Anfang an diesen Entwicklungsprozeß leitet; die Ergebnisse werden dann unter größtmöglicher Ausnutzung aller Synergien in den einzelnen Unternehmensbereichen angewandt.

Eine besonders bedeutende Rolle spielen in diesem Zusammenhang die sogenannten »Quertechnologien« - die Mikroelektronik, die neuen Produktionssysteme, die Informatik, neue Werkstoffe und die roboterunterstützte Automatisation - sie werden so genannt, weil sie für unterschiedlichste Industriezweige verwendbar sind. Fiat entwickelt also nicht nur neue Technologien, sondern ist auch ein bedeutender Anwender der Innovationen.

Die fortschrittlichste Synthese innovativer Technologien spiegelt sich im Automobil wider. Ein Produkt-System, das in sich die modernsten Technologien vereint und damit gleichzeitig Herausforderungen an die weitere technologische Entwicklung stellt. Dieses Fortschrittsverständnis wird durch den Einsatz Fiats bestätigt.

Gegenwärtig arbeiten in den verschiedenen Werken des Konzerns 1850 Roboter (50 Prozent aller in Italien eingesetzten Roboter), und die jährliche Steigerungsrate liegt bei 22 Prozent: eine Tendenz,

Elektronische Steuertafel von Magneti Marelli für die Gemischaufbereitung und Zündung eines Motors.

die auch in Zukunft weiter anhalten wird, besonders im Hinblick auf die Liberalisierung der EG-Märkte und in Richtung auf eine vollständige Automatisierung.

»Quer-Technologien« - ein strategisches Element

Die Arbeiten des Fiat Forschungszentrums konzentrieren sich auf die Quer-Technologien, und zahlreiche beachtliche Ziele konnten schon für die verschiedenen Unternehmensbereiche erreicht werden.

Die unterschiedlichen Industriebereiche, in denen Fiat tätig ist, machen differenzierte Zielsetzungen notwendig: Kostenentwicklung, Zuverlässigkeit, Volumen für den Pkw-Bereich, Grenzmaterialien und gleichzeitig höchste Zuverlässigkeit für die Luftfahrt - Zielsetzungen, die eine vollständige und integrierte Entwicklung notwendig machen.

Interessant sind in diesem Zusammenhang auch die unterschiedlichen Anwendungsbereiche dieser neuen Quer-Technologien: neue Werkstoffe, Mikroelektronik, Produktionssysteme.

Eines der Geheimnisse des Fiat-Erfolges dürften die hochmodernen Werke sein, in denen die Roboter der Tochter-Gesellschaft COMAU zum Einsatz kommen.

Neue Werkstoffe

Teksid, Leichtmetalle - Nach dem internationalen Erfolg des Policast-Verfahrens konnte ein weiteres Projekt der angewandten Forschung verwirklicht werden. Es handelt sich um den Kokillenguß, wo Teksid weltweit eine führende Stellung einnimt. Es wurde ein Produktionsverfahren für Kurbelgehäuse mit 4, 6 oder 8 Zylindern aus Leichtmetall entwickelt, wobei die Zylinderlaufbuchsen mit in das Gußteil integriert werden.

In der Entwicklung befindet sich auch der Einsatz von Fasern und Einsetzstücken aus Keramik für Komponenten aus Aluminiumlegierungen (Diesel-Zylinderköpfe, Pleuel) mit dem Ziel, die mechanische und thermische Belastbarkeit zu verbessern.

SNIA BPD, Verbundwerkstoffe - Das Zentrum für die Entwicklung und Anwendung von Verbundwerkstoffen von Molding Systems, das zu Beginn 1988 eingeweiht wurde, beschäftigt sich mit der Forschung, Entwicklung, Planung und industriellen Realisierung von Materialien, die aus der Verbindung von technischen Fasern (Glasfasern, Kevlar, Kohlenstoff und Keramik) mit Harzen entstehen.

Die in diesem Zentrum entwickelten Werkstoffe eignen sich besonders zum Einsatz in der Raumfahrt, Luftfahrt, beim Bodentransport, bei der Verteidigung und überall in der Industrie - also überall dort, wo Grenzleistungen verlangt werden.

Mikroelektronik

Telettra, Bauteile aus Galliumarsenid - Wenn auch relativ neu (Telettra stellt Leistungs-MESFETS für Mikrowellen seit 1984 her), sind sie eine der starken Seiten des Unternehmens. In diesem speziellen Bereich belegt Telettra, zumindest auf europäischer Ebene, eine Spitzenposition. Erst 1987 wurden die Aktivitäten des Bereichs Galliumarsenid auch auf die Herstellung integrierter monolythischer Schaltkreise für Anwendungen im Mikrowellenbereich ausgedehnt. Auf dem Gebiet Packaging verfügt Telettra über derartige Herstellungskapazitäten, daß hier ein extrem breiter Anwendungsbereich abgedeckt werden kann: von Niedrigfrequenzen bis Mikrowellen und vom kleinen Signal bis zur Hochleistungskomponente. Zur Unterstützung all dieser Aktivitäten bedient sich Telettra in zunehmendem Maße der CAD, CAM und CIM-Methologien.

Magneti Marelli, integrierte Schaltkreise für die Automobilindustrie - Die Entwicklung integrierter Schaltkreise für verschiedene Anwendungsbereiche wird fortgeführt (Motorsteuerungen, ABS, Kontrolle der Aufhängung, Armaturenbrett usw.). Das Ziel ist die Verbesserung der Zuverlässigkeit der Systeme und deren optische Verkleinerung.

Parallel hierzu laufen Versuche mit Ersatzmaterialien aus innovativer Keramik (Mehrschicht »green tape«) zur Integrierung der Steuereinheiten mit den entsprechenden mechanischen Vorrichtungen.

Produktionssysteme

COMAU, Einsatz eines mit Laser arbeitenden Roboters - SMART LASER ist der jüngste Sproß der von COMAU entwickelten Roboter-Palette.

Der Laserstrahl im Innern der Robotermechanik wird durch eine optische Verkettung von wassergekühlten Spiegeln erreicht, die einen vollen Einsatz über alle Achsen des Roboters möglich macht und eine optimale Bündelung des Strahls gestattet. Dieses über eine CO_2-Quelle gespeiste System mit einer Leistungssteigerung bis zu 5000 Watt kann für alle Arbeiten, bei denen ein Laserstrahl notwendig ist, wie Schneiden oder Schweißen, eingesetzt werden.

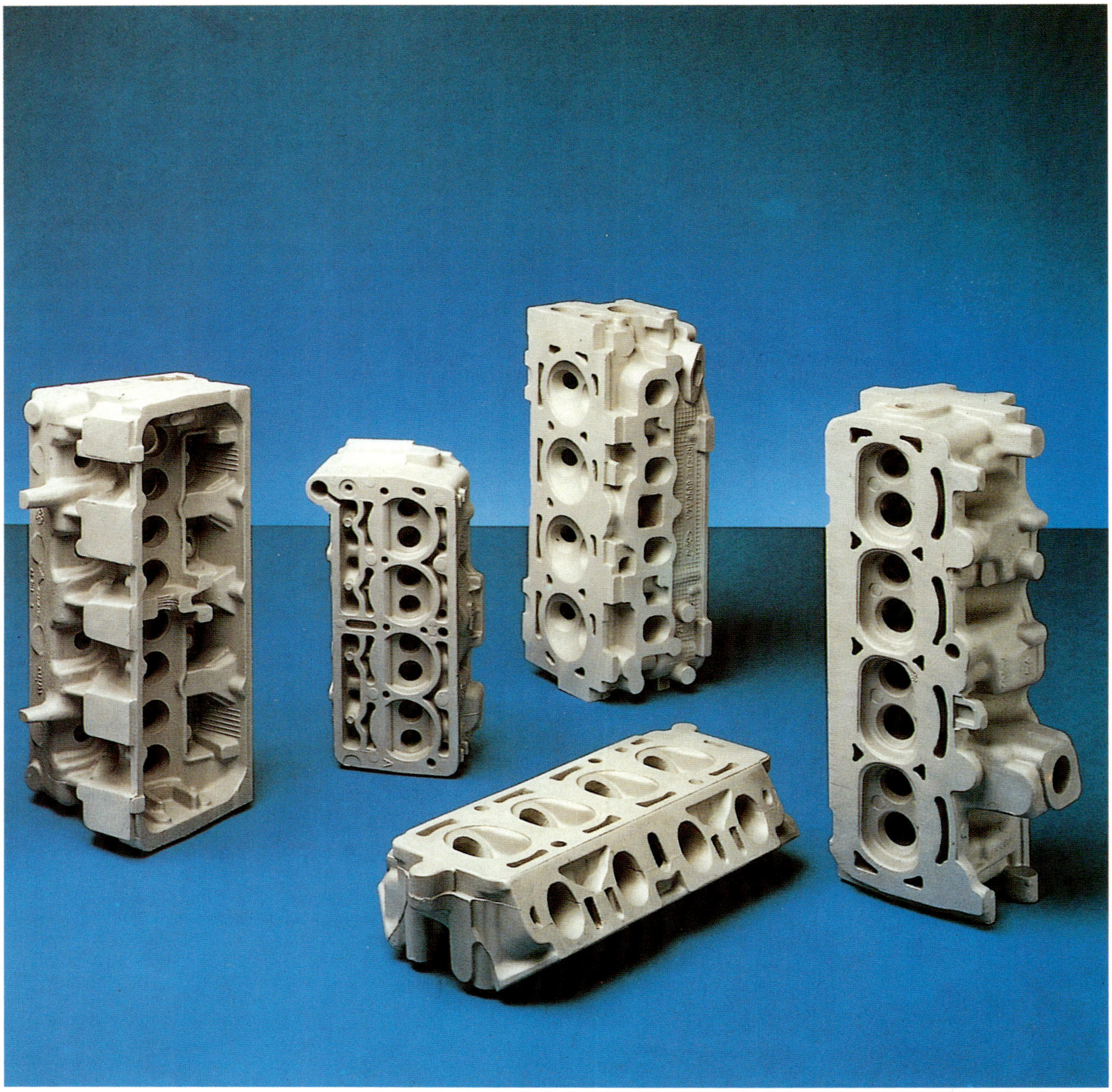

Zylinderköpfe für Chrysler, Fiat, Ford, General Motors und Maserati, die mittels Kokillenguß hergestellt wurden.

FIAT
Tipo.
Tipo.

Peking - Paris: 82 Jahre später

Am 16. März 1907 setzte sich in Peking eine Karawane in Bewegung. An der Spitze der legendäre *Itala,* der mit Scipione Borghese, dem Mechaniker Ettore Guizzardi und dem Sonderberichterstatter des »Corriere della Sera« und des »Daily Telegraph«, Luigi Barzini an Bord, 1907 die Rallye Peking-Paris gewinnen sollte.

82 Jahre später ging es nicht so sehr um die Wiederholung einer Rallye, sondern es sollte wieder eine Erinnerung ins Leben gerufen werden, mit der Italien eine freundschaftliche Botschaft an die elf Länder schickte, die an der Rallye-Strecke liegen, die allerdings ganz anders als die des Jahres 1907 verläuft: China, Pakistan, Iran, die Türkei, die UdSSR, Polen, Ost- und Westdeutschland, Holland, Belgien und Frankreich.

Neben dem Itala aus dem Automobilmuseum in Turin, der für diesen Anlaß wieder perfekt instandgesetzt wurde, beteiligten sich an der Rallye vier weitere Fahrzeuge und ein Lkw von Fiat Auto (zwei Fiat, ein Lancia, ein Alfa Romeo, eine rollende Werkstatt auf der Basis eines Ducato 4 × 4) und drei Iveco mit Allradantrieb. Hierunter auch ein Kastenwagen der italienischen Post für den philatelistischen Teil der Rallye.

Die Strecke ist etwa 22000 Kilometer lang, soll in drei Monaten zurückgelegt werden und umfaßt mehr als 90 Etappen. Und im Hintergrund ist eine außergewöhnlich interessante Landschaft, Traditionen und Folklore.
1907 bedeutete die Rallye von Peking nach Paris einen bedeutenden Sieg für die noch junge Auto-

Das große Abenteuer: mit einem 82 Jahre alten Wagen von Peking nach Paris zu fahren.

mobilindustrie. Heute, anläßlich des 90jährigen Jubiläums von Fiat Auto, sollte für die italienische Automobilindustrie, die mittlerweile nahezu gleichbedeutend mit Fiat ist, das epochemachende Ereignis noch einmal wiederaufleben.

Damals war es auch eine von Europäern organisierte Rallye, bei der nur in Europa hergestellte Fahrzeuge teilnahmen. Der Itala sollte deshalb 1989 auch die zwölf Europa-Sterne auf dem Kennzeichen tragen.

Die Rallye Peking-Paris war schließlich auch das größte Automobilabenteuer jener Zeit, das Material für Filme, Bücher und die verschiedensten Wiederholungsversuche lieferte.

Nur drei von fünf kamen durch

Die Rallye Peking-Paris entstand aufgrund einer Initiative der Pariser Tageszeitung »Le Matin«, in der am 31. Januar 1907 folgende Herausforderung veröffentlicht wurde: »Gibt es jemanden, der bereit ist, in diesem Sommer mit einem Automobil von Peking nach Paris zu fahren? Das wäre der bedeutendste Leistungstest, der je von einem Fahrzeug über eine 16 000 km lange Strecke durchgeführt worden wäre«.

Es meldeten sich 25 Mannschaften, darunter auch eine italienische: Sie bestand aus dem Fürsten Scipione Borghese und dem Mechaniker Ettore Guizzardi. Als Mitfahrer gesellte sich später noch der Sonderberichterstatter des »Corriere della Sera« und des »Daily Telegraph«, Luigi Barzini, hinzu. Das Fahrzeug war ein Itala, der entsprechend abgeändert und für die Rallye vorbereitet wurde.

Am Start in Peking, am 10. Juni, erscheinen allerdings nur fünf Konkurrenten mit ihren entsprechenden, aus Europa per Schiff nach Peking versandten Fahrzeugen: ein italienisches Fahrzeug (der Itala), drei französische (zwei De Dion-Bouton und ein Dreirad von Contal) und ein holländischer Spyker.

Schon sehr schnell gelang es dem Itala, sich an die Spitze zu setzen. Er wurde abwechselnd von Borghese und Guizzardi gefahren, während

Wie man sieht, haben sich in China die Verkehrswege in den letzten Jahrzehnten nicht geändert.

Wo auch immer der mächtige 7,5 Liter Vierzylinder auftauchte, scharten sich sofort die Schaulustigen um ihn und seine mutige Besatzung.

Barzini hinten zwischen zwei riesigen Benzinkanistern fast erdrückt wurde. Die Fahrt ging über Pfade, Steigungen, sandige Pisten, ausgetrocknete Flüsse, weite Sandflächen. Und der Itala fuhr ohne Pausen.

Manchmal versank er im morastigen Untergrund, und es bedurfte einer ganzen Mannschaft geduldiger »Coolies« (chinesischer Arbeiter), ihn wieder zu befreien. In Sibirien brach unter dem Itala eine Brücke zusammen und riß ihn mit in die Tiefe. Die Speichen eines Rads wurden beschädigt und brachen, aber einem »Muschik« gelang es, mit der Axt ein neues Rad herzustellen.

Nach 44 Tagen effektiver Fahrzeit, genau zwei Monaten nach der Abfahrt von Peking, erreichte der Itala am 10. August Paris.

Der italienischen Mannschaft wurde von den Parisern ein begeisterter Empfang bereitet. 20 Tage später trafen auch die beiden De Dion-Bouton ein. Der Spyker und der Contal hatten bereits während der Rallye aufgegeben.«

22 000 Kilometer am Stück

Die Abfahrt für die Neuauflage der Rallye Peking-Paris war für den 16. März 1989 in Peking vorgesehen, wohin der Itala und die Hilfsfahrzeuge inzwischen per Schiff oder Flugzeug transportiert wurden. Die voraussichtliche Ankunft in Paris war nach etwa 100 Tagen und 22 000 Kilometern für den 20. Juni vorgesehen.

Die für die Wiederholung der historischen Rallye Peking-Paris vorgesehene Strecke verlief anders als 1907. Sie schlängelte sich sehr viel weiter südlich und war auch etwas länger. (Damals legte der Itala rund 16 000 km zurück). Die Strecke folgte in etwa der alten »Seidenstraße« und berührte unterschiedlichste Länder, Traditionen, Folklore, Religionen, wirtschaftliche und soziale Gegebenheiten.

Die historisch interessantesten Orte, die die Karawane aus Fahrzeugen mit dem Itala an der Spitze berührte, sind: Xian (die alte Hauptstadt Chinas und Ende der »alten Seidenstraße«), die erst kürzlich wieder ins Rampenlicht des Tagesgeschehens rückte, als die Soldaten aus Ton, die vor über 2200

Große Verabschiedung in Peking – da der Drachen in der chinesischen Mythologie ein Glücksbringer ist, konnte der Erfolg ja garnicht ausbleiben.

Jahren beim Grab des Kaisers Quin Shi Huangdi als Wachtposten in die Erde versenkt wurden, entdeckt wurden.

Dann Xining, wo sich das größte buddhistische Kloster befindet; Dunhuang mit den Höhlenmalereien, die erst kürzlich entdeckt wurden, die Oase Kascki in der Wüste von Sinkiang, einer der größten Basare des Orients.

Dieser Teil der Reise dauerte über 40 Tage: von China nach Pakistan über den Khunjerab-Paß (4870 m), am Tarbela-Stausee entlang, der vor rund 20 Jahren von Fiat Impresit gebaut wurde; Islamabad, die Wüste Belutschistan, wo sich die archäologischen Funde der ältesten menschlichen Siedlungen befinden. Anschließend ging es in den Iran mit einer Etappe in Teheran; bei Dogubayazit hinter dem Berge Ararat ging es dann über die Grenze in die Türkei. Weiter nach Norden in die UdSSR (Rostow, Charkow, Moskau) und über Warschau, Berlin, Amsterdam, Brüssel schließlich nach Paris.

Nachfolgend die wichtigsten Etappen der zurückgelegten Strecke:

10. 3. 89	-	Abfahrt der Expeditionsmitglieder von Turin nach Peking
11. 3.	-	Ankunft in Peking
16. 3.	-	**Abfahrt von Peking**
21. 4.	-	Übergang der Grenze zwischen China und Pakistan über den Khunjerab-Pass nach 37 Tagen und insgesamt 6280 km auf chinesischem Boden
26. 4.	-	Ankunft in Islamabad
9. 5.	-	Grenzübergang zwischen Pakistan und Iran nach 55 Tagen und 3266 km auf pakistanischem Gebiet
14. 5.	-	Ankunft in Persepolis
16. 5.	-	Ankunft in Teheran
21. 5.	-	Grenzübergang zwischen Iran und der Türkei nach 67 Tagen und 2468 km auf iranischem Boden
23. 5.	-	Grenzübergang zwischen der Türkei und der UdSSR nach 69 Tagen und 575 km auf türkischem Boden
1. 6.	-	Ankunft in Moskau
6. 6.	-	Grenzübergang zwischen der UDSSR und Polen nach 83 Tagen und 5362 km auf russischem Boden
7. 6.	-	Ankunft in Warschau
10. 6.	-	Grenzübergang zwischen Polen und der DDR nach 87 Tagen, anschließend Ankunft in Berlin
11. 6.	-	Grenzübergang zwischen DDR und BRD nach 88 Tagen
13. 6.	-	Ankunft in Amsterdam
15. 6.	-	Ankunft in Brüssel
17. 6.	-	**Ankunft in Paris** nach 94 Tagen und 21952 zurückgelegten Kilometern.

Die Restaurierung des Itala

Der Itala der Rallye von Peking nach Paris ist Bestandteil der im Automobilmuseum Turin ausgestellten Sammlung. Besser: er ist eines der wertvollsten Stücke und gehört zu den ersten der in vielen Jahren von seinem Gründer Carlo Biscaretti di Ruffia zusammengetragenen Sammlung. Carlo Biscaretti gelang es 1931 anläßlich der Auflösung der Gesellschaft Itala, das historische Automobil zu erwerben.

Die Karosserie des Itala erschien annehmbar. Recht heruntergekommen war die Mechanik, teilweise durch den Verschleiß während der Rallye 1907, teilweise auch aufgrund eines Unfalls (er fiel im Hafen von Genua ins Meer), der kurz darauf während der Verladung nach der Rückkehr aus den USA passierte, wo der inzwischen legendäre Itala ausgestellt worden war.

Das Fahrzeug entstand in der Fabbrica di Automobili Itala, die 1904 von Matteo Ceirano gegründet wurde. Konstrukteur war Ing. Alberto Balloca.

So hätte es auch vor über 80 Jahren aussehen können: Das neumodische Automobil begegnet dem perfekten Transporttier der Wüste - dem Kamel.

Es gehört zur Klasse der »35–45 h. p.« und hat einen Vierzylinder-Motor mit 7433 ccm Hubraum und einer Leistung von 45 PS bei 1250/min. Weitere Daten: Viergang-Getriebe, Kraftübertragung über Kardanwelle, Räder mit Holzspeichen und Pirelli 935 × 135-Bereifung, Gewicht fahrbereit zirka 2000 Kilogramm, Höchstgeschwindigkeit etwa 100 km/h. Die Karosserie wurde für die Rallye vereinfacht und erhielt zusätzlich zum hinteren Kraftstofftank mit 83 Litern seitlich zwei weitere riesige Tanks für insgesamt 300 Liter, einen Öltank mit 50 und einen weiteren Wassertank mit ebenfalls 50 Liter Fassungsvermögen.

Nach der Entscheidung Ende November 1986, die legendäre Rallye mit dem gleichen instandgesetzten Auto zu wiederholen, wurde der Itala von Fiat übernommen. Sofort wurde mit der kompletten Demontage begonnen, um mit größter Sorgfalt die gesamte Mechanik zu überprüfen und zu analysieren. Bei wirklich schwer beschädigten Teilen sollten diese aus den gleichen Materialien und nach den gleichen Arbeitsverfahren aus der Zeit, zu der der Itala entstand, wiederhergestellt werden. Nachfolgend die wichtigsten Arbeiten:

Der Itala lief mit bemerkenswerter Präzision – wenn er nicht von Bewunderern umringt und zum Stillstand gebracht wurde.

- **Der Motor:** Schleifen aller beweglichen Teile, Wiederherstellung des Kurbelwellenlagers und der Pleuel, wobei allerdings die gleichen Schalen verwendet wurden, die mit demselben Reibmaterial überzogen waren, wie es damals verwendet wurde. Schleifen der Zylinderbuchsen und Instandsetzung der Kolben mittels eines alten Gußverfahrens; die Bohrung der Pleuelaugen und der Pleuelköpfe; Schleifen der Nockenwelle.

  Überarbeitet wurde der Antrieb; der Auspuffkrümmer aus Gußeisen wurde neu gegossen; Revision des Vergasers aus Bronze, des Zündmagnets, der Öl- und Wasserpumpe; neue handgearbeitete Kerzen mit Isolierkörpern aus Glimmer (wie nach damaliger Technologie üblich).

  Die Wiederherstellung des Kühlers (mit Luftröhren). Er war völlig unbrauchbar und wurde von Hand nach Originalzeichnungen mit rund 8000 Kupferschlangen mit quadratischem Querschnitt wieder hergestellt, kaltgezogen und dann mit Zinn zu einem Kühlpaket verlötet, das dann in den Rahmen mit den Behältern eingefügt wurde.

- **Getriebe und Kraftübertragung.** Austausch der Zahnräder des ersten und des Rückwärtsganges, Wiederherstellung der Kupplung mit Doppelscheiben, Revision der Antriebswelle, Wiederherstellung von Lager und Sitz des Differentials, Austausch des beschädigten Achsgehäuses und der entsprechenden Blattfederaufhängung.

- **Lenkung.** Austausch des Lenkgehäuses.

- **Bremsen.** Überarbeitung der hinteren Trommelbremsen und der Bremsen auf der Kraftübertragung, mit Austausch der verbrauchten Gußteile.

- **Räder.** Nachdem die ursprünglichen Räder stark beschädigt waren, hat ein alter Radmacher neue hergestellt. Er verwendete Hickory-Holz für den

Kranz, die ursprünglichen Speichen und der innere Felgenring wurden wiederverwertet. Erneuert wurden auch die Öl- und Schmiernippel der Radnaben.

- **Reifen.** Wie schon vor 80 Jahren liefert Pirelli auch heute die Reifen; es handelt sich um Reifen 935 × 135, die genauso wie die damaligen unter Verwendung einer alten Produktionsmaschine hergestellt wurden.

- **Der Rahmen.** Genaue Untersuchung mit Hilfe des Metalloskops. Anschließend wurde er in seiner ursprünglichen Farbe neu lackiert. Überarbeitet wurden alle Schmierstellen an den beweglichen Teilen (Federlasche der einzelnen Blattfedern).

- **Die Karosserie.** Sie blieb größtenteils in ihrer ursprünglichen Form erhalten. Das gleiche gilt für Lenkrad und Pedale, Brems- und Schalthebel, Azetylen-Scheinwerfer (die wieder voll funktionsfähig sind). Erneuert wurden die Polsterung und die Polsterstoffe und die beiden zusätzlichen seitlichen Kraftstofftanks.

Nach diesen langwierigen und sorgfältigen Vorbereitungen - immer im Sinn einer möglichst getreuen Nachbildung des ursprünglichen historischen Fahrzeugs nicht nur bei den Bauteilen selbst, sondern auch bei der Technologie und mit der begeisterten Zusammenarbeit von Lieferfirmen, Handwerkern und Fachleuten - wurde der Itala einer Reihe sehr strenger Tests über 3000 Kilometer auf unterschiedlichster Bodenbeschaffenheit unterzogen. Auf der Teststrecke von Fiat in La Mandria auf Sandboden, Kopfsteinpflaster, Pavè, durch Schlamm und Wassergräben und hohe Abhänge hinauf. Hochgebirge, Flüsse wurden überquert, gründliche Bremsproben, steile Abfahrten usw. folgten.

Das Ergebnis ergab ein voll zuverlässiges Fahrzeug, das auch lange ebene Strecken mit einer Geschwindigkeit von 60 km/h bei einer Motordrehzahl von 1000/min zurücklegte. Folgende Verbrauchswerte wurden gemessen: ca. 33 Liter Benzin auf 100 Kilometer; 700-800 g Öl auf 1000 Kilometer.

Die Organisatoren

Hauptsponsoren der Rallye Peking-Paris waren Fiat und RAI - Radiotelevisione Italiana (die italienische Fernsehgesellschaft), wobei sich die RAI neben einem organisatorischen Beitrag auch mit Menschen und Geld an der Expedition beteiligte. Auch Pirelli und Marelli als Gesellschaft des Fiat-Konzerns leisteten einen Beitrag, ebenso wie Fiat Lubrificanti (Schmiermittel) und Gilardini.

Für das Ausarbeiten der Route, die Leitung der Spedition und generell für alle operativen Probleme während der Rallye stützten sich Fiat und die RAI auf Trekking International in Mailand, eine

Grenzbeamte in Positur - und frierende Passagiere im Schneesturm, aber der Wagen läuft.

Reiseagentur mit einer langen Erfahrung im Bereich Automobilrallyes mit einem Hauch von Abenteuer. (Die gleiche Agentur hatte beispielsweise 1985 auch schon die »Marco Polo Expedition« mit drei Fiat Panda 4 × 4 und einem Iveco-Lkw von Venedig nach Peking organisiert). Der Leiter, Beppe Tenti, war auch für diese Rallye direkt verantwortlich.

Beppe Tenti waren auch die anderen 34 Mitglieder der Expedition direkt unterstellt.

Das Fahr- und Wartungspersonal wurde von Trekking (2 Fahrer) und Iveco (1 Fahrer) und sechs weitere von Fiat (Fahrer und Mechaniker) gestellt.

Die Truppe der RAI umfaßte sieben Mitglieder, zu denen die Journalisten Andrea Barzini, Enkel von Luigi Barzini, und Carla Consalvi gehören, sowie der Regisseur Walter Licastro, der für die Aufnahmeleitung verantwortlich war.

Zusätzlich zur RAI übernahmen noch zwei weitere Journalisten von der ANSA, die jeweils für einen Teil der Route zuständig sind, die Berichterstattung.

Enrico Bossan war für die Fotos zuständig, während der Schriftsteller Guy Mandery das Bordbuch führte.

Prof. Paolo Rossotto, Direktor des Instituts für spezielle chirurgische Pathologie und Propädeutik an der Universität Ferrara, war für die eventuell notwendige ärztliche Versorgung verantwortlich.

Schließlich beteiligten sich an der Expedition noch drei Sonderbeauftragte des italienischen Post- und Fernmelde-Ministeriums, die das der Post gehörende Auto begleiteten.

Literaturnachweis:

Amtmann/Schrader – Italienische Sportwagen, BLV-Verlag München, 1987. Angelo Tito Anselmi – Automobili Fiat, Edizioni della Libreria dell'Automobile, Mailand, 1986. Claudio Bertieri – Comicar, Fabbri Editori, Mailand, 1975. Claudio Bertieri – Graphicar, Fabbri Editori, Mailand, 1976. Claudio Bertieri – Humourcar, La Stamperia Artistica Nazionale di Torino, Turin, 1977.
Dante Giacosa – 40 Jahre als Konstrukteur bei Fiat, Automobilia, Mailand, 1979. Alfred Prokesch – Knaurs großes Buch vom Auto, Droemer-Knaur, Ascona, 1980. Fred Steininger – Fiat Personenwagen, Podszun-Verlag, Brilon, 1988.
Wolfgang Schmarbeck – Alle Fiat Automobile 1899–1981, Motorbuch-Verlag, Stuttgart, 1982.
All the Fiat's – Domus-Books, Mailand, 1984,
Fiat vom 508 zum 128 – Fiat Heilbronn, 1969.
Fiat-Linie, deutschsprachige Ausgabe eines Buches anläßlich des 100. Geburtstages von Giovanni Agnelli, Heilbronn, 1966. Les cinquante ans de la Fiat – Arnoldo Mondadori Editeur, Mailand, 1951.
Turin – eine Metropole Europas, Edizioni Aeda, Turin, 1969. Futurismo & Futurismi, Ausstellungskatalog Palazzo Grassi, Bompiani, Mailand, 1986. Arte Russa & Sovietica, Ausstellungskatalog Lingotto, Fabbri Editori, Mailand, 1989. Fiat 1899–1989, Ausstellungskatalog London, Fabbri Editori, Mailand, 1989. Die modernen Monarchen – 12 Imperien der Geldmacht, Hrsg. Franz Thoma, List-Verlag, München, 1970.
Dazu kommen die entsprechenden Pressemappen der Häuser Fiat, Lancia, Alfa-Romeo und Ferrari.
Außerdem danke ich den Mitarbeitern des Archives der Süddeutschen Zeitung und des Süddeutschen Verlages.